फिर मुझे 'राहगुज़र याद आया'

फिर मुझे 'राहगुज़र याद आया'

शैलेन्द्र सागर

वाणी प्रकाशन

वाणी प्रकाशन

4695, 21-ए, दरियागंज, नयी दिल्ली 110 002

शाखा

अशोक राजपथ, पटना 800 004

फ़ोनः +91 11 23273167 फ़ैक्सः +91 11 23275710

www.vaniprakashan.in
vaniprakashan@gmail.com

PHIR MUJHE 'RAHGUJAR YAAD AAYA'
by Shailendra Sagar

ISBN : 978-93-5072-570-2
Smriti Aakhyan

प्रथम संस्करण

मूल्य : ₹ 395

न्यू कृष्णा ऑफ़सेट, दिल्ली-110093 में मुद्रित

वाणी प्रकाशन का लोगो मक़बूल फ़िदा हुसेन की कूची से

समर्पण

अपने प्रिय अध्यापक
श्री ईश्वर शरण सिंघल
और
दादा के लिए

'ज़िन्दगी यूँ भी गुज़र ही जाती
क्यूँ तेरा राहगुज़र याद आया'
ग़ालिब

सहयोग के लिए आभार सहित

श्री हृदय सागर (दादा), श्रीमती चेतना सागर (भाभी), श्री अरुण गहराना (मुन्नी मामा), मामीजी, श्री महेन्द्र गुप्ता, उमेश कुमार, सुनील चन्द, गगन कुमार (छोटा भाई), अशोक अग्रवाल, प्रदीप बंसल (सभी रामपुर), श्री सुशील कुमार शर्मा (एत्मादपुर आगरा)

श्री एस. एम. नसीम, पूर्व पुलिस महानिदेशक उ.प्र. को आख़्यान के शीर्षक का सुझाव हेतु।

एवं रज़ा लायब्रेरी, रामपुर

जमहूरियत का अहसास

स्मृतियाँ मनुष्य के जीवन में साये की तरह साथ रहती हैं, हर पल, हर क्षण। सुखद और दुखद दोनों ही....। सुखद स्मृतियाँ जहाँ एक ओर हमें आह्लाद और उत्तेजना से सराबोर करती हैं और जीवन के सफलताओं व उपलब्धियों से मनुष्य सुखी व संतृप्त अनुभव करता है, वहीं दुखद स्मृतियाँ भी हमारे जीवन को एक नई दिशा दिखलाती हैं। पीड़ा और संत्रास के वे पल हमें बहुत कुछ सिखा जाते हैं। संकट और संघर्ष के दिनों को याद कर हम एक नई ऊर्जा से भरा महसूस करते हैं, अपनी क्षमताओं और जिजीविषा के प्रति आश्वस्त होते हैं। हमें खुद पर यकीन होता है और हम भविष्य के गर्त में छिपी वक्त की चुनौतियों से लड़ने के लिए अपने को तैयार पाते हैं। आस्तिकों के मन में अपने आराध्य या किसी अलौकिक शक्ति के प्रति श्रद्धा उमड़ती है और नास्तिकों का हृदय अपने कर्म और उसकी परिणति को स्वीकार कर गौरवान्वित महसूस करता है।

शायद यह महज इत्तेफाक हो कि आधी रात में आयी इस ट्रेन से मैं अकेला ही रामपुर के स्टेशन पर उतरा हूँ। रेल से मैं एक अरसे बाद रामपुर आया हूँ वरना कार से आते जाते दो चार घंटों के लिए रामपुर रुकना हुआ है। डिब्बे से बाहर आकर मैंने इधर उधर नजर दौड़ाई है। स्टेशन पर अजब सी वीरानगी पसरी है। रेलवे स्टेशन जैसी वो चहल-पहल, शोरशराबा, भागमभाग या ठेलमपेल यहाँ पूरी तरह नदारद है। मेरा डिब्बा मुख्य प्लेटफार्म से काफी आगे है जहाँ रोशनी के नाम पर एक लट्टू से मरियल धुंधलका फैल रहा है। हाँ, एस्बेस्टेस शीट से ढका प्लेटफार्म का हिस्सा बिजली से जरूर जगमग है। अब इसका फैलाव पहले की मुकाबले दोगुना हो गया है पर आज की लम्बी गाड़ियों के लिए निहायत नाकाफी....।

पिछले डिब्बों में इक्के दुक्के यात्री चढ़ते दिखलाई दे रहे हैं जिनमें किसी तरह की अफरातफरी नजर नहीं आती। मुझे बरबस अपने शहर लखनऊ की याद आ रही है जहाँ रात के दूसरे, तीसरे पहर में भी ट्रेन के डिब्बों में घुसने के लिए कितनी रेलमपेल मची रहती है। कभी लोग एक दूसरे के सिर पर चढ़ते नजर आते हैं तो

मुम्बई की गाड़ी में मुसाफिरों की कतार प्लेटफार्म के बाहर तक आती है। उन्हें देखकर हैरानी होती है कि आखिर इतने लोग डिब्बे में कैसे चढ़ सकेंगे। पर छूटता कोई नहीं है। शायद यही जीवन की नियति है कि यहाँ देर सवेर सभी अपना सफर पूरा कर लेते हैं। जिन्दगी की यात्रा सुख और दुख का अजब सा मिश्रण बन कर खट्टे मीठे का स्वाद देती है। अभावग्रस्त और यातनापूर्ण जीवन में भी खुशियों के पल आते हैं और वैभव और धनधान्य से लहलहाती जिन्दगी भी पीड़ा और संकट के दौर से गुजरती है।

कहीं दूर से सन्नाटे की चीरती 'चाय गरम' की आवाज मेरे पास तक आ रही है। मेरा मन हुआ काश यह आवाज मेरे करीब होती। चाय की हुड़क मेरे अन्दर जाग उठी है। अपने शहर की पहली मिठास की चाहत मेरे अन्दर हिलोरें लेने लगी है। कुल्हड़ की सौंधी महक मेरे नथुनों में जाने कहाँ से प्रवेश कर गयी है। सब कुछ वैसा ही जैसा मैं चाहता था।

...आदमी की चाहत सचमुच इतनी बलवान है क्या...!

...उस चाहत को महसूस करना इतना सहज है क्या...!

...मनचाही मुराद को हासिल करना इतना आसान है क्या...!

मन हुआ कि जोर से चीख कर चाय वाले को बुला लूँ किन्तु मुझे संदेह था कि मेरी आवाज प्लेटफार्म के दूसरे छोर तक पहुँचेगी। शायद यह हास्यास्पद भी हो...।

अपने ट्राली बैग का हैंडिल मैंने ऊँचा किया, हैंड बैग कन्धे पर लटकाया और निकास द्वार की ओर मैं चल दिया हूँ।

अपने शहर की धरती पर चलते हुए अजब सी थिरकन, उमंग और उत्तेजना मेरे अन्दर उमड़ घुमड़ रही है। ऐसा क्योंकर लगा है जैसे मैं किसी बहुत अपने से एक अर्से बाद मिला हूँ। यहाँ की मिट्टी की खुशबू धीरे-धीरे मेरे अन्दर प्रवाहित होने लगी है। इस माटी में कितने अपनत्व और प्यार का अहसास है जैसे कोई नन्हा माँ की गोद में बैठा हो और उसके दूध की महक बच्चे के अन्दर तक रच बस गयी हो।

पहली बार मुझे लगा कि अपना शहर आपको कितनी शिद्दत से लगाव और जुड़ाव की अनुभूति कराता है। चारों ओर मौजूद तमाम बेजान और जड़ वस्तुएँ आपको बड़ी जानी पहचानी सी लगती हैं। उनके चेहरे पर मुसकान की झीनी लहरें उभरती नजर आती हैं। कितना स्नेह और सत्कार नजर आता है उनमें...।

मैं हैरान हूँ कि इस वीरानगी में भी मुझे अकेलेपन का जरा भी अहसास नहीं हो रहा है। वहाँ की दीवारें, सीमेंट की बेंच, लोहे की रेलिंग्स, तमाम बोर्ड, बन्द स्टॉल, कुछ पौधे किसी अपने का चेहरा लिए जैसे मेरा स्वागत कर रहे हैं। ऐसा क्योंकर लग रहा है जैसे अर्से से वे मेरा इंतजार कर रहे हैं।

चाहता तो मैं थोड़ा तेज चल कर प्लेटफार्म पार कर बाहर आ सकता था लेकिन हर कदम मेरे अन्दर एक अकथनीय रोमाँच पैदा कर रहा है। कदमों में सिमटती जमीन से भरभराती उस उत्तेजना और पुलक को मैं अपने अन्दर सहेजना चाहता हूँ। जिस शहर में पैदा हुआ, पला और बढ़ा, वहाँ की मिट्टी, हवा और चाँदनी रात मेरे अन्दर स्निग्ध और ताजी बयार की भीनी गंध प्रवाहित कर रही है। यह अहसास मुझे कभी किसी स्थान पर नहीं हुआ। न लखनऊ, मुम्बई या दिल्ली की भव्य सड़कों पर और न ही हरिद्वार या वाराणसी जैसे धार्मिक शहरों के घाटों या गलियों में।

इस निस्तब्धता में डूबे स्टेशन को देखकर मुझे एकाएक 1965 का वह खचाखच भरा, शोरगुल वाला माहौल याद आ रहा है।

दसवीं का रिजल्ट आना था। उफ उस इम्तेहान और उसके रिजल्ट को लेकर कितना उत्साह था। साथ ही मन में कितनी उलझन और उत्कंठा थी– मुझसे कहीं ज्यादा अम्मा बाऊजी में। सभी अध्यापकों और अम्मा बाऊजी से बस एक ही बात सुनने में आती,'हाई स्कूल बोर्ड का इम्तेहान सबसे ज्यादा जरूरी होती है। हर जगह सबसे पहले इसी की डिवीजन देखी जाती है। इसी रिजल्ट से भविष्य बनता है। इसमें खराब नम्बर आये तो समझ लो कॅरियर चौपट...।'

आज सोचकर कितना हास्यास्पद और अतार्किक प्रतीत होता है। पर उस समय हम इसे शाश्वत सत्य मानते थे। हाई स्कूल की परीक्षा जैसे परिवार का एक अनुष्ठान था।... वक्त पर सोना, खाना और पीना...। रेडियो पर पाबन्दी, फिल्मों का पूरी तरह निषेध, सिर्फ हमारे लिए ही नहीं बल्कि बाऊजी तक के लिए जो फिल्मों के घनघोर शौकीन थे। 'आप देखेंगे तो बच्चों का दिल भी मचलेगा...।' अम्मा कहा करती थीं। वैसे भी परीक्षा के दिनों में नई फिल्में अमूमन रिलीज नहीं होती थीं। खेलकूद पर पूरी तरह पाबन्दी रहती थी क्योंकि एक तो इसमें वक्त की बर्बादी थी और दूसरे चोटचाट लगने का डर...। मेहमानों और मित्रों के आने जाने पर अघोषित प्रतिबन्ध लग जाता। कुछ घरों में पूजा पाठ भी शुरू हो जाता। मन्दिरों में दर्शनार्थियों की संख्या बढ़ जाती और उसी अनुपात में दान दक्षिणा और चढ़ावा भी। उन दिनों शादी, ब्याह तो अमूमन वैसे ही नहीं होते थे, कथा कीर्तन, मेलों, सांस्कृतिक कार्यक्रमों में भी दफा 144 के तहत लाउडस्पीकर के इस्तेमाल पर पाबन्दी लगा दी जाती।

बोर्ड की परीक्षा के दौरान बस एक ही अड़चन हर साल महसूस की जाती थी। कमबख्त होली का त्योहार इन्हीं दिनों पड़ता था। यह इम्तेहान होली के हुड़दंग में खलल डाल देता था। जिन घरों में बच्चे दसवीं, बारहवीं की परीक्षा दे रहे होते उनके त्योहार का सारा मजा और रोमांच फीका हो जाता। होली के आगे पीछे हिन्दी, संस्कृत

के पेपर हुए तो फिर भी रंग खेलने की इजाजत मिल जाती थी पर अगर गणित, विज्ञान या अंग्रेजी की परीक्षा होती तब तो हमारे साथ पूरे घर की होली चौपट हो जाती।

इम्तेहान के दिन अम्मा जल्दी उठ जातीं जबकि वह देर से बिस्तर छोड़ने की आदी थीं। हमारे लिए परांठा बनातीं और जोर देकर खिलातीं। हमें खाली पेट इम्तहान देने नहीं जाने दिया जाता था। भगवान के सामने हाथ जोड़ने को कहा जाता। चलते वक्त हमें पेड़ा और दही खाने को दिया जाता। शायद अम्मा इसे शुभ मानती थीं पर समझाती यही थीं कि इसके खाने से दिमाग ताजा रहता है और याद्दाश्त बनी रहती है।

इसके बरक्स मेरे बच्चे एकदम खाली पेट स्कूल जाते रहे हैं। अलबत्ता आजकल लंचबॉक्स ले जाने का चलन है जो तब नहीं था। परीक्षा के दिनों में, जब लंचबॉक्स भी नहीं जाता था, हम चाहते थे कि बच्चे कुछ खा पीकर जाएँ पर वे हमारी बात पूरी तरह अनसुनी कर देते थे। माँ बाप की बात पर तवज्जो न देना या उनसे बहस करना अब मामूली बात है। वैसे भी मेरा बेटा जिस तरह घड़ी की सुइयाँ देखकर बिस्तर छोड़ता था, उसमें कुछ खाने पीने की गुंजायश कहाँ थी। स्कूल जाने की तैयारी करने का उसका कार्यक्रम मिनट दर मिनट तय था और उसमें खाने जैसे किसी फालतू काम के लिए कोई जगह नहीं थी।

जाहिर है कि दसवीं क्लास के रिजल्ट का बड़ी बेताबी से इंतजार रहता। हमारे लिए तो इसकी अहमियत इसी से बढ़ जाती कि रिजल्ट बाकायदा ट्रेन से आता था और पूरे अखबार में छपता था। पूरे शहर में इसकी धूम रहती। पहले से पता चल जाता कि फलाँ तारीख को किस गाड़ी से बोर्ड का रिजल्ट आ रहा है।

मेरा रिजल्ट भी पंजाब मेल से आया था। उन दिनों रामपुर से गुजरने वाली रेलगाड़ियाँ गिनी चुनी थीं। बोर्ड का मुख्यालय इलाहाबाद था जो आज भी है। तब रामपुर से इलाहाबाद की कोई सीधी गाड़ी नहीं थी। पंजाब मेल अकेली रेलगाड़ी थी जो इलाहाबाद के करीबी स्टेशन प्रतापगढ़ से गुजरती थी। यह ट्रेन रामपुर लगभग रात नौ बजे पहुँचती थी। जिस दिन उसमें रिजल्ट सफर करता, उसके लेट होने की सम्भावना काफी बढ़ जाती थी।

बहरहाल उस दिन 6, 7 बजे तक प्लेटफार्म खचाखच भर गया था। सब तरफ छोट-छोटे चिन्तातुर किशोर और काफी संख्या में 'बुजुर्ग'...। उन दिनों पैंतीस, चालीस साल के आदमी को हम बुजुर्ग ही समझते थे और हाईस्कूल में पढ़ने वाले बच्चों के माँ बाप तकरीबन इसी उम्र के होते थे।

और आज साठ की उम्र में अपने को बुजुर्ग सम्बोधन सुनकर शर्मिन्दा महसूस करता हूँ।

दसवीं पास करने वालों की उम्र ही उन दिनों क्या होती थी। ज्यादातर बच्चे पन्द्रह साल से भी कम उम्र के होते थे। नर्सरी, केजी जैसी कक्षाओं का चलन उन दिनों रामपुर जैसे छोटे शहरों में नहीं था। बच्चे पहली से शुरुआत करते तो कुछ अमीर और बड़े घर के बच्चे सीधे दूसरे या तीसरे दर्जे में दाखिला लेते। ऐसे भी बच्चे थे जिनकी स्कूली तालीम का आगाज छठे दर्जे से शुरू हुआ।

उस रात के प्लेटफार्म का दृश्य मेरी आँखों में आज भी रचा बसा है। लम्बे इंतजार के बाद गाड़ी आयी तो स्टेशन पर कोलाहल सा मच गया। लोग इधर उधर भागते नजर आते, एक दूसरे को धकियाते, परेशान और व्याकुल नजरों से अखबार की खोज करते और हर किसी से पूछते, 'रिजल्ट आ गया क्या? किधर गया भाई...?'

एकाध घंटे सस्पेंस बना रहता।

फिर अफवाहों का दौर शुरू होता— आज रिजल्ट आया ही नहीं, स्टेशन मास्टर अखबार का बंडल अपने घर ले गया, फलाँ खाँसाब ने अखबार का पैकेट छीन लिया, नहीं, व्हीलर स्टॉल पर एक कॉपी है या बाहर हरबंस पानवाला रिजल्ट दिखा रहा है। सब परेशान से इधर उधर भटकते, एक दूसरे से दरयाफ्त करते। कुछ वक्त इसी पशोपेश में गुजरा था। हमारे दिल की धड़कनें तेज हो गई थीं। माँ बाप के चेहरों पर भी परेशानी झलकने लगी थी। जून के गर्म और उमस भरे मौसम में चारों ओर पसीने के भभके तैर रहे थे। पसीने से तर कपड़े और चुहचुहायी पेशानी...। पर इसकी परवाह भला किसे थी और न ही किसी को इससे कोई उलझन...।

रिजल्ट का अखबार कब उतरा, कहाँ और किस डिब्बे से उतरा, कहाँ गया और फिर कैसे उसकी कुछ प्रतियाँ कुछ लोगों के कब्जे में आ गयीं, हम जैसे ज्यादातर नादान बच्चों के लिए बड़ा रहस्यमय था हालाँकि हमारी आँखें पूरी चौकन्नी रहतीं और कान पूरी तरह खुले...।

कुछ देर बाद प्लेटफार्म के बाहर भीड़ के चार, छह झुंड नजर आये थे। बीच में टार्च और कहीं लालटेन लिए एक आदमी अखबार लिए बैठा था और रोल नंबर देखकर रिजल्ट बतला रहा था। दो रुपये प्रति रिजल्ट जबकि अखबार शायद पचास पैसे का था। किसी की फर्स्ट डिवीजन आयी नहीं कि हो हल्ला होने लगता। एकाध लड़कों को लोग हवा में उछालने लगे थे। पाँच का नोट हथियाये बिना अखबार वाला उसका पीछा नहीं छोड़ता। पैसे न देने पर अपना अखबार समेट लेता। आस पास के लोग चीखने चिल्लाने लगते,'अरे भई, लौंडा अव्वल आया है तो पाँच रुपल्ली देने में क्यों गुरेज करते हो..।'

'मियाँ, तुम्हारे चक्कर में हम अपने बच्चे का नतीजा देखने से महरूम हो जायेंगे। किसी से उधार माँग कर दे दो...।'

और न जाने क्या-क्या सुनने को मिल रहा था। कभी लोग इन फिकरों पर हंसते तो कभी नाराजगी और झुंझलाहट का इजहार करते थे।

उन दिनों प्रथम श्रेणी आना मामूली बात नहीं थी। काफी बच्चे सेकेण्ड डिवीजन में पास होकर बेहद प्रसन्न और संतुष्ट अनुभव करते। थर्ड डिवीजन पाने वाले छात्रों की लम्बी फेहरिस्त होती। लगभग चालीस फीसदी बोर्ड का रिजल्ट रहता। फेल होने वालों की तादाद भी खासी ज्यादा होती। मेरे अपने मामा तीसरी बार में हाईस्कूल पास कर पाए थे। महलसराय के जिस मकान में हम रहा करते थे, में हमारे पड़ोस में रहने वाले दीपक भैया जिन्हें हम अक्सर छत पर घूम-घूम कर पढ़ते देखते थे, ने बमुश्किल तीसरे प्रयास में तृतीय श्रेणी में हाई स्कूल पास किया था। इन घटनाओं का आतंक हमारे दिमाग पर हावी रहता था।

पूरे स्कूल में चार, पाँच बच्चों की फर्स्ट डिवीजन आना बहुत बड़ी बात समझी जाती थी। काफी स्कूल ऐसे भी थे जिनसे एक बच्चा भी प्रथम श्रेणी में उत्तीर्ण नहीं होता था। गाँव के कुछ स्कूलों से ज्यादातर बच्चे लुढ़क जाते और दस, पन्द्रह फीसदी छात्र ही पास हो पाते। पिचत्तर फीसदी नम्बरों पर डिस्टिंक्शन कही जाती थी जो अच्छे स्कूलों में भी एकाध बच्चे की एक, दो विषयों में आती। पूरे शहर में उसकी चर्चा होती। विद्यालय और अध्यापक ऐसे बच्चे पर नाज करते और गर्व से उसे अपनी कार्यकुशलता और काबलियत के नमूने के तौर पर पेश करते।

और आज, अस्सी फीसदी तक नम्बरों को माँ बाप शर्म से बतलाते हैं, पिचासी फीसदी को काम चलाऊ और नव्वे प्रतिशत से अधिक अंकों को ठीक ठाक समझा जाता है। अखबार में उन बच्चों की फोटो छपती है, जिनके पिच्चानवे फीसदी से ज्यादा नंबर आते हैं। तब साठ फीसदी अंक जिसपर हम प्रथम श्रेणी पाते थे, को अब उसी नजर से देखा जाता है जैसे उन दिनों तैंतीस प्रतिशत, जिसे हम 'पासिंग मार्क्स' कहते थे, पाने वाले छात्र को माना जाता था।

रिजल्ट देखने का वैसा रोमांच अब पूरी तरह नदारद है। पहले कम से कम मार्कशीट लेने तो स्कूल जाना ही पड़ता था। अब तो हर घर में बच्चा इंटरनेट खोल कर अपना रिजल्ट देखकर खुश या दुखी हो लेता है। फिर फोन घनघनाते हैं। मोबाइल पर तरह तरह की रिंग टोन सुनाई पड़ती हैं और आपस में ट्रीट की तैयारी...।

हमारा रिजल्ट देखकर अम्मा प्रसाद चढ़ाती थीं। उस दिन मन्दिरों में खूब भीड़ होती थी। प्रसाद लेने देने वालों की लम्बी कतारें होती थीं। काफी प्रसाद मन्दिर के पीछे जमा होता रहता और फिर उसी दुकान पर बिकने आ जाता।

उन दिनों अच्छे रिजल्ट को शुभ मानकर परिवार द्वारा एक धार्मिक अनुष्ठान के रूप में मनाया जाता था।

यह दौर सेलीब्रेशन्स का है। अब इस 'ओकेजन' को सेलीब्रेट करने का ढंग एकदम नया और निराला है। आउटिंग, पिकनिक, शॉपिंग, गिफ्ट्स, मॉल में फिल्म और अच्छे रेस्टोरेन्ट में खाना-पीना।

...सामूहिकता से निजता का अंतरण है यह...।

...समष्टि से व्यष्टि की ओर बढ़ते कदम हैं ये...।

...सार्वजनिक आह्लाद से निजी और व्यक्तिगत उल्लास तक संकुचन है यह...।

एकाएक मुझे लगा कि काश कोई कुली मेरे आसपास होता। सामान कोई खास नहीं था पर अपने शहर में कदम रखने के बाद मेरा मन किसी से गुफ्तगू करने के लिए बेताब है। मैंने इधर उधर नजर दौड़ाई। न तो कोई जाना पहचाना शख्स नजर आया और न ही कोई लाल कमीजधारी कुली ही मुझे दिखलाई दिया। मुझे कुछ हैरानी भी हुई क्योंकि रामपुर के स्टेशन पर कुलियों की कमी नहीं रहती थी। निकास द्वार से बाहर कदम रखते ही मुझे दो, तीन कुली नजर आये हैं जो प्लेटफार्म पर पसरे सुस्ता रहे थे। उन्हें देखकर एकाएक मुझे नेताजी याद आ गये।

इस पूरे विवरण या घटना का मैं चश्मदीद गवाह नहीं हूँ। जो कुछ बचपन में सुना था, उसी के आधार पर लिख रहा हूँ। हालाँकि मुझे इसमें कुछ भी झूठ और अतिरंजित नहीं लगता है।

रामपुर स्टेशन पर कुलियों में नेताजी जानी मानी शख्सियत थे। बचपन में मुझे भी उन्हें देखने का अवसर मिला था। नाटा कद, दुहरा कसरती बदन और सांवला रंग। असग़र अली नाम था उनका, कुली नम्बर नौ। लाल कमीज पहने हुए काम तो वह अन्य कुलियों की तरह सामान ढोने का ही करते थे किन्तु स्टेशन और उसके आसपास उनकी एक हैसियत थी। हम जैसे अधिकांश लोग उन्हें सम्मान की नजर से देखते थे। पर बातचीत में वह अत्यन्त विनम्र और रामपुरी नफासत से भरे थे। हर किसी से भइये, बीबी, पारे या भिन्नो कह कर ही बात करते थे। अन्य साथियो पर उनका ऐसा प्रभाव था कि उनके सामने कोई किसी यात्री से बदसुलूकी करने की हिम्मत नहीं कर सकता था। साथी कुलियों को उनका पूरा संरक्षण भी प्राप्त था। कुलियों के हक के लिए वह किसी सीमा तक संघर्ष करने को हमेशा तैयार रहते। सुना था कि उन्होंने ख्वाहिश जाहिर की थी कि इंतकाल पर उन्हें लाल कमीज मय बैज नम्बर 9 के दफ़न किया जाये।

देश आजाद हो गया था और रियासतें टूट चुकी थीं। इस नवाबी शहर रामपुर

ने अपनी राजसत्ता आजादी के बाद 1 जुलाई 1949 को भारत सरकार को सौंप दी थी हालाँकि इसके बारे में कुछ मतभेद थे। रामपुर मुस्लिम बाहुल्य क्षेत्र था और जब पूर्वी और पश्चिमी पाकिस्तान को जोड़ने के लिए एक कॉरीडोर बनाने की चर्चा चली थी, जिसके रामपुर से गुजरने की सम्भावना थी, तब यह माँग भी हुयी कि रामपुर का विलय पाकिस्तान में कर दिया जाये। शहर में एकाध स्थानों पर दंगा भी हुआ और फायरिंग तक की नौबत आ गई।

उस समय नवाब रजा अली खाँ का शासन था और उनकी छवि एक धर्म निरपेक्ष शासक की थी। वह हिन्दुओं और हिन्दू धर्म का पूरा सम्मान करते थे। उनके मंत्री परिषद में आधे सदस्य हिन्दू थे। उनके दीवाने सदर श्री श्याम बहादुर थे जो हिन्दू कायस्थ थे। रामपुर का मुस्लिम अवाम ही नहीं, हिन्दू जनता भी नवाब के प्रति पूरी तरह निष्ठावान रही थी। शायद यही वजह हो या उनकी राजनीतिक सूझबूझ और दूरदर्शिता का परिणाम हो कि देश के आजाद होने के तुरन्त बाद उन्होंने अपनी रियासत का भारत सरकार में विलय करने में कोई देरी नहीं की जबकि देश की कई रियासतों में विद्रोह तक की नौबत आयी और भारत सरकार को सैनिक हस्तक्षेप तक करना पड़ा।

1952 के पहले आम चुनाव में नवाब से अनुरोध किया गया कि वह संसद में रामपुर का प्रतिनिधित्व करें। पर रजा अली खाँ इसके लिए तैयार नहीं हुए। शायद चुनाव लड़ना उन्हें अपने रुतबे, प्रतिष्ठा और शानोशौकत के अनुरूप नहीं लगा। आजादी की लड़ाई में वह नेताओं का संघर्ष देख चुके थे। नेहरू, गाँधी, पटेल सरीखी कुछ हस्तियों को छोड़ कर बाकी नेता किस तरह सड़कों की धूल फाँकते, पुलिस के जुल्म, लाठियों, गाली गलौच और जेल की सलाखों के पीछे कैसी अमानवीय यातनाओं का शिकार होते थे, उनसे छिपा नहीं था। तीन सौ एकड़ में बने दो सौ आलीशान कमरों के भव्य, वातानुकूलित खास बाग पैलेस में उनका जीवन गुजरा था। धन दौलत की कोई कमी उनके पास नहीं थी। रामपुर शहर की आधी जायदाद उनकी मिल्कियत में थी। जेवरों, हीरे, जवाहरात से तिजोरियाँ भरी थीं जिससे उनकी दो, तीन पीढ़ियाँ पूरे वैभव और ठाठ से जिन्दगी गुजार सकती थीं।

दीवान श्याम बहादुर ने उन्हें समझाया, 'हुजूर, सरकार नवाब हैं और रामपुर की अवाम के लिए मोहतरम नवाब ही रहेंगे। पर जल्द आजाद मुल्क में तस्वीर बदलेगी।'

'हम समझे नहीं..।' नवाब ने अचरज से पूछा,'साफ साफ कहो। आखिर कहना क्या चाहते हो?'

'हुजूर, अब हिन्दुस्तान में जमहूरियत आ गई है, यानी अवाम की हुकूमत...। और अवाम की हुकूमत उनके चुने गये नुमाइन्दों के जरिये ही चलेगी। ये जो एमपी,

एमएलए चुने जायेंगे, ये ही आजाद भारत के नये हुकमरान होंगे। वही मुल्क का निजाम चलायेंगे और आने वाले वक्त में यही नुमाइन्दे राजा और नवाब माने जायेंगे।'

सुनकर नवाब हतप्रभ रह गये। आजादी का यह मानी उनके ज़ेहन में कभी नहीं आया था। अपने दीवान की दूरदर्शिता उनके लिए चौंकाने वाली थी। हालाँकि सुनने में उन्हें कतई अच्छा नहीं लगा।

'हूँ... ।' नवाब ने एक हुँकार भरी और दीवान के चेहरे को गौर से देखने लगे।

'हुजूर,' दीवान उत्साहित महसूस करने लगे,'अब आगे आने वाले दिनों में पब्लिक जिसे अपना नुमाइन्दा चुनेगी, वही ताकतवर होगा। उन्हीं में से प्रधान मंत्री बनेगा। वह कोई भी आदमी हो सकता है, एक मामूली आदमी भी... । हुकूमत उसी की चलेगी, उसी के पास सारी ताकत होगी। और हुजूर, जो हुकूमत करे वही तो असली राजा है।'

'पर आखिर तुम कहना क्या चाहते हो?'

'यही हुजूर कि आपको रामपुर के अवाम की नुमाइन्दगी करनी चाहिये।'

'इंतखाब में शामिल होकर..?' रजा अली खाँ हँसे,'अपनी रिआया के पास हम वोट माँगने जायें? यह नामुमकिन है। अल्लाह का दिया सब कुछ है हमारे पास।'

दीवान ने बात आगे नहीं बढ़ाई। नवाब के साथ काम करने का उनका लम्बा अनुभव था। वह जानते थे कि अधिकांश नेताओं की कोई अच्छी छवि नवाब के मन में नहीं थी। इसलिए उस गुट में अपने को शामिल करने के लिए वह आसानी से तैयार नहीं होते।

रामपुर के पहले आम चुनाव में कांग्रेस की तरफ से मौलाना आजाद और हिन्दू महासभा से बिशन चंद टंडन प्रत्याशी बने और मौलाना आजाद, जिन्हें नवाब का समर्थन प्राप्त था, विजयी रहे।

पर कुछ सालों में ही नवाब को दीवान श्याम बहादुर के कथन में सच्चाई नजर आने लगी। जैसे-जैसे लोकतन्त्र की नींव मजबूत हुई, उसके प्रतिनिधि उतने ही प्रभावशाली और सामर्थ्यवान बनते चले गये। राजाओं और नवाबों को पूछने वाला अब कोई नहीं था। केवल वे ही जनता के दुलारे रह सके जो जनता के प्रतिनिधि के रूप में उनके काम करने में समर्थ व सक्षम थे। नतीजतन ज्यादातर राजे-महाराजाओं ने राजनीतिक दलों का दामन थाम लिया। कुछ ने मिल कर एक नया राजनीतिक दल 'स्वतन्त्र पार्टी' नाम से बनाया और चुनाव मैदान में कूद पड़े।

1962 के आम चुनाव में रजा अली खान खुद तो चुनाव नहीं लड़े पर अपने दामाद अहमद मेंहदी, जो पीरपुर इस्टेट के राजा थे, को चुनाव में खड़ा कर दिया।

उम्मीद की जाती थी कि रामपुर की जनता नवाब के प्रतिनिधि के रूप में उनके विरोध का साहस नहीं करेगी। पूरे शहर में इसका जम कर प्रचार किया गया कि रामपुर की जनता की खिदमत करने के लिए नवाब ने अपने दामाद को चुनाव में खड़ा कर दिया है। अपने दामाद का नामांकन दाखिल करने रजा अली खाँ खुद कलक्टर दफ्तर गये जो उनके लिए खासा त्रासद और अपमानजनक था। चाहते तो वह यही थे कि कलक्टर खासबाग आकर नामांकन की सारी प्रक्रिया पूरी कर ले पर नियमों के अंतर्गत यह मुमकिन नहीं था। मजबूरन पूरे लाव लश्कर के साथ नवाब उस प्रागढ़ में दाखिल हुए जिसकी तामीर उनके हाथों हुयी थी।

कलक्टर ने उनके लिए खास तौर पर एक ऊँची कुर्सी का इंतजाम किया था। बाहर आकर उनका पुरजोर इस्तकबाल किया और खुद मंच वाली अपनी कुर्सी पर न बैठ कर उनके बराबर में साधारण कुर्सी पर बैठ कर सारी औपचारिकताएँ पूरी कीं। पर एक अदना सा सरकारी मुलाजिम नवाब के बराबर में कुर्सी पर बैठे, भी उन्हें कम नागवार नहीं गुजरा था।

राजा पीरपुर के निर्विरोध चुने जाने की उम्मीद तो नहीं थी क्योंकि पिछले कुछ सालों में कई राजनीतिक दल रामपुर में काफी सक्रिय हो गये थे। पहले हिन्दू महासभा और अब जनसंघ तथा मुस्लिम लीग जैसी पार्टियाँ शुरुआत से रामपुर में अपनी पैठ बनाने के लिए जीतोड़ मेहनत कर रही थीं, भले ही उनके उम्मीदवार जीत नहीं पाए थे।

पर एक दोपहर रामपुर में जैसे जलजला सा आ गया। लोगों ने सुना कि किसी कुली असग़र अली ने राजा के विरुद्ध अपना नामांकन दाखिल कर दिया है। जिसने सुना वह दंग रह गया। आखिर एक मामूली कुली नवाब के दामाद के खिलाफ चुनाव लड़ने की सोच भी कैसे सकता था। खासबाग में जैसे अपमान और आक्रोश की सनसनी सी फैल गई।

असग़र अली के बारे में जानकारी हासिल की गई। पहले यही सोचा गया कि किसी सियासी पार्टी द्वारा नवाब को बेइज्जत करने की गरज़ से यह साजिश रची गयी है। असगर अली को डमी प्रत्याशी के रूप में खड़ा कर दिया गया है जिससे नवाब और उनके खानदानियों को शर्मीन्दगी का अहसास हो। पर जल्दी ही सबने इस बारे में अपनी सफाई दे दी। वैसे भी असग़र अली ने निर्दलीय उम्मीदवार के रूप में पर्चा भरा था।

पहले समझाने बुझाने का दौर शुरू हुआ। शहर के तमाम लोग उनसे मिलने गये। रामपुर की रियासत और नवाब की हैसियत की दुहाई दी गयी। यह भी समझाया कि यह स्टेशन जो तुम्हारा जरियामाश है, की तामीर भी रजा अली खाँ के

हाथों ही की गयी था। फिर नवाब के कारिन्दों ने अलग तरह की कोशिशें की, डराया धमकाया भी गया और नाकामयाब होकर आखिर असग़र अली को खासबाग़ में तलब किया गया।

'हुज़ूर सरकार, ज़हे नसीब कि आपने मुझे इस लायक समझा।' असग़र अली ने बिना घबराहट और संकोच के कहा, 'पर हुज़ूर, मुल्क आजाद हुआ है, लोगों को जम्हूरियत का अहसास तो होना ही चाहिए। कहाँ राजा साहब और कहाँ मैं। मेरी औकात ही क्या है। पर रामपुर की अवाम को यह तो पता चलेगा कि अब सब बराबर हैं। कोई राजा, नवाब नहीं। सब को बराबर का हक है। इसलिए मैंने चुनाव में खड़े होने का फैसला किया है।'

उस समय असग़र अली तीसेक साल के नवयुवक थे। उनके चेहरे पर गज़ब का तेज था। उनकी आँखों से आत्मविश्वास झलक रहा था। खासबाग़ की भव्यता अथवा नवाब के रुतबे से जैसे वह पूरी तरह उदासीन थे। वहाँ की शानोशौकत उनके लिए बेअसर साबित हुयी थी। खासबाग में मौजूद सभी को लगने लगा कि उन्हें समझाने बुझाने का कोई नतीजा नहीं निकलेगा। तब रुपये पैसे से सौदेबाजी की कोशिश की गई।

पर असग़र अली पर किसी बात का असर नहीं हुआ। वह अपने फैसले पर जमे रहे और पूरी शिद्दत से चुनाव में जुटे रहे। हालाँकि चुनाव के नतीजे के बारे में उन्हें कोई गलतफहमी नहीं थी। कुलियों और आसपास के लोगों से एक, दो रुपये चंदा लेकर वह चुनाव लड़ रहे थे। कुछ हजार वोट पाने में वह कामयाब रहे हालाँकि उनकी जमानत जब्त हो गई।

उनको लेकर तरह-तरह की अफवाहें भी प्रचलित थीं। कोई कहता कि नवाब के दिए एक लाख रूपयों को वह फेंक कर चले आये थे। यह भी सुना गया था कि नवाब खुद उनसे मिलने उनकी कोठरी पर गये थे। यह कि जब तक जीवित रहे, उनका खासबाग आना जाना बना रहा हालाँकि वह बाद में भी नवाब परिवार के विरुद्ध चुनाव में खड़े हुए। यह भी अफवाह थी कि नेहरू ने उनसे मिलने की इच्छा जाहिर की थी। और न जाने क्या कुछ...।

पर यह सच है कि असग़र अली रामपुर के जानेमाने नेता बन चुके थे। पूरे शहर में वह खासे लोकप्रिय थे। लोग उनसे मिलने आते, अपने बच्चों को उनसे मिलवाते। पूरा शहर उनका बड़ा सम्मान करता था।

आज सियासी नेताओं के चरित्र और आचरण के सन्दर्भ में असग़र अली जैसे लोग बड़े अजनबी और दुलर्भ हैं। अब चुनावों में डमी प्रत्याशी खड़े होना या किया जाना बहुत सामान्य सी बात है जिनका एकमात्र उद्देश्य बड़े राजनीतिक दलों और

धनाढ्य प्रत्याशियों से पैसा वसूलना होता है। कुछ लोगों के लिए चुनाव लड़ना भी एक व्यवसाय बन चुका है।

मेरे बाहर निकलते ही रिक्शेवालों ने मुझे घेर लिया है।

'...गंज..., नया गंज,...किले, नालापार, अस्तबल...।'

एक अर्से बाद अपने शहर के विभिन्न क्षेत्रों के नामों को सुनकर मुझे अच्छा लगा है। समझ ही नहीं आता कि किस रिक्शे में बैठूँ। मेरा बस चलता तो दो, तीन रिक्शे कर लेता जिससे सबसे नई-नई बातें सुनने को मिलतीं।

मैं मुस्करा रहा हूँ। कुछ रिक्शेवाले पूछकर इधर उधर छिटक गये हैं। एक, दो अभी भी मेरे पास हैं।

'मियाँ, कहाँ जाना है?' एक बुजुर्ग रिक्शेवाले ने पूछा है।

'नया गंज...।'

'तो आइये न। बीस रुपए लेंगे।'

'ठीक है...।'

मेरी सहमति पर उसने हैरानी से मुझे देखा है। शायद वह कुछ सौदेबाजी की उम्मीद कर रहा था जैसा अक्सर रिक्शेवालों से किया जाता है।

मेरे हाथ से अटैची लेकर उसने अपने रिक्शे पर रख ली है। बैग थामे मैं रिक्शे पर बैठ गया हूँ। एक अर्से बाद रिक्शे पर बैठ कर मुझे बड़ा सुखद अहसास हुआ है। उसके खुलेपन में एक अजीब सी स्वछंदता का अनुभूति मुझे हो रही है। हवा के मद्धिम झोंके मुझे अन्दर तक पुलकित कर रहे हैं। एक चहक का अहसास मुझमें लगातार प्रवाहित हो रहा है।

सिविल लाइन्स की चौड़ी सड़क पर खासी चहलपहल है। बड़ी संख्या में कारें, ट्रक और बस वहाँ से गुजर रही हैं। स्टेशन के बाहर हरबंस पानवाले की दुकान अभी भी खुली हुई है। इसी दुकान के सामने मैंने अपना हाई स्कूल का परीक्षाफल देखा था। यहाँ का मीठा पान पूरे शहर में प्रसिद्ध था। उन दिनों जब रामपुर में पाँच पैसे में पान मिलता था, हरबंस की मीठी गिलोरी की कीमत पचास पैसे थी। उसी के बराबर में सरदार पकौड़ी वाला ठेला लगाता था। उसकी पकौड़ियाँ खाने कौन नहीं आता था। पालक, गोभी, आलू, प्याज, हरी मिर्च की गरमागरम पकौड़ियाँ...।

'क्यूँ भाई, एक सरदार पकौड़ेवाला ठेला लगाता था यहाँ...?' मुझसे पूछे बिना न रहा गया।

पैडल पर जोर लगाते हुऐ रिक्शेवाला जोर से हंसा और कहा,'मियाँ, रामपुर के पुराने बाशिन्दे लगते हैं?'

'हाँ भाई, रामपुर की ही पैदाइश है। यहीं पढ़ा लिखा भी हूँ।'

'माशेअल्लाह..। अब कहाँ कयाम है...?'

'लखनऊ में...।'

'जनाब काफी अर्से बाद तशरीफ लाए हैं...? तभी सरदार की याद आयी क्योंकि उसका ठेला तो अर्से से लगना बन्द हो गया।'

'हाँ, अब कहाँ आना होता है। और कम से कम इस बार की तरह तो सालों बाद आया हूँ।'

'सुभान अल्लाह...। तब तो रामपुर में काफी बदलाव नजर आ रहा होगा जनाब को।'

'हाँ, बदलाव तो होगा ही हालाँकि अभी देखा ही क्या है। पर बाहर रौनक तो ज्यादा है ही।'

मुझे रिक्शेवाले से बात करके बड़ी सुखद अनुभूति हो रही है। ट्रेन से उतरते ही इसी की कमी तो मैं महसूस कर रहा था। मुझे कहीं भी पहुँचने की जल्दी नहीं है। चौड़ी सड़क पर हवा में थोड़ी तेजी आ गई है। साफ आसमान में चाँद जैसे रिक्शे के साथ चल रहा है। कभी पास से तेज आवाज में गाने गाते साइकिल या रिक्शेवाले गुजर जाते हैं। ऐसी आवाजें आपको बड़े शहरों में नहीं सुनाई पड़तीं। शायद वहाँ के शोर शराबे में खो जाती हों या लोग इसे नयी शहरी सभ्यता के खिलाफ मानते हों।

'आप तो काफी पुराने लगते हैं।' मैंने पूछा,'एक असग़र अली कुली हुआ करते थे?'

'नेताजी,' कुछ पलों के लिए वह खामोश हुआ,'कुछ साल पहले उनका इन्तकाल हो गया। खुदा जन्नत बक्शे उन्हें। बहुत नेकदिल इन्सान थे।'

'कभी नेतागिरी कर भी पाये वह? चुनाव तो कई लड़े शायद...।'

अपने पैरों से पैडल पर जोर लगाता वह जोर से हंसने लगा और फिर कहा,'मियाँ, आप भी कैसी बात करते हैं। इलेक्शन जीतना शरीफों के बस में है क्या। फिर एक गरीब कुली की क्या बिसात कि इंतखाब में पैसा बहा सके। अब तो सुना है कि करोड़ों का खेल है पर तब भी दो, चार लाख तो लगते ही होंगे। आम आदमी की क्या हैसियत कि मुकाबला कर सके।'

'इसका मतलब नाम के ही नेताजी रह गये बेचारे..।'

'नहीं मियाँ, सो तो चुंगी की मिम्बरी की उन्होंने। शायद दो दफे...।'

'सच..।' मुझे अन्दर तक खुशी का आभास हुआ। स्थानीय निकाओं के सदस्य बनना भी आज साधारण बात नहीं है। इन चुनावों में विभिन्न दलों के वर्चस्व से

लोग राज्य सरकार के बदलाव की आहट तक पा लेते हैं। कई बार ये सदस्य नागरिकों के लिए ज्यादा उपयोगी साबित होते हैं और रोजमर्रा के कामों में बेहद मददगार भी।

'हाँ मियाँ, खूब ठसके से नेतागिरी की उन्होंने। किसी को कुछ समझते नहीं थे हालाँकि शराफत में उनका कोई मुकाबला नहीं था। आखिरी सांस तक अपना काम भी करते रहे। उनके जनाजे में तकरीबन दस हजार का हुजूम था। लोग जार-जार रो रहे थे। मैं भी शामिल हुआ था। वाकई क्या इन्सान था...।' कहते कहते रिक्शेवाले का स्वर टूटने लगा। उसकी गति भी धीमी हो गई।

मैंने असग़र अली के बारे में आगे कोई बात नहीं की। कुछ देर खामोश रह कर रिक्शेवाला खुद शुरू हो गया।

'मियाँ, क्या गज़ब का शख्स था। रामपुर वालों को जम्हूरियत का अहसास उन्होंने ही कराया। लोगों को पता चला कि गरीब भी अपने हक की लड़ाई लड़ सकता है। कुलियों, रिक्शेवालों से बदसलूकी पहले आम बात थी। एकाध रईस और खाँसाब तो हाथ छोड़ने से भी बाज नहीं आते थे। पर असग़र अली ने ऐसा रुतबा जमाया कि स्टेशन और स्टेशन के आस पास कुली, रिक्शेवाले, ठेले खींचने वाले, खोंमचे वाले इज्जत से काम करने लगे। उन्हें लगने लगा कि उनका खैर ख्वाह भी कोई है।'

'पर कई बार तो कुली ही एकदम लूटने पर उतर आते हैं।' मुझसे कहे बिना न रहा गया, 'रिक्शेवाले भी अनजान और अजनबी मुसाफिरों से बेजा पैसा वसूलने में कोई कसर नहीं छोड़ते।'

'मियाँ, आप ठीक फरमाते हैं। सब तरह के लोग हैं। हालाँकि यह भी सच है कि चार पैसे ज्यादा कमाना कौन नहीं चाहता। मँहगाई की हालत किसी से छिपी नहीं है। बच्चों को रोटी खिलाना हम जैसों के लिए कितना मुश्किल है। इसलिए शायद हर कोई ज्यादा आमदनी के जुगाड़ में लगा रहता है। शायद मैं भी...। पर मियाँ, जिन्दगी में एक बात का अहद जरूर किया है कि किसी के साथ बदसलूकी नहीं करनी, किसी को सताना नहीं है और किसी मजलूम के साथ बेजा हरकत नहीं करनी।'

'और कोई करे तो...?'

'तो असग़र अली वाला उसूल...।' कहकर वह जोर से हँसा, 'एक बार एक कुली ने किसी अकेली औरत के साथ कुछ छेड़खानी या पता नहीं बदफेली कर दी। औरत ने जब हँगामा किया तो और कुली तो बीचबचाव करके मामले को रफादफा करने में लग गये पर असग़र भाई ने आते ही तड़पड़ उसे मारना शुरू कर दिया।

बहुत लतियाया और जब कुली ने उस औरत के पैरों में गिर कर माफी माँगी तभी उसे राहत मिली। ऐसे मामले में वह कोई मुरव्वत नहीं दिखलाते थे। मियाँ, इज्जत तो उनकी थी ही, खौफ भी कम नहीं था।'

इसके बाद रिक्शेवाला असग़र अली की जिन्दगी की कई दास्तानें सुनाने लगा जिनके विस्तार में जाने में कई सफे चले जायेंगे। असग़र अली जीवन भर अविवाहित रहे पर उनके चालचलन पर कोई उंगुली नहीं उठा पाया। उनका चरित्र हमेशा बेदाग रहा। अपना खाना वह खुद बनाते थे। कभी स्टेशन पर किसी ने उन्हें चाय पीते भी नहीं देखा। कुलियों के दुख सुख में वह हर पल शामिल रहते थे, चाहे स्टेशन हो या उनका घर..। उनके प्रयास से ही कुलियों के कल्याण के लिए एक संस्था बनी जिसे रेलवे द्वारा भी मान्यता दी गई। इस संस्था के अन्तर्गत आपसी चंदे और कुछ विभागीय अनुदान से उन्होंने कुली कल्याण कोष की स्थापना की जिससे वह किसी के असामयिक निधन, परिजनों के उपचार, बेटियों के विवाह आदि के लिए आर्थिक सहायता उपलब्ध कराते थे। कुलियों के मकान, बिजली, पानी और सस्ते राशन की दुकान जैसी चीजों पर भी उनका ध्यान था।

'आज भी यह कमेटी काम कर रही है?' मैंने पूछा क्योंकि मैं असग़र अली के व्यक्तित्व से पूरी तरह अभिभूत हो चला हूँ।

'अजी मियाँ, लाहौलविला...।' रिक्शेवाला कुछ अजीब ढंग से हंसा,'आजकल किसको इस सब की फुर्सत है। सब लूट खसोट में लगे हैं। असग़र अली के बाद किसी ने उसका पुरसाहाल ही नहीं लिया और उसे बरबाद कर दिया। उसका सारा पैसा कुछ लोग मिल कर खा गये। मियाँ, सब आदमी की नेकनीयती पर मुनस्सर है। ऐसे लोग अब कहाँ रह गये हैं।'

एक अनपढ़ और अनगढ़ से दिखने वाले इस मामूली शख्स के लिए मेरा हृदय सम्मान और श्रद्धा से भर गया है।

राहे रज़ा से गुजरते हुए

नेशनल हाइवे पर स्टेशन से लगभग एक किलो मीटर की दूरी पर स्थित डीएम आवास से राहे रजा शुरू हो जाती है। इसे आप दिल्ली का राजपथ, मुम्बई की मैरीन ड्राइव या चैन्नई की एमजी रोड कह सकते हैं। रामपुर नवाब का महल कोठी खासबाग इसी से सटी है। रियासत के जमाने की कचहरी और रामपुर क्लब की भव्य इमारतें हैं। और आजाद भारत में सत्ता के प्रतीक कलक्टर और पुलिस कप्तान के बंगले भी इसी मार्ग पर स्थित हैं।

रामपुर या समूचे रुहेलखंड में क्या, दिल्ली और लखनऊ के बीच इस भव्य मार्ग की तुलना में कोई सड़क नहीं थी। दोनों ओर लगे यूकीलिप्टिस के लम्बे-लम्बे दरख्त और उनके पीछे दूर तक फैले आम और लीची के बाग। उनमें गूंजती कोयल की कूक और परिन्दों के मीठे स्वर...। बारह महीने एक शीतल, सौंधी सुगंध सड़क पर आपके साथ चलती थी। आम के मौसम में तो खटमिट्ठी सी खुशबू नथुनों से प्रवेश कर आपके अन्दर रच बस जाती थी। ऐसा लगता था कि आप आम के बाग के बीच से गुजर रहे हैं। उस पर मंद-मंद बहती ठंडी ब्यार...। चिलचिलाती गर्मियों के दिनों में रिक्शे और साइकिल सवार यहाँ कुछेक पल रुक कर इसका लुत्फ लेने से नहीं चूकते थे। उनकी थकान जैसे फुर्र हो जाती और नये जोश और ऊर्जा से वह आगे की यात्रा पर चल पड़ते।

राहे रजा की भव्यता देखकर बाहर से आये लोगों को रामपुर शहर के बारे में अक्सर गलतफहमी हो जाती थी। उन्हें लगता ही नहीं था कि रामपुर कीचड़ से लिथड़ी संकरी गलियों, बदबू से बजबजाते गन्दे मुहल्लों, गरीब फटेहाल रिक्शा चालकों, बीड़ी, चाकू व टोपियाँ बनाने वालों, पतंग और माजा खींचने वालों, घोसियों, पनवाड़ियों, सब्जी बेचने वालों, खोंमचे वालों, ठेला लगाने वालों का बेहद गरीब शहर है। व्यवसाय के नाम पर यहाँ बीड़ी बनाना, कुर्तो, लंहगों, बुर्कों व साड़ियों पर कढ़ाई करना, चाकू और टोपी बनाना आमदनी का अहम जरिया था। शिक्षा के नाम पर यहाँ मदरसों और नगरपालिका के प्राइमरी स्कूलों की बाढ़ थी। नवाबी के दौरान मात्र

एक इंटर कालिज और दो हाईस्कूल थे। डिग्री शिक्षा की शुरुआत आजादी मिलने के बाद सरकारी महाविद्यालय खुलने के बाद हुयी जहाँ एमए की पढ़ाई शुरू करने में पूरे बीस वर्ष लगे।

राहे रजा शहर की शान था हालाँकि रामपुर में खासबाग, हामिद मंजिल, मछली भवन, जामा मस्जिद और रंगमहल जैसी भव्य इमारतें थीं। जो कोई इस मार्ग से शहर में प्रवेश करता उस पर पड़ी पहली छाप उसके दिलोदिमाग पर छाई रहती। और शहर छोड़ते वक्त राहे रजा की मीठी यादें उसे अविस्मरणीय बना देतीं।

शोर शराबे और भीड़ की चिल्लपो से दूर यह मार्ग अजब सा सुकून देता था। यहाँ चलने में एक अजीब सी कशिश का अहसास होता था। शायद इसीलिए यह सुबह सैर करने वालों का पसन्दीदा जगह थी। गर्मियों के दिनों में तो औरत, आदमी, बूढ़े जवान और बच्चे तक यहाँ कदमताल करते या दौड़ते नजर आते थे। बच्चे सड़क के किनारे पड़े कच्चे आमों को बीनते और मौका मिलने पर बाग में जाकर दो, चार आम तोड़ भी लाते। कभी पकड़े भी जाते, मुर्गा बनते या उठाबैठक करते और फिर खिलखिलाते हुए चल देते। अगले दिन नीचे लटका हुआ आम देखते तो अपने कदमों को रोक नहीं पाते क्योंकि बाग से चुरा कर आम खाने का सुख ही कुछ और था, भले ही उन कच्चे आमों की कीमत दो, चार पैसे हुआ करती थी।

गरीबी की वजह से रामपुर सस्ता शहर हुआ करता था। यहाँ आम भी कम दामों में मिला करते थे। इसका मुख्य कारण आम की ज्यादा पैदावार थी। रामपुर के आसपास रईसों और खाँसाहबों ने आम के बाग शौकिया तौर पर लगाए थे। शुरुआत में उनका मकसद आम का कारोबार करना नहीं था। पर धीरे-धीरे वे इस धंधे में लग गये। रामपुर में आम तोल कर नहीं बल्कि गिनती के हिसाब से बेचे जाते थे। और गिनती भी ऐसी कि सौ आम लो तो आपको बतीस पंजे यानी एक सौ साठ आम मिलेंगे।

शाम ढलने के बाद राहे रजा सूनसान हो जाती। कुछेक बिजली के खंभे जरूर लगे थे पर वे सड़क को रोशन करने के लिए निहायत नाकाफी थे। वैसे भी उन दिनों सड़क पर बल्ब ही लगाये जाते थे जिनका प्रकाश अँधेरे को धुंधलके में बदलने जैसा होता था। आज की तरह के बड़े हैलोजन लेम्प तब कहाँ होते थे। सड़कों पर ट्यूब लाइट लगना भी काफी बाद में शुरू हुआ। इसलिए रात में लोग इस सड़क पर अकेले चलने में भयभीत अनुभव करते। रास्ता वीरान था। तब आवाजाही भी बहुत कम थी। वाहन तो इक्के दुक्के ही वहाँ से निकलते और रिक्शे या साइकिल वाले भी दो, तीन के समूह में जाते। लूट की वारदातें भी अक्सर घटित हो जाती थीं।

दसवीं क्लास तक मुझे और मेरे दोस्तों को सूरज ढलने के बाद राहे रजा पर जाने की इजाजत नहीं थी। हमारे लिए तो इसकी वजह सिर्फ डर था। पर बाद में

पता चला कि परिवार और बुजुर्गों द्वारा लगाई गई इस बंदिश के पीछे कुछ ऐतिहासिक कारण भी थे जो उस समय हमें कतई समझ में नहीं आते थे।

जहाँ एक तरफ रामपुर शहर अपने तीन 'म' के लिए मशहूर था जिसमें मुसलमान, मच्छर और मुहल्ले शामिल थे, वहीं रामपुरवासियों के 'ग' अक्षर से शुरू तीन शौक या शगल-गालियाँ, गोश्त और गांड भी खासी शौहरत पा चुके थे।

रामपुर में समलैंगिकता, जिसे रामपुरी जुबान में लौंढेबाजी कहना वाजिब होगा, का पुराना इतिहास रहा है। सुना जाता था कि रामपुर के एक नवाब लड़कों के शौकीन थे। बेगमों से ऊब चुके इस नवाब की नजर अपने एक जवान कारिन्दे पर ऐसी पड़ी कि उन्हें उसका चस्का लगा गया। चिकने चुपड़े लड़कों के भाव बढ़ने लगे। सरकार को खुश करने के लिए ऐसे लौंढों की तलाश होने लगी। कुछ दिन वे नवाब के चहेते रहते और फिर किसी नये 'चिकने' द्वारा बेदखल कर दिए जाते। तब ये 'छुड़वां' रामपुर के रईसों और खाँसाहबों द्वारा पाले जाते। उन्हें कभी अच्छी नौकरियाँ मिल जातीं तो कभी एकाध मकान-दुकान...। लौंढों की आदतें भी कम खराब नहीं होतीं। उन्हें भी रुपए, पैसे, अच्छे खाने का चस्का लग जाता। उधर नवाब की रिआया के लिए यह फख्र की बात होती कि नवाब का एक लौंढा अब उनका हमबिस्तर है। धीरे-धीरे रईसों का यह शौक आम आदमी तक भी पहुँच गया और तब से रामपुर ने चिकने चुपड़े लड़कों की इज्जत और आबरू को वही खतरा पैदा हो गया जो अमूमन एक उभरती जवान लड़की को होता है।

बचपन में हम ऐसे लड़कों के बारे में सुना करते थे कि वह नवाब या फलाँ रईस का लौंढा है। उसी हिसाब से उनकी हैसियत आँकी जाती। कुछ खासबाग में तो कुछ हवेलियों और मुहल्लों में पलते। जैसे पूर्वांचल में बाबूसाब लोगों की प्रतिष्ठा रंडियों, नचनियों और रखैलों के रखने से बनती थी वैसी ही रामपुर में लौंढों से वहाँ के रईसों और खाँसाहबों की हैसियत को देखा जाने लगा। दरअस्ल पहले यह रईसी का प्रतीक था पर धीरे धीरे बेरोजगार लौंढों ने अपना शौक निचले तबके तक पहुँचा दिया। आज भी रामपुर में इसके अनेक किस्से सुने जा सकते हैं।

कहा जाता है कि इन पुरुष माशूकों को लेकर नवाब की बेगमों या रईसों की बीवियों को भी कोई आपत्ति नहीं थी। उनके प्रति कोई खास ईर्ष्या या द्वेषभाव उनके मन में नहीं रहता था। शायद इसके कई कारण थे। एक तो इन लौंढों का कोई स्थायित्व नहीं था। अक्सर एकाध साल में ही कोई दूसरा चिकना उनकी जगह ले लेता था और पुराने भी मकान, दुकान का मिजान बिठा कर अपनी दुनिया बसाने की कोशिश में लग जाते थे।

दूसरे इनसे औलाद का कोई खतरा नहीं था। इसलिए बीवियाँ अपने अधिकार

और सम्पत्ति को लेकर आश्वस्त रहतीं। तीसरे इन लौंढों से ही कुछ बेगमें अपनी हवस भी पूरा करतीं।

रामपुर के एक नवाब के बारे में सुना जाता था कि उनकी सौ बीवियाँ थीं जिनके लिए किले के अन्दर महलसराय का निर्माण कराया गया था। वक्त के साथ कुछ तो पूरी तरह तिरस्कृत हो जातीं और बाकी को भी नवाब का संसर्ग लम्बे अर्से के बाद मिलता। ऐसे में ये लौंढे ही उनकी अयूयाशी का जरिया बनते और उनकी कामवासना को शांत करते।

पर एक घटना ने न केवल इस पर गहरा असर डाला बल्कि पूरी रियासत में इससे सनसनी फैल गई। कहा जाता है कि नवाब के किसी लौंढे से उनकी किसी जवान बेगम को इश्क हो गया या वह उसकी जिस्मानी जरूरत बन गया। जैसा ऊपर कहा गया कि नवाब से मिले कई बेगमों को अर्सा बीत जाता था। इसलिए अधिक्तर बेगमें बावर्चियों, अर्दलियों, सिपाहियों में से किसी न किसी को फंसाये रखतीं। ये लोग भी इसे अपने फर्ज का हिस्सा मानते और वफादारी के नाम पर मुँह सिल कर रहते। उनका रिश्ता एकाध घंटे तक बिस्तर तक सीमित रहता। उसके बाद न वह अपनी हैसियत भूलते और न बेगमें उन्हें उनकी औकात से आगे बढ़ने देतीं। बाकी सारा काम उनकी सेविकाएँ बूढ़ी खालाएँ करती। वे उनकी राजदार रहतीं और पहरेदारी करने से लेकर हमल गिरवाने तक की सारी जिम्मेवारी वे सहर्ष उठातीं।

बहरहाल नवाब की वह बेगम शायद सचमुच इश्क की गिरफ्त में आ गई और हमल से होने के बाद बच्चा जनने और उस पालने के ख्वाब देखने लगी। खाला ने काफी समझाया बुझाया पर वह अपने निर्णय पर अडिग थी।

'क्या मैं औरत नहीं हूँ? मेरे अपने कोई ख्वाब नहीं हैं? महज सरकार की जरखरीद लौंढी की तरह तन्हाई और बेबसी में मैं अपनी लम्बी जिन्दगी कैसे गुजार सकती हूँ। न जाने कब हमें महलसराय से बेदखल कर दिया जाये, तब किसके सहारे जिन्दा रहूँगी।'

महलसराय में बेगमों की दुर्दशा से खाला अनजान नहीं थी। इन नादान, नाजनीन और खूबसूरत लड़कियों के लिए उनके मन में पूरी हमदर्दी थी। हालाँकि बेगम की चाहत के खामियाजे को सोचकर वह दहशत में थी। फिर ऐसा पहली बार नहीं हुआ था। पहले भी गर्भ धारण करने और बेगमों द्वारा बच्चे जनने की ख्वाहिश वह देख चुकी थीं। कुछ ने भागने की कोशिश की तो उसका अंजाम भी पूरी रियासत को पता था। खाला ने सोचा कि धीरे-धीरे बेगम को समझ में आ जायेगा। पर न जाने कैसे यह खबर जनानखाने को पार करती नवाब के सिपहसालारों और फिर नवाब तक पहुँच गई।

ऐसा नहीं था कि नवाब बेगमों के कारनामों से पूरी तरह अनजान थे पर जानबूझ कर आँख कान बन्द रखते। पर बेगम के पेट से होने की खबर वह नहीं पचा पाये। खाला से लेकर इलाके के दारोगा तक को बर्खास्त कर दिया गया। फिर उस आशिक का लिंग काट कर मय छुरे के बेगम के पास भिजवाया गया जिसने उसी छुरे को सीने में भोंक कर आत्महत्या कर ली। लौंढे का कहीं अतापता नहीं चला। अफवाह यही थी कि उसके अंग प्रत्यंग काट कर चील कौव्वों को खिला दिए गये।

लंगरखाने के जिस मुहल्ले में हमारे बचपन और किशोरावस्था का लम्बा अरसा बीता, आबादी के संक्रमण काल से गुजर रहा था। लंगरखाना रामपुर शहर के बीचोबीच में स्थित है। इसे नया गंज का क्षेत्र भी कहते हैं क्योंकि रामपुर में पुराना गंज भी है जो पहले बसाया गया था। लंगरखाने में नवाब के कुछ प्रसिद्ध बाबर्ची रहा करते थे। शहर के कुछ प्रसिद्ध हलवाइयों का ठिकाना भी इसी मुहल्ले में था। रामपुर का मशहूर हब्शी हलुआ इसी मुहल्ले के कारीगरों द्वारा बनाया जाता था। इसीलिए इसका नाम लंगरखाना पड़ा था।

यह मुस्लिम बाहुल्य क्षेत्र था पर आजादी के लगभग एक दशक बाद धीरे-धीरे मुसलमानों का इस मुहल्ले से पलायन हो रहा था। पहले कुछ पंजाबियों ने यहाँ मकान खरीदे या किराए पर आकर रहने लगे और फिर कुछ हिदू परिवार भी यहाँ बसने लगे। मुस्लिम परिवार अपने घर हिन्दुओं को बेच कर नालेपार जैसे मुस्लिम क्षेत्रों में जाकर बस रहे थे। हालाँकि जब हम इस मुहल्ले में आये तो लगभग अस्सी फीसदी घर मुसलमानों के थे। इसीलिए अम्मा ने इस घर को खरीदने का पुरजोर विरोध किया था। इसकी दो वजहें थीं– एक तो इस मुहल्ले पर मुसलमानों का प्रभाव था और दूसरे जिस गली में हमारा मकान था, वहाँ गोश्त की तीन दुकानें थीं। हम विशुद्ध शाकाहारी थे। रसोई में प्याज तक का सेवन निषिद्ध था और यहाँ हमारे घर से बमुश्किल बीस कदम पर गली के दोनों ओर बकरे का गोश्त तारों से लटकता नजर आता था।

पर बाऊजी को शहर के बीचोबीच ढाई हजार रूपयों में और कोई घर मिलना संभव नहीं लगता था। इसलिए किसी तरह अम्मा को राजी कर लिया या उनके प्रतिरोध को नजरअन्दाज कर दिया। लगभग इतने ही रूपये लगाकर इसमें बैठक, रसोई और शौचालय का नया निर्माण करा लिया गया और 1961 में हम 'नवधाम' में आकर रहने लगे। इसे ही हम अपना पैतृक आवास कह सकते हैं।

हमारे आने के काफी सालों बाद तक यहाँ मुस्लिम समाज का गहरा प्रभाव देखा

जा सकता था। लोगों के हावभाव, बातचीत का अन्दाज और उनके बच्चों के खेल कुछ अलग ही थे। ईद और बाराबफात पर मुहल्ले में खूब रौनक रहती। सुबह शाम मस्जिद से अजान का स्वर कानों में गूँजता। रोजे के दिनों में साफ सफाई नजर आती और लोग भी बहुत साफ सुथरे और सात्विक से दिखलाई देते। लोगों का काफी वक्त घरों के अन्दर गुजरता। अक्सर सुनाई देने वाली गालियाँ कम ही कानों में पड़तीं। अल्लसुबह मुहल्ले में सहरी खाने की पुकार लगती। इसके बरक्स हिन्दुओं के त्योहारों का यहाँ पता ही नहीं चलता था। हिन्दू मुहल्लों में होलिका दहन जोर शोर से आयोजित किया जाता था तो हमारा मुहल्ला इससे वंचित था। हम होलिका दहन के लिए पास के मुहल्ले में जाया करते थे। इसी तरह होली का रंग भी यहाँ कम ही खेला जाता था और मुसलमान खुलेआम बेफिक्र घूमा करते थे। हम बच्चों को उन पर रंग न डालने के बारे में सख्त हिदायत दी जाती थी।

मेरी उम्र तब करीब दस साल की थी और मैं प्राइमरी स्कूल पास करके मुर्तजा हाईस्कूल में गया था। स्कूल हमारे घर से लगभग दो, ढाई किलोमीटर की दूरी पर था और हम पैदल स्कूल आया जाया करते थे। अक्सर जाना तो दादा के साथ ही होता था जो उसी स्कूल में मुझसे अगली क्लास में पढ़ता था पर वापसी में कई बार हम अलग-अलग आते थे। तब मैं अपने कुछ अन्य मित्रों के साथ लौटता था जो हमारे घर के पास या आगे रहा करते थे।

एक बार मैं अपने एक दोस्त के साथ गले में बाहें डाले स्कूल से लौट रहा था कि दो जवान लड़कों ने हमें रोक लिया।

'पारे, कहाँ रहते हो...?'

'नये गंज में..।' मेरे दोस्त ने उत्तर दिया।

'तेरे वालिद क्या करते हैं?'

'सर्राफे बाजार में दुकान है।'

'बड़े पक्के यार हो तभी कई बार गले में बाहें डाले जाते देखा है तुम्हें।'

सुनकर हमें हैरानी हुई क्योंकि हमने उन्हें कभी नहीं देखा था। उनकी बात पर ज्यादा गौर किए बिना हम आगे चल दिए तो उनमें से एक बोला,'अरे ये लेमनचूस तो ले लो।'

दो, चार दिन जब हम वहाँ से फिर निकले तो वो दोनों फिर हमसे आकर उलझ गये और हाथ में लेमनचूस पकड़ा दी। बाद में मिलने पर वे हमें अपने घर ले जाने की जिद करने लगे। एकाध बार फिल्म दिखाने का प्रलोभन भी दिया। हमें उनकी कोई बात समझ ही नहीं आती थी। बुरा जरूर लगता कि वह हमारी यारी की बातों में बेवजह खलल डाल देते थे। पर एक दिन जब वे हमें जबरदस्ती अपनी साइकिल

पर बिठाने लगे तो हम डर गये। मैंने घर आकर अम्मा को बतलाया और अम्मा ने बाऊजी को। बाऊजी ने दो झापड़ मुझे रसीद किए, क्यों मुझे कुछ पता नहीं चला। कहा कुछ भी नहीं। उन दिनों पिता की ऐसी मार की कुछ खास वजह हो, जरूरी नहीं था। सभी बच्चे इसे बखूबी समझते थे। बाद में अम्मा ने हिदायत की कि दोनों भाई साथ में आया करो और रास्ते में तमीज से चला कर।

बाऊजी ने उस मामले में क्या किया, मुझे कोई जानकारी नहीं हुयी। उन दिनों माँ-बाप बच्चों को सब कुछ बतलाना जरूरी नहीं समझते थे और न किसी बच्चे में पूछने का साहस होता था। माँ से तो बच्चे फिर भी उलझते रहते थे किन्तु ज्यादातर घरों में पिता से एकतरफा संवाद था। पिता का आदेश ब्रह्म वाक्य होता था। उनके किसी भी हुकुम या हिदायत पर सवाल करना शायद मेरी पीढ़ी के बच्चों द्वारा मुमकिन नहीं था। किशोर, युवक, युवतियाँ भी इसका अपवाद नहीं थे।

आज तो आठ, दस साल के बच्चे सवाल दर सवाल पूछ कर आपको निरुत्तर कर देते हैं। पिता, अध्यापक या किसी वरिष्ठ की सत्ता अथवा साख को बिना प्रश्नचिंह लगाए स्वीकार नहीं करते हैं। उन दिनों हमारे अधिक्तर निर्णय अम्मा बाऊजी लिया करते थे। हम क्या पढ़ेंगे, कैसे पढेंगे, क्या खेलेंगे, किसके साथ खेलेंगे, क्या पहनेंगे, कब सोना है, कब उठना है और कब खेलना है जैसे सारे फैसले माँ बाप के हाथ में होते थे। आज के बच्चे और किशोर अपने निजी कामों में किसी प्रकार की दखलअन्दाजी बर्दाश्त नहीं करते हैं। वे अपने निर्णय लेने में समर्थ और सक्षम भी नजर आते हैं।

बहरहाल दो, चार दिन बाद से वे लड़के मुझे दिखना बन्द हो गये।

राहे ऱ्जा आज एक नये रूप और वैभव के साथ नजर आ रही है। सुना मैंने जरूर था कि पिछले दिनों एक स्थानीय मंत्री ने व्यक्तिगत रुचि लेकर इस मार्ग का जीर्णोधार कराया है। पर आज इसे देखकर मैं सचमुच हैरान और अभिभूत हूँ। रामपुर जैसे छोटे और पिछड़े नगर में ऐसी सड़क का निर्माण कराना सचमुच चकित करता है। सड़क के बीच में रंग बिरंगे डिवाइडर और उस पर खड़े विक्टोरियन लैम्पपोस्ट जिसमें पारम्परिकता के साथ आधुनिकता का अद्भुत सामंजस्य और सम्मिश्रण है। रात के अँधेरे में ये इस मार्ग को अपूर्व आभा और भव्यता से सराबोर कर रहे हैं और इसके आकर्षण में कई गुना इजाफा कर रहे हैं।

पर विकास और आधुनिकता के नाम पर किए जा रहे निर्माण कार्यों का दुष्प्रभाव भी यहाँ सहज ही अनुभव किया जा सकता है। पूरे मार्ग के दोनों ओर जगह-जगह भवन खड़े हैं तथा निर्माण कार्य जारी है। कहीं मकानों के झुंड तो कहीं

सरकारी इमारतें, होटल या गेस्ट हाउस। रामपुर क्लब की बिल्डिंग जो राहे रजा पर डीएम, एसपी की कोठियों और कचहरी की भव्य इमारत के अलावा अकेली रौनक थी और शाम ढलते ही गुलजार हो जाती थी, आज कहीं पृष्ठभूमि में लुप्त हो गई है। यूकीलिप्टस के कुछेक पेड़ पुराने दिनों की यादों को संजोए सुस्त से खड़े हैं पर जिस तरह वे पहले इस मार्ग को तोरण और बन्दनवार की भांति सुसस्जित करते थे, का पूरी तरह अभाव है। आम और लीची के बाग तो दूर तक कहीं नजर नहीं आते। जाहिर सी बात है कि इस रास्ते पर यूकीलिप्टस और आम की वह सौंधी महक अब नदारद है जो इसे इतना विशिष्ट और अनुपम बनाती थी। हवा में भी वो तरलता और ठंडक आज कहाँ है...!

पहली बार मेरा मन संताप और दुख से भर उठा है। क्या विकास प्रकृति के विनाश का ही दूसरा प्रतिरूप है? क्या प्रकृति के नैसर्गिक सौन्दर्य व आभा को नष्ट किए बिना समाज में विकास, समृद्धि और प्रगति का आभास नहीं हो सकता? क्या सचमुच इनका स्वरूप विरोधाभासी है? आज जब पर्यावरण और प्रकृति संरक्षण के प्रति इतनी जागरूकता पैदा हो चुकी है तब ऐसी विघ्वंसक गतिविधियाँ मन को सचमुच व्यथित कर जाती हैं।

दसवीं का रिजल्ट देखने के लिए मुझे अपने कुछ मित्रों के साथ रेलवे स्टेशन जाने की इजाजत पहली बार मिली थी– तमाम हिदायतों के पुलिंदों के साथ। ...सब बच्चे साथ-साथ रहना, राहे रजा पर बीच में कहीं मत रुकना, एक साइकिल पर दो बच्चे जाना, साइकिल देखभाल कर लेना (उन दिनों हम किराये की साइकिल लेकर जाते थे जो दस पैसे प्रति घंटे के हिसाब से मिला करती थी) जिसके टायर ट्यूब अच्छी दशा में हों और पंक्चर आदि का डर न हो, स्टेशन पर भीड़ में एक दूसरे का हाथ पकड़ कर रहना, प्लेटफार्म पर रेलगाड़ी के ज्यादा नजदीक मत जाना, जब ट्रेन आये तो प्लेटफार्म के दीवार के पास या बाहर जाने के दरवाजे के करीब रहना जिससे धक्कामुक्की में फँस न जाओ, सीधे स्टेशन जाना और सीधे ही लौटना वगैरह...। आज तो बस इतनी नसीहतें ही याद आ रही हैं हालाँकि हिदायतों की उस झड़ी पर उस दिन मैं अम्मा पर बिगड़ गया था, 'दूध पीता बच्चा समझती हो। मेरे साथ के लड़के दस-दस किलोमीटर साइकिल चला कर स्कूल आते हैं।'

'जितना कह रही हूँ, उतना समझ। बाऊजी से तो पूछा भी नहीं है। वह तो कभी न जाने देते।' अम्मा ने कोमल स्मितभरे चेहरे के साथ सख्त लहजे में कहा।

बाऊजी का नाम आते ही हम सभी बच्चों की जुबान को लकवा मार जाता था। सभी तर्क छूमंतर हो जाते थे और सारी योजना टांय-टांय फिस्स हो जाती थी। पिता

का कितना आतंक था उन दिनों। आज सोचकर हैरत करता हूँ कि उस भय और आतंक में स्नेह और वात्सल्य कैसे शामिल हो पाता था। दोनों में बाऊजी कैसे सामंजस्य बिठाते थे क्योंकि यह अहसास तो हमें कतई नहीं था कि बाऊजी हमें अम्मा से कम प्यार करते हैं।

आज अपने बेटे के बारे में सोचता हूँ तो बड़ा अटपटा महसूस करता हूँ। शायद दस साल की उम्र से ही उसने मुझे और मैंने उसे दोस्त ही समझा है। कई बार उसे पिता जैसा भय और अधिकार दिखाने का मौका आया और मैंने अपने मन को सख्त भी किया पर अपने अन्दर भरे प्यार से उसका तालमेल नहीं बैठा पाया।

उस दिन रिजल्ट नहीं आया और हम बुझे और निराश मन से लौट रहे थे। जाते वक्त जो साइकिल पूरी रफ्तार से चली थी, एकाएक बड़ी भारी महसूस हो रही थी। गहरी अँधेरी रात थी और मन किसी अनजान भय व आशंका से घिरने लगा था। सड़क सूनसान हो चली थी और दोनों ओर दूर तक फैले बाग सांय-सांय की आवाज करते महसूस हो रहे थे। पत्तियाँ हिलतीं या सूखे पत्तों की खड़खड़ाहट कानों में आती तो हम अन्दर तक कांप जाते। गाँधी समाधि तक का वह रास्ता जैसे मौत के कुआँ की तरह डरावना लगने लगा था। खामोश रहकर हम पूरी ताकत से तेज साइकिल चलाकर राहे रजा के पार लगना चाहते थे। तभी हमारे पीछे से एक साइकिल पर दो लड़के आये और उन्होंने अपनी साइकिल हमारे आगे अड़ा दी।

'इत्ती रात को कहाँ से आ रहे हो?' चारखाने का तहमद पहने एक लम्बा, तगड़ा आदमी अपनी जांघ खुजलाते हमारे सामने खड़ा हो गया।

'रिजल्ट देखने गये थे...।' मेरे दोस्त विमल ने कहा।

'तो चल हम दिखाते हैं तुझे रिजल्ट...।' कहते हुए उसने विमल का हाथ पकड़ लिया और विमल को पास के आम के बाग की ओर खींचने लगा। हम सब में विमल गोरा चिट्टा लड़का था। शायद वे दोनों देर से हमारा पीछा कर रहे थे।

दूसरा शख्स तैयारी की हालत में साइकिल के पास खड़ा रहा जिससे किसी गड़बड़ी की आशंका होने पर वहाँ से नौ दो ग्यारह हो सके।

हम साइकिल पटक कर उस तहमद वाले से चिपट गये और चीखना चिल्लाना शुरू कर दिया पर उस वक्त सड़क पर दूर तक कोई नहीं था। फिर हम बुक्का मार कर रोने लगे। तब वह साइकिल वाला लड़का हमारे पास आया और अपनी फेंट से लम्बा सा चमकदार चाकू लहराते हुए गुर्राया, 'चोप्प बे मादरचोदों। आवाज निकाली तो पूरा का पूरा छुरा गांड से निकाल दूँगा।'

रामपुर के चाकुओं की ख्याति गाँवों से लेकर बड़े शहरों तक, घर से थाना कचहरी तक और पत्र पत्रिकाओं से लेकर फिल्मों तक थी। 'वही रामपुर जहाँ के

चाकू मशहूर हैं', हमारे परिचय का पक्का सूत्र था। इतना तो सच था कि वहाँ गुंडागर्दी या दंबगई के लिए चाकू का होना लाजमी था। बात-बात में लोग धमकी देते,'अभी निकालूँ छुरा..।' इस धमकी के कई दिलचस्प रूप भी थे जो आज हमें मजेदार लगते हैं पर उस समय तो हम बच्चों में गहरा खौफ पैदा कर जाते थे। कभी सुनने में आता,'गांड से डाल कर मुँह से निकाल दूँगा छुरा' या 'आँतों के आरपार कर दूँगा..' या 'बदन को छलनी बना दूँगा'। मुर्तजा स्कूल जहाँ ज्यादातर बच्चों की उम्र पन्द्रह, सोलह से कम ही थी, में भी कुछ बच्चों के बारे में सुना जाता कि वे चाकू लेकर चलते हैं।

दरअसल यह रामपुर का एकमात्र कुटीर उद्योग था जिसने कारोबार का रूप धारण कर लिया था। रामपुर में बने चाकू दूर दूर जाया करते थे। बाजार सफदर गंज में इसकी पूरी मंडी थी। बचपन से हमने वहाँ शीशे के शोकेस में सजे चाकुओं की दुकानें देखी हैं। हम बच्चों को उन्हें खुली आँखों से देखने की इजाजत तक नहीं थी। हकीकत में उन्हें देखकर कहीं हम सिहरन सी महसूस करते थे।

चाकुओं के धंधे में रामपुर में तरह-तरह के प्रयोग किए जाते रहे। चाकू लम्बे और लम्बे होते गये, उसमें अच्छी धातु का प्रयोग किया जाने लगा। तरह-तरह के रंग रूप व आकार में चाकू बनने लगे। उन दिनों 'डिजायनर' शब्द का चलन नहीं था पर रामपुर में सचमुच डिजायनर चाकू बनते थे। मछली के आकार में, सिगरेट, माचिस की डिब्बी की तरह, सींग से बने चाकू और चाँदी का काम किए चाकू, बटन से खुलने वाले चाकू...। उनके नाम भी रोचक थे– बैल बॉटम, एवन, डिस्को सिंग, बटन सिंग, नकशीन और किर्रा...। बाद में चार इंच से अधिक फल के चाकू का विक्रय अवैध करार दिया गया। वैसे भी हथियार के रूप में अब कहीं अधिक खतरनाक शस्त्र सरलता से उपलब्ध थे। इसलिए बाजार से चाकुओं की दुकानें उजड़ गयीं।

तब रामपुर के कारीगरों ने तमंचे, अद्धे और कट्टे बनाने में माहरत हासिल कर ली। रामपुर में बने अवैध असलाह दूर-दूर तक खरीदे जाने लगे। पुलिस का इस धंधे को पूरा संरक्षण था क्योंकि काफी खपत तो महकमे में ही थी। जितने लोग गिरफ्तार किए जाते उनके पास से तमंचे की बरामदगी दिखलाना तो जरूरी था ही। रामपुर के तमाम लोहारों ने अपने घरों पर खराद मशीनें लगा लीं और इस क्षेत्र में नये-नये प्रयोग करते रहे। तमंचों से आगे बढ़ कर उन्होंने देसी रिवाल्वर भी बनाये जिनको कई व्यापारी और गाँव के लोग अपनी सुरक्षा की खातिर घर में रखने लगे। एक तो शस्त्र का लाइसेंस ही आसानी से नहीं बनता था और दूसरे इन विदेशी पिस्टलों और रिवाल्वरों की कीमत इतनी ऊँची होती कि एक मध्यवर्गीय परिवार भी इन्हें नहीं खरीद पाता था। ऐसे में जब परिवार के किसी सदस्य को अपनी सुरक्षा

जरूरी लगती तो यही रामपुरी तमंचे/हथियार उन्हें आसानी से मिल जाते। व्यक्तिगत तौर पर मैं ऐसे कई लोगों को जानता था जो ये गैरकानूनी हथियार रखते थे हालाँकि न तो वे आपराधिक चरित्र के थे और न ही उनका जुर्म से कोई लेना देना था। अलबत्ता ये असलाह उन्हें सुरक्षा का बोध जरूर कराते थे।

पर उस दिन उस लम्बे चाकू को इतने पास से देखा तो हमारे होश फाख्ता हो गये। बचपन में चाकुओं के बारे में सुनी तमाम बातें सच लगने लगीं। वह आदमी बड़े बहशियाना ढँग से चाकू लहरा रहा था और बड़ा खौफनाक मंजर पैदा कर रहा था। हमारी घिग्गी बंध गई। पसीने से चुहचुहाया शरीर थर-थर कांपने लगा। विमल का करुण क्रंदन हमें बुरी तरह आक्रांत किए हुआ था।

'भाईजान...।' मोटे आलोक ने हिम्मत जुटा कर कुछ कहना चाहा तो चाकू लिए वह आदमी दहाड़ने लगा,'चोप्प मादरचोद। खबरदार जो आवाज निकाली..।' अपना चाकू वह हमारे काफी करीब ले आया जिससे हम पूरी तरह दहशत की गिरफ्त में आ गये। हमारी सांसें रुक गयीं। सच तो यह है कि ऐसे में हम अपनी जान बचाना चाहते थे पर विमल को छोड़ कर चले जाना मुमकिन नहीं था।

अचानक एक मोटरसाइकिल हमारे पास से गुजरी और फिर पीछे लौट आयी। पहले हम डरे पर अपने मुहल्ले के रियासत मियाँ को उससे उतरते देखकर मेरी सांस में सांस आयी। मुझे वहाँ देख कर उन्होंने पूछा,'अबे क्या माजरा है?इत्ती रात को यहाँ क्यूं खड़ा है?'

रियासत मियाँ को देखते ही वह आदमी चाकू बन्द करके पीछे खिसक गया। मैं फफक-फफक कर रोने लगा और मेरे साथ दोनों दोस्त भी जार-जार आँसू बहाने लगे।

'पारे, क्या बात है?' रियासत मियाँ मेरे पास आये,'रो क्यूं रहा है?'

'भाई...,' बमुश्किल मेरी टूटी आवाज निकली,'हमारा दोस्त...।' मुझसे आगे कुछ न कहा गया और मैंने बाग की ओर इशारा किया।

रियासत मियाँ रामपुर के पुराने बाशिंदे थे, रामपुरवालों के शौक से वाकिफ थे इसलिए उन्हें समझने में देर नहीं लगी। वह पूरी ताकत से चीखने लगे,'अबे भोसड़ी के, अपनी खैरियत चाहता है तो लौंढे को फौरीं छोड़ दे। लंगरखाने का रियासत मियाँ बोल रहा हूँ। मेरे मुहल्ले के बच्चे हैं। मादरचोद कुछ गड़बड़ी की तो तेरे खानदान की माँ चोद दूँगा।'

वह और न जाने क्या-क्या गालियाँ बकते रहे। खानदान के पूरे शिजरे की ऐसी तैसी करते रहे। कुछ ही पलों में विमल हमारे पास था। हम जैसे शेर की मांद से निकल कर भागे। शुक्रिया कहना तक भूल गये हालाँकि उन दिनों ऐसे औपचारिक

शब्द बहुत ज्यादा प्रयोग में भी नहीं आते थे जैसा कि आज के छोटे बच्चों को बचपन से ही हर काम के लिए थेंक्स कहने का अभ्यास कराया जाता है।

गाँधी समाधि पार कर जब हम नाहीद टाकीज पहुँचे तब कहीं जाकर हमारी सांसें लौटीं। अब हम सुरक्षित जोन में थे। पर हमारे मुँह जैसे सिल गये थे। हमारे चेहरे सफेद और सपाट थे और आँखों की पुतलियाँ स्थिर और निस्पंद...।

'क्या हुआ...?' अम्मा ने मेरा चेहरा देखा तो डर गयीं। शायद सोचा कि यह तो लुढ़क गया। उन दिनों यह कोई असंभव बात नहीं थी। अम्मा अपने छोटे भाई और पड़ोस में रहने वाले दीपक को दसवीं में साल दर साल फेल होता देख चुकी थीं। अच्छे-अच्छे बच्चे किसी विषय में अनुतीर्ण हो जाते थे। परीक्षा में गड़बड़ियाँ भी कम नहीं होती थीं। कभी कापियाँ बदल जातीं तो कभी कापी के बंडल ही गायब हो जाते। आज की तरह स्थानीय तौर पर अध्यापकों को बुलाकर उत्तरपुस्तिकाएँ नहीं जांची जाती थीं। कापियों के बंडल अध्यापकों के नाम रेलवे से भेजे जाते थे।

'कुछ नहीं...।' बड़ी उदासीनता से मैंने चिड़चिड़े स्वर में जवाब दिया। किस कमबख्त को याद था कि अम्मा रिजल्ट के बारे में पूछ रही थीं। मेरा दिमाग तो उस खौफनाक हादसे से जूझ रहा था। दिल की धड़कनें तक अभी थमी नहीं थीं।

'अरे रिजल्ट देखने गया था न...?' अम्मा ने डपटते स्वर में पूछा।

'अच्छा...।' तब मुझे अम्मा का सवाल समझ में आया, 'आज नहीं आया। शायद कल आयेगा।'

'कल फिर जाएगा...?'

सोचकर ही मैं अन्दर तक कांप गया। मैंने कोई उत्तर नहीं दिया और हाथ धोकर रसोई में खाने बैठ गया।

अगले दिन जाना तो था ही।

गया भी जिसका ब्योरा ऊपर दे चुका हूँ।

समलैंगिकता जिसे एक विकृति या बीमारी समझा जाता है और समाज ऐसे लोगों को वितृष्णा और हेय दृष्टि से देखता रहा है, आज मानवाधिकार के एक बड़े आंदोलन के रूप में सामने आया है। अनेक प्रतिष्ठित और नामचीन शख्सियतें इसके समर्थन में सड़कों पर उतर आयी हैं। गे और लेस्बियन के हकों के लिए लगातार एक मुहिम जारी है। कई देशों द्वारा इसे कानूनी मान्यता प्रदान कर दी गयी है। हमारा देश भी इससे अछूता नहीं है और न्यायालय द्वारा इसे मान्य करार दिया गया है। समलैंगिक विवाह अब कोई बड़ी खबर नहीं है।

स्कूल में दाखिला और वो दौर

'अच्छा मुर्तजा स्कूल यहाँ आ गया...?'

राहे रजा पर राजकीय मुर्तजा इंटर कालिज का बोर्ड देखकर मेरा मन उमंग और उल्लास से भर उठा है। इसी विद्यालय में मैं छठी से दसवीं तक पढ़ा था। उस समय यह स्कूल कक्षा दस तक ही था।

'अरसा हुआ मियाँ...।' रिक्शेवाले ने बतलाया,'वो कारोनेशन के पास वाली इमारत तो खस्ताहाल हो गई थी। छतें गिरने लगी थीं। नवाब के जमाने की इमारत थी न...।'

'पर भाई, नवाब के वक्त की तो न जाने कितनी इमारतें आज भी चमक रही हैं। हामिद मंजिल, कचहरी, कलक्टर की कोठी...।'

'मियाँ...।' रिक्शेवाला हंस कर बोला, 'इत्ते तालीमयाफ्ता होकर भी आप नादानों जैसी बात कर रहे हैं। स्कूल की इमारतों पर अब कित्ती तवज्जो दी जाती है जो तब दी जाती। कहाँ नवाब का दरबार हामिद मंजिल और हाकिमों की कचहरी और कहाँ तालीम के मदरसे...! उस जमाने की थी तब तो फिर भी पचास, साठ साल खड़ी रही। आजकल के सरकारी स्कूल दूसरे साल से ही झड़ने और चूने लगते हैं और दसेक साल में तो उनके ढहने की नौबत आ जाती है।'

रिक्शेवाला कुछ देर के लिए रुका और फिर बड़ी संजीदगी के साथ कहने लगा, 'मियाँ, कौन हुकुमरान अपनी रिआया तो तालीम देकर अपना सरदर्द बढ़ाना चाहता है। परजा जितनी जाहिल और गंवार रहे, हुकूमत उतनी ही अच्छी और लम्बी चलती है। नाम करने को स्कूल, मदरसे खोल दें पर अन्दरखाने तो यही ख्वाहिश रहती है कि लोग सर झुका कर, बिना सोचेसमझे और सवाल के उनकी ताकत और इक़बाल को मंजूर करें।'

एक बूढ़े और आमलोगों की निगाह में जाहिल समझे जाने वाले रिक्शाचालक की सोच, समझ और दूरदृष्टि से मैं सचमुच अभिभूत हूँ। एक बार फिर मेरा हृदय उसके लिए सम्मान से भर उठा है। सच है कि जीवनदृष्टि, बुद्धिमत्ता, सोच,

समझदारी, विश्लेषण और चीजों को सही परिप्रेक्ष्य में समझने की क्षमता का औपचारिक शिक्षा से कोई लेना देना नहीं है। शिक्षा मनुष्य के ज्ञान और उसकी क्षमताओं में इजाफा कर सकती है पर आदमी की सोच और दुनियावी समझ का तालीम से कोई सीधा और सकारात्मक सम्बन्ध नहीं है। पढ़ाई लिखाई आदमी के सामाजिक स्तर का मापदंड बन सकती है किन्तु उसकी अंदरूनी ताकत और ऊर्जा का पैमाना नहीं है।

इस प्रसंग पर मैंने आगे बात नहीं की। वैसे भी मेरे अन्दर तो अपने स्कूल की अनेकानेक स्मृतियाँ उमड़ घुमड़ रही हैं जहाँ एक बालक के तौर पर मैंने दाखिला लिया और किशोरावस्था की दहलीज पर चढ़ कर बाहर आया।

पाँचवीं क्लास पास करने की इतनी भर खुशी जरूर थी कि अब मुझे उस छोटे और गन्दे से स्कूल को छोड़ कर बड़े स्कूल जाना है। गन्दा इसलिए क्योंकि वहाँ की कुछ चीजें हमें नापसन्द थीं जैसे जमीन पर उघड़े टाट या जूट के बोरे पर बैठना, तख्ती और दवात लेकर जाना और बेंत या नेजे की कलम से चिकनी मिट्टी जिसे हम पिंडोल कहते थे, से लिखना...। हाँ, पाँचवीं के आखिरी इम्तेहान के बारे में स्कूल और घर में कम हल्ला गुल्ला नहीं हुआ था।

'बोर्ड का इम्तहान है,' हेडमास्साब ने जोर देकर समझाया था,'तुम्हारी परीक्षा दूसरे स्कूल में होगी और कापियाँ भी दूसरे स्कूल के मास्टर जाचेंगे। इसलिए किसी तरह की मदद की मत सोचना। तुम तो फेल होगे ही, हमारे स्कूल की अलग बदनामी होगी। इसलिए बच्चों खूब मेहनत करो।'

उधर घर में बाऊजी तो नहीं पर अम्मा नाक में दम किए रहतीं, 'रात दिन खेलता रहता है। पाँचवीं का बोर्ड का इम्तेहान है। ये नहीं कि दो, चार दिन कस के पढ़ ले। अच्छे नम्बर नहीं आये तो कहीं दाखिला भी नहीं होगा। बाऊजी तो कहीं जाने से रहे।'

परीक्षा के भय को अपने ऊपर हावी होने देने के लिए मैं बड़ा नासमझ और नादान था। पर जैसे-जैसे इम्तेहान का पहला दिन नजदीक आया, एक नामालूम सा डर मेरे अन्दर पैदा हो गया था। पता नहीं बोर्ड का इम्तेहान क्या बला है? पता नहीं कम्बख्त इसमें क्या होगा?

चलते वक्त अम्मा ने दही और पेड़ा खिलाया था, अपने और बाऊजी के पैर छुआये थे। मैं अन्दर ही अन्दर हंसा था। कुछ-कुछ वैसा लगा जैसे 'मुगले आजम' फिल्म में हमने अकबर को युद्ध पर जाते देखा था। हालाँकि अम्मा ने मेरे टीका नहीं लगाया था पर हमारे साथ ऐसे कई बच्चे थे जिनके माथे पर लम्बे टीके टंगे थे। सभी बच्चे सहमे हुए थे। हिदायतों की लम्बी फेहरिस्त उनके दिल दिमाग में हावी थी जिसमें आपस

में ज्यादा बतियाने की भी शायद मनादी था। बच्चों के चेहरों पर परीक्षा के आतंक की धुंधली परछाईं चस्पा थी और आँखों में परेशानी और चिन्ता की कतरनें...।

तयशुदा वक्त पर हमें एक कमरे में बैठाया गया। अब हमें इन्तजार था बोर्ड के पहले प्रश्नपत्र का। एक नये और अजनबी मास्साब प्रकट हुए, उन्होंने ब्लैकबोर्ड पर कुछ सवाल लिख दिए और कहा, 'यह गणित का पर्चा बोर्ड पर लिखा है। पचास नम्बर का है, हर सवाल दस नम्बर का और समय दो घंटे...।'

तब हमें बोर्ड की परीक्षा का मतलब समझ में आया– बोर्ड पर पर्चा लिखने की वजह से इसे बोर्ड का इम्तेहान कहते हैं। सालों साल हम इसे ऐसे ही समझते रहे। यह तो बहुत बाद में हमें पता चला कि यह इम्तेहान सभी स्कूलों में एक साथ जिला बोर्ड आयोजित करता है, इसलिए इसे बोर्ड की परीक्षा कहा जाता है।

अमूमन स्कूल ले जाने के लिए मुझे अधन्नी यानी दो पैसे मिलते थे जिसमें एक पैसे से केला, अमरूद या कचालू खाये जाते और एक पैसे से जलने वाला चूरन, बुढ़िया के बाल या दूध की ठंडी बत्ती या आइसक्रीम। एक अप्रैल 1957 से नई मुद्रा का चलन आरम्भ हो गया था पर पुराने सिक्के अभी भी मान्य थे।

जिस दिन पाँचवीं का रिजल्ट आया मैंने अम्मा से दस का सिक्का लिया,'अब अधन्नी में कुछ नहीं आता। आइसक्रीम भी पाँच पैसे की है।'

दरअसल पाँच पैसे वाली आइसक्रीम के ऊपर खोया, मलाई जैसा कुछ लगा रहता था और उसे खाने के बाद सादी बत्ती बड़ी बेस्वाद महसूस होती।

अम्मा आसानी से कहाँ मानने वाली थीं, 'रिजल्ट लाकर उसे पूजाघर में रखकर पहले हाथ जोड़ना। प्रसाद चढ़ा दूँ, तब कुछ खाना।'

पर उस दिन मैंने जिद की और अम्मा मान गयीं, 'ले, भगवान के सामने हाथ जोड़ कर जा। मन खराब मत कर...।'

सच तो यह है कि न तो मेरा मन खराब था और न ही रिजल्ट को लेकर मेरे मन में कोई उतावलापन या उत्कंठा थी।

रिजल्ट के बाद पूरे दो महीने गर्मियों की छुट्टियाँ थी। उन दिनों ग्रीष्मावकाश पूरी मस्ती और मौज का वक्त होता था और हम लोग पढ़ाई लिखाई और किताबों से पूरी तरह दूर रहते थे। सिर्फ खेलना, घूमना और खाना...। एकाध महीने के लिए नाना, मामा या ताऊजी के यहाँ जाना तय था। गर्मियों के दिनों में लगता ही नहीं था कि पढ़ने लिखने से भी हमारा कोई वास्ता है। न हमसे कोई पढ़ाई की बात करता था। पढ़ने के नाम पर चंदामामा, पराग और बाद में नन्दन जैसी पत्रिकाएँ हमारी साथी थीं।

और आजकल समर ब्रेक में बच्चों का होमवर्क ही खत्म होने का नाम नहीं

लेता। बच्चों के साथ माँ बाप को भी उसमें पूरी तरह जुटना पड़ता है। स्कूल बेशक बन्द हों पर बच्चों का नियमित अध्ययन जारी रहता है। ट्यूशन चलती रहती है, कभी दिन में तीन-तीन। इसके साथ शहरों में हॉबी क्लासेज की भरमार हो गई है। गेम्स, वाद्य यंत्र, डांस, जूडो-कराटे, नाट्यकला, म्यूजिक, क्रियेटिव क्लासेज और न जाने क्या कुछ। इनका अपना महत्त्व भी है क्योंकि यह निर्विवाद है कि बच्चों के व्यक्तित्व विकास में इसकी अहम भूमिका होती है। बहरहाल इन सब व्यस्ताओं के चलते बच्चों के पास कहीं जाने का वक्त ही नहीं है। बमुश्किल चार, छह दिनों के लिए किसी खास मकसद से कहीं जाना अलग बात है। वैसे भी अब लम्बे समय तक रिश्तेदारों के यहाँ रहने का रिवाज लगभग खत्म हो चुका है।

दो महीने की छुट्टियाँ कैसे बीतती, पता ही नहीं चलता। आजकल के बच्चों की तरह उन दिनों हम देर तक नहीं सोते थे। उसकी अहम वजह यह थी कि गर्मियों में अक्सर लोग खुले में सोते थे। हम लोग भी छत पर सोते थे जहाँ शाम को छिड़काव किया जाता और फिर नौ, दस बजे बिस्तर लगा दिए जाते। छत पर छिड़काव करना खासी तकलीफदेह कवायद थी। नीचे से बाल्टी भर-भर कर पानी ऊपर ले जाना पड़ता था। यह काम मैं और दादा बारी-बारी करते थे। इस तरह के कामों की फेहरिस्त खासी लम्बी थी। चक्की से आटा पिसवाना, टाल से जलाने की लकड़ी खरीदना, जाड़ों में रजाइयाँ तहाकर रखना या उन्हें धूप लगाना, पत्थर के कोयले की अंगीठी को गली में रखना-उठाना, बुरादे की अंगीठी भरना जिसमें खासी होशियारी की जरूरत होती क्योंकि उसे न तो इतना ठूस कर भरा जा सकता था कि उसके बीच से पाइप न निकले और न ही इतना ढीला कि पाइप खींचते ही बुरादा भरभरा कर गिर पड़े। गरज यह कि हमारे झगड़े के मुद्दे बेइंतिहा थे।

बहरहाल छत पर सोने की वजह से सुबह सूरज की तेज किरणों से जल्दी साबका हो जाता था और मजबूरी में हम उठ जाते थे। वैसे भी उन दिनों माँ बाप बच्चों को देर तक सोने नहीं देते थे। अब मेरा बेटा छुट्टी के दिन बारह, एक बजे तक सोकर उठता रहा है और हम उससे कुछ नहीं कह पाते। आज के बच्चों, विशेषकर किशोरों और युवाओं की दिनचर्या ही एकदम उलट है। रात को दो, तीन बजे के बाद सोना और सुबह लंच से थोड़ा पहले तैयार होना...। कम्प्यूटर और इंटरनेट ने इस पीढ़ी की रातें आबाद कर दी हैं।

गर्मियों में हम अक्सर राहे रजा पर घूमने जाते थे जिसका जिक्र मैं ऊपर कर चुका हूँ। उसके बाद का पूरा दिन खाने पीने, खेलने और आपस में लड़ने झगड़ने में बीतता था। अँधेरा होते ही बाऊजी का डर हमें रास्ते पर ले आता और हम घरों

में घुस जाते। शायद माओं के लिए यह छुट्टियाँ खासी परेशान करने वाली होती होंगी। पाँच बच्चों को देखना, उनकी माँगों को पूरा करना और उनके झगड़े निपटाना...। शायद इसीलिए माएँ एकाध महीने के लिए अपने मायके में रहना पसन्द करती थीं जहाँ उन्हें काफी कामों से मुक्ति मिल जाती। वहाँ बच्चों का सारा जिम्मा भाभियों और बहनों पर छोड़ दिया जाता। बच्चों की सारी जरूरतों के लिए वे ही जिम्मेवार होतीं। और वे सहर्ष इस भूमिका को निभाती थीं। इस माने में यह दौर अम्मा के आराम और चैन का भी वक्त होता था।

छुट्टियाँ खत्म होने से दो, चार दिन पहले ही हमें स्कूल और पढ़ाई की याद आती। शायद हमें ही नहीं, अम्मा बाऊजी को भी...। तब मुझे ध्यान आया कि मुझे नये स्कूल में दाखिला लेना है। इसे लेकर कुछ उत्सुकता तो जरूर थी पर चिन्ता जैसे कोई भावना कतई नहीं। मुझे नहीं लगता है कि एडमीशन को लेकर कोई खास परेशानी उन दिनों बच्चों को कभी होती थी। ज्यादातर माँ बाप का तो नये स्कूल में दाखिले की इस प्रक्रिया से कोई सरोकार ही नहीं था।

आठ जुलाई, जिस दिन स्कूल का नया सत्र आरम्भ होता था, को अम्मा ने सुबह ही मुझसे तैयार होने को कहा। चलते समय बाऊजी ने समझाया था, 'गली से निकल कर दायें हाथ पर सीधे सड़क पर चलकर बायें मुड़ जाना। थोड़ा आगे जाकर मुर्तजा स्कूल है। छठी में दाखिला ले लो...।' कहते हुए दो कागज और एक रुपए का सिक्का उन्होंने मेरे हाथ में रखते हुए कहा, 'इन्हें सम्हाल कर रख। पाँचवी की मार्क्सशीट और पिछले स्कूल की टीसी है। टीसी स्कूल में जमा होगी। फीस में आठ, दस आने लगेंगे। बाकी पैसे वापस अम्मा को दे देना।'

मुझे लगा मैं एकदम बड़ा हो गया हूँ। ...एक रुपया..., मैं उस सिक्के को देर तक देखता रहा। इससे पहले मुझे कभी एक रुपया नहीं दिया गया था। मेरी दूसरी हैरानी फीस की धनराशि को सुनकर थी। कक्षा तीन तक हम दो पैसे और चौथी, पाँचवी में एक आना फीस देते आये थे। फीस में लगभग दस फीसदी का इजाफा सचमुच चौंकाने वाला था।

अम्मा अन्दर से एक रूमाल लाई थीं और सिक्के को उसमें बाँध कर रूमाल मेरे निकर की बेल्ट से कस दिया था। आगे की हिदायतें अम्मा ने दी थीं,'रिजल्ट और टीसी सम्हाल कर रखना। इधर उधर मत घूमना। बच्चों के साथ खेलने मत लग जाना। जो पैसे बचें, उन्हें इसी तरह बाँध कर रख लेना।'

दाखिले का तो नहीं, पर उन दोनों कागजों और एक रुपल्ली का मेरे मन पर खासा बोझ था। इस तरह की जिम्मेदारी के अहसास के लिए मैं शायद बहुत छोटा भी था। महज नौ साल का...।

बाऊजी ने स्कूल का रास्ता ऐसे बतलाया था जैसे अपने मुहल्ले की गली से निकलते ही दायें मुड़कर स्कूल सामने दिख जाएगा। मेरे लिए स्कूल ही नहीं, वह रास्ता भी नया और अनजान था। हमारे घर से स्कूल लगभग दो, ढाई किलोमीटर की दूरी पर था। अच्छी बात यह थी कि मेरे जैसे कुछ अन्य बच्चे भी खरामां-खरामां स्कूल जा रहे थे।

नये स्कूल पहुँचकर वहाँ की भीड़ और बड़ी सी इमारत ने मेरे अन्दर कुछ घबराहट पैदा कर दी थी। कहाँ सौ, डेढ सौ बच्चों और पाँच कमरों का वह प्राइमरी स्कूल और कहाँ तकरीबन एक फर्लांग में फैला पच्चीस, तीस कमरों का यह भवन. ..। छात्रों की संख्या भी छह, सात सौ से कम नहीं थी। स्कूल का मुख्य द्वार तो छोटा ही था पर उसमें घुसते ही बड़ा सा आँगन था और चारों ओर कमरे। उस प्रांगढ़ में कतारों में बच्चे खड़े थे। नये प्रवेशार्थियों की एक पंक्ति में मैं भी खड़ा हो गया। जब मेरा नम्बर आया तो मास्साब ने मेरी मार्कशीट और टीसी देखी, मुस्कराये, क्यूँ मुझे पता नहीं चला, और मार्कशीट के साथ मेरे हाथ में एक फार्म पकड़ाते हुए कहा,'टीसी जमा कर ली है। कल यह फार्म अपने पिताजी से भरवा कर लाना। दाखिले के आठ आने दे दो...।'

अम्मा की बांधी गांठ बमुश्किल खोलकर मैंने वह रुपया उन्हें हवाले किया और वापस मिला पचास पैसे का सिक्का किसी तरह उस छोटे रूमाल में बांधा। फार्म-वार्म की किसे चिन्ता थी। सारा ध्यान तो उस सिक्के की हिफाजत पर था।

अगले दिन फिर जाकर फार्म जमा किया तो मास्साब ने किताबों की सूची पकड़ाते हुए कहा,'कल से बस्ता लेकर आना।'

उन दिनों कक्षा छह में किताबों के नाम पर तीन, चार किताबें होती थीं। कापियों की लिस्ट देने का कोई चलन नहीं था जैसा कि आजकल होता है। शायद दो, ढाई रुपए में छठी की किताबें और कापियाँ आ गई थीं। अब तो क्लास सिक्स में पुस्तकों की संख्या दस, बारह होना मामूली बात है और हर किताब पचास रुपए से लेकर सौ रुपए तक की होती है। कापियाँ ही पाँच, छह सौ रुपए की आती हैं और स्कूल द्वारा यह भी साफ तौर पर हिदायत दी जाती है कि ये कहाँ से खरीदना है। उन्हीं बुक स्टालों पर स्कूल का नाम छपी कापियाँ, कवर मिलते हैं।

बहरहाल पचास पैसे में मेरा छठी क्लास में दाखिला हो गया जो महज स्कूल की फीस थी। उन दिनों न सिक्यूरिटी मनी ली जाती थी, न डेवेलपमेंट, बिल्डिंग, लायब्रेरी, गेम्स, कम्प्यूटर, लैब जैसे चार्ज और या सोशल सर्विस जैसा कोई शुल्क...। आजकल तो एडमीशन फीस के साथ तमाम मदों में इतने भुगतान करने होते हैं कि मध्यवर्गीय परिवार की कमर ही टूट जाती है। और यह रकम

कई हजार तक हो सकती है। जितनी भारी भरकम फीस, स्कूल का स्तर व रुतबा भी उतना ही ऊँचा माना जाता है।

मुर्तजा स्कूल में अपने एडमीशन को याद करते हुए मुझे विभिन्न स्तरों पर आज बच्चों के प्रवेश के लिए की जाने वाली प्राणलेवा कवायद याद आ रही है। शहर चाहे मुम्बई, दिल्ली जैसा मैट्रो हो याकि लखनऊ जैसे बड़े शहर अथवा रामपुर जैसे छोटे नगर, छोटे बच्चों का स्कूल में दाखिला माँ बाप के लिए कितना त्रासद, कष्दप्रद और कभी अपमानजनक होता है, किसी से छिपा नहीं है। माँ बाप को आँसू बहाते, गिड़गिड़ाते और बच्चों के भविष्य की भीख माँगते आप कहीं भी देख सकते हैं। उन दिनों घर का माहौल अत्यन्त तनावपूर्ण और स्खलित हो जाता है। कई बार पति पत्नी में झगड़े होते हैं क्योंकि किसी घटना या मुद्‌दे को लेकर एक दूसरे पर दोषारोपण करने का सिलसिला शुरू हो जाता है। मित्रों और नातेदारों को तो छोड़ दीजिये, घर के अन्दर का आपसी संवाद भी खीझ और असहायता के भाव से बदरंग हो जाता है। स्कूलों के रोज-रोज चक्कर लगाने के लिए माँ बाप नौकरी से अवकाश ले लेते हैं। उन दिनों की सारी दिनचर्या महज बच्चे के स्कूल में दाखिले के इर्दगिर्द घूमती है। घर की अन्य सारी गतिविधियाँ, कार्यकलाप स्थगित हो जाते हैं। कई घरों में पूजापाठ पर जोर रहता है तो कहीं लम्बे और उदास चेहरे लिए लोग तरह-तरह के विकल्पों के बारे में सोचते रहते हैं। इसी को लेकर आपसी सलाह मशविरा रात दिन चलता रहता है। लोग अपने पुराने सम्बन्धों को भी टटोलते हैं। कभी यह दाखिला उन रिश्तों की परीक्षा भी बन जाती है। कई पुराने रिश्ते टूट जाते हैं तो कई नई सम्बन्ध विकसित हो जाते हैं। स्कूल के एडमीशन में जरा सी सहायता लोगों को भारी अहसान से दबा देती है और वे इस कर्ज को ताजिन्दगी याद रखते हैं।

और छोटे बच्चे इस रोजमर्रा की घूमा घूमी को समझने के लिए बड़े नादान और नासमझ होते हैं। अपना जिक्र बार-बार आने पर कभी वे खुश होते हैं तो कभी अटपटा महसूस करते हैं। उन्हें समझ ही नहीं आता कि आखिर ये सब हो क्या रहा है। हाँ, जब मम्मी पापा झगड़ते हैं या मम्मी के गिरते आँसुओं को वे देखते हैं तो मन ही मन उदास जरूर महसूस करते हैं। कई बार उन्हें उनकी पसन्दीदा चीजें जैसे चॉकलेट, आइसक्रीम या टॉय वगैरह से भी महरूम कर दिया जाता है। उस पर घर में सिखलाई की कवायद और ठीक से याद न करने पर कभी दो, चार थप्पड़ का प्रसाद...। एबीसीडी, वन टू टैन और कुछ प्रश्नों के अंग्रेजी में उत्तर। व्हाट इज योर नेम, व्हियर डू यू लिव, व्हाट इज योर पापाज/मम्मीज नेम, डू यू हैव एनी सिस्टर ऑर ब्रदर बला...बला...। कुछ अंग्रेजी की राइम्स– टिविंक्ल टिविंक्ल लिटिल स्टार,

जैक एंड जिल, हम्टी डम्टी या बाबा ब्लैक शीप...। तीनेक साल का बच्चा जिस दिन इनमें से कोई आधी राइम भी सुनाने लगता है, माँ बाप के चेहरे उत्साह और उल्लास से खिल उठते हैं। उस दिन बच्चे की कोई न कोई माँग पूरी कर दी जाती है।

मेरी जिन्दगी का यह वक्त बीते अरसा गुजर चुका है। हमारे दोनों बच्चे अब नौकरियों में हैं। ऐसा नहीं था कि उनके दाखिले के लिए हमें किसी तरह की कोई तकलीफ नहीं हुई पर अखिल भारतीय सेवा का प्रभाव और अपने पद के रसूख के बदौलत दो, चार चक्कर लगाने से अक्सर एडमीशन मन चाहे स्कूल में हो जाता था। हालाँकि मुझे दाखिले की दिक्कतों का बखूबी अहसास था।

तब से आज हालात और बदतर हुई है।

इसका प्रत्यक्ष अनुभव मुझे कुछ साल पहले हुआ। मेरे एक दोस्त ने अपने बेटे के एडमीशन के लिए एक साल पहले एक नामी स्कूल में पंजीकरण करवा दिया था। तब वह बमुश्किल दो साल का था। अब तो कुछ स्कूलों में पंजीकरण दो, तीन साल पहले कराना पड़ता है। कुछ माँ बाप तो बच्चे के जन्म से पहले ही एडमीशन की बुकिंग करा देते हैं और पंजीकरण की यह रकम कुछ हजारों से लेकर एक, दो लाख तक हो सकती है। कुछ अच्छे स्कूलों में तो रजिस्ट्रेशन कुछ अवधि के लिए उसी तरह खुलते हैं जैसे प्रत्याशियों के चयन के खातिर केबीसी की लाइनें एक तयशुदा मियाद के लिए खोली जाती हैं। पंजीकरण करते समय भी माँ बाप की सामाजिक, आर्थिक और शैक्षणिक हैसियत का आकलन किया जाता है।

बहरहाल मेरे दोस्त को पत्नी सहित इंटरव्यू और बच्चे के टेस्ट के लिए बुलाया गया। वे दो सप्ताह उसकी पत्नी के लिए अपने एम.ए. की परीक्षा के दिनों से भी ज्यादा त्रासद और तनावग्रस्त थे। हर वक्त झुंझलाती रहती थी, 'पता नहीं क्या पूछ लेंगे। मुझे तो इत्ते सालों बाद कुछ याद नहीं है। बीए में अंग्रेजी पढ़ी तो थी पर तुम्हारे घर के कामकाज में फंस कर सब भूल गई। कहीं स्पैलिंग वगैरा न पूछ लें?'

'अरे पागल हो। तुमसे स्पैलिंग क्यूं षूछेंगे। हाँ, अंग्रेजी में जो पूछें उसका ठीक ठाक जवाब देना होगा।'

'अब इंग्लिश बोलने की कहाँ आदत है। सारा दिन तो कामवालियों, सामान बेचने वालों से जूझती हूँ। पता नहीं कुछ गलत न बोल जाऊँ।' उसके चेहरे पर गहरी चिन्ता की रेखाएँ खिंच गई थीं।

'अभी वक्त है। कुछ प्रेक्टिस कर लो।' पति ने छेड़ने के अन्दाज में कहा।

'अपनी मेड से या आलू गोभी बेचने वाले से अंग्रेजी बोलकर...?' उसने चिढ़ कर पूछा।

'यार, नाराज क्यूं होती हो।' दोस्त ने हंस कर कहा,'अब हम इंग्लिश में बोला करेंगे। मैं तुम्हारे लिए रैपिडेक्स की बुक ले आता हूँ। कपिल देव ने भी तो उससे ही बोलना सीखा था। टेक इंसपीरेशन फ्रॉम हिम। नाउ यू गो एंड मेक टी फॉर मी..।'

पत्नी का बस चलता तो चाय का गर्म प्याला उस पर फेंक कर मार देती पर तनाव के चलते वह चुप रही। कुछ देर खामोश रहकर पूछने लगी, 'और सनी...।'

'स्पीक इन इंग्लिश...।' दोस्त ने टोका।

'ज्यादा बकवास मत करो। ये बताओ सनी का क्या टेस्ट होगा? तुमने कुछ पता किया?'

'यार, इतने छोटे बच्चे से कुछ एबीसीडी और वन टू टैन तक पूछते होंगे।'

'वो तो पिछले एक साल से सिखला रही हूँ। पर बच्चे का तो मूड है न।'

'कुछ राइम्स भी सिखला दो यार..।'

'सिखलाई हैं पर कभी सुना देता है तो कभी एक वर्ड भी उसके मुँह से नहीं फूटता।'

'उस दिन ऐसा ही किया तो...।'

पत्नी के साथ दोस्त भी बुरी तरह परेशान हो गया। गर सचमुच ऐसा हुआ तो उनके बच्चे के भविष्य का क्या होगा? अन्दर पल रहे ख्वाब जैसे भरभरा टूटने लगे।

वे देर तक एकटक एक दूसरे के चेहरे देखते रहे।

'किसी और स्कूल में भी बात करके रखो। सेंट फ्रांसिस में एडमीशन न हुआ तो किसी दूसरे स्कूल में तो हो।' पत्नी ने सुस्त और पस्त स्वर में कहा।

'मैंने रिवरडेल में बात कर रखी है..। रजिस्ट्रेशन के दस हजार रुपए वहाँ जमा करा दिए हैं।'

'थैंक गॉड...। बस इसका एडमीशन हो जाये तो पूरे एक सौ एक रुपए का प्रसाद चढ़ाऊँगी।' पत्नी ने हाथ जोड़ते हुए कहा।

बच्चे के टेस्ट और अपने इंटरव्यू के लिए उनकी तैयारी चलती रही। उन दिनों दोस्त आफिस से जल्दी आ जाता था। कहीं आने जाने का तो सवाल ही नहीं था। घर आकर भी बेटे को लेकर बैठ जाता था। जैसे-जैसे टेस्ट का दिन करीब आ रहा था, उनके अन्दर तनाव बढ़ता जा रहा था। तैयारी सिर्फ बेटे को ही नहीं करानी थी। पत्नी को भी समझाता रहता, 'देखो नर्वस मत होना। अंग्रेजी में छोटे-छोटे सेन्टेंस बोलना। लम्बी बात तो मैं कर लूँगा। कुछ समझ में न आये तो सॉरी कहकर 'प्लीज से अगेन' कहना।'

वे फादर द्वारा पूछे जाने वाले संभावित प्रश्नों की सूची बना रहे थे। इसके बारे में उसने अपने दो वरिष्ठ साथियों से भी राय ली थी जो इस प्रक्रिया से गुजर चुके

थे। कुछ सवालों के जवाब तो पत्नी ने डायरी में लिख लिए थे और खाली वक्त में वह उन्हें याद करती रहती। सचमुच उन दिनों उनके घर का माहौल कुछ इंग्लिशमय हो गया था। आखिर अंग्रेजी बोलने का अभ्यास उन्हें करना था न।

टेस्ट के दिन मार्च की गुनगुनी धूप के बावजूद उसने सूट पहना। पत्नी एक दिन पहले सैलून में जाकर फेशियल और आईब्रो करा कर आयी थी और तीन दिनों से अपने कपड़ों को लेकर पशोपेश और तनाव में थी। अक्सर सलवार सूट पहनती थी वह पर इस मौके के लिए तो साड़ी ही पहनना था और साड़ी का चयन बड़ा पेचीदा मसला था। रोज शाम को साड़ियाँ निकाल कर दोस्त की राय पूछती। एक दिन उसने मजाक में कह दिया,'स्कूल जा रही हो या क्लब...?' तो बुरी तरह झेंप गई। पर उस दिन दोस्त को सूटबूट में देखकर वह भी उलाहना देने से बाज नहीं आयी,'जरा अपने को देखो। लगता है अपने प्रमोशन का इंटरव्यू देने जा रहे हो। पर्फ्यूम की खुशबू से पूरा घर महक रहा है।'

दोस्त खीझ उठा पर उस दिन उलझने का वक्त ही कहाँ था। अपनी-अपनी झेंप और शर्म को अन्दर दबाते हुए वे अपने बेस्ट फॉर्म में स्कूल पहुँचे।

बेटे के टेस्ट के नाम पर तो खानापूरी हुई पर लम्बे इन्तजार के बाद उनका देर तक इंटरव्यू चला जो उनके लिए परेशानी के साथ संतोष का विषय भी था क्योंकि अनुभवी लोगों ने बतलाया था कि जिन बच्चों को नहीं लेना होता है, उनसे फादर दो एक सवाल पूछ कर बात खत्म कर देते हैं।

इस साक्षात्कार को देकर उसे ऐसा लगा जैसे वह किसी बड़ी नौकरी पाने के लिए जूझ रहा हो। बाद में पत्नी ने हंस कर यह तक कहा था,'इतनी नर्वस तो मैं तब भी नहीं हुई थी जब तुम अपने घरवालों के साथ मुझे देखने आये थे और लाइफ के एक बड़े फैसले का मुझे इंतजार था।-फादर भी कैसे-कैसे सवाल पूछ रहे थे कि जब आपके दूसरा बेबी हो जाएगा तब भी आप इसकी स्टडीज पर इतना ध्यान दे पाएंगी। अब ये काम भी इनसे पूछ कर करना पड़ेगा क्या...?'

फादर के इस तरह के अनेक सवालों पर दोस्त हैरत में था। उन दोनों की शिक्षा पर न जाने कितने सवाल किए गये। दोस्त को लगा कि उसे अपना सीवी साथ लेकर आना चाहिए था। पत्नी के बीए एमए के विषय और डिवीजन तक पूछी गई। भाइयो और भतीजों के बारे में भी सवाल हुए। वे कहाँ घूमने गये हैं, उनकी हॉबीज क्या हैं, क्लब या किटी पार्टी के मेम्बर हैं या नहीं, स्मोकिंग या ड्रिंकिंग की आदत तो नहीं है वगैरह...।

दोस्त बुरी तरह चिढ़ रहा था। फादर दूसरे-बच्चे की सम्भावना से इतने परेशान थे जैसे उसके पालन पोषण का सारा बोझ उनके ही कन्धे पर आने वाला है। और

वो तो छह भाई बहन थे, एक डेढ़ साल के फर्क से। एक का इंटरव्यू होता तो कम से कम दो तो साथ में लटकते ही क्योंकि छोटे बच्चों को कहाँ छोड़ा जा सकता था।

इंटरव्यू होने से मन का कुछ बोझ तो जरूर कम हो गया था पर एडमीशन के बारे में कुछ साफ-साफ नहीं बतलाया जा रहा था। जाहिर है कि इसे लेकर तनाव बना रहा और उन्हें रोज स्कूल का चक्कर लगाना पड़ता। कभी तो उन्हें गेट के अन्दर ही नहीं घुसने दिया जाता तो कभी चपरासी को बीस, पच्चीस देकर वे अन्दर चले भी जाते तो फादर मिलने से साफ मना कर देते। कुछेक बार फादर ने बड़ी तिरछी मुस्कान से उनका स्वागत भी किया और 'वेट एंड हैव पेशेन्स..।' कहकर खड़े-खड़े उन्हें विदा कर दिया। एकाध बार सख्त लहजे में कह डाला,'व्हाई डू यू कम एवरीडे...।' तो वे गिड़गिड़ाने लगते थे।

बार-बार मिलकर उन्हें तो फादर के पलकों के बालों की संख्या तक याद हो गई थी। उनके आफिस की हर चीज दिमाग में इस तरह बस गई थी जैसे वह उनका अपना ही कमरा हो।

तकरीबन पन्द्रह दिन बाद उन्हें वह चिरप्रतीक्षित शुभ समाचार मिला। उस दिन को उन्होंने अपने जीवन का सबसे लकी डे मानकर पूरे जोशोखरोश से मनाया था। पत्नी ने अलीगंज के मन्दिर में प्रसाद चढ़ाया और घंटी बाँधी। रात में वे खाना खाने बाहर गये और कई दिन बाद बेटे को आइसक्रीम और चॉकलेट खाने को मिली।

आज सोचता हूँ कि हमारे बचपन में माँ बाप की बच्चों की पढ़ाई लिखाई में संलिप्तता आज के मुकाबले में कितनी कम थी। पहले दर्जे की याद तो मुझे नहीं है और शायद हम दोनों बड़ों का दाखिला कराने बाऊजी जरूर स्कूल गये होंगे पर बाकी तीन भाई बहनों का एडमीशन तो हम ही करा देते थे। पहली के बाद बाऊजी कभी हमारे दाखिले या किसी और वजह से कभी हमारे स्कूल नहीं गये। मुर्तजा की कहानी मैं ऊपर लिख ही चुका हूँ। न ही किसी मास्टर या प्रिंसिपल से माँ बाप का कोई सम्पर्क रहता था। शायद ही बाऊजी को कभी पता था कि हमें कौन अध्यापक पढ़ाते हैं या हमारे प्रिंसिपल का क्या नाम है । पीटीएम (पेरेन्टस टीचर मीटिंग) जैसी कोई चीज उन दिनों नहीं थी। न अभिभावक के लिए स्कूल से कभी बुलावा आता था जब तक छात्र ने कोई बड़ी अनुशासनहीनता न की हो जो आम बात नहीं थी। शायद मास्टरों को भी माँ बाप की कोई दखलअन्दाजी मंजूर नहीं थी। ज्यादातर मामले कड़ी सजा, बेंत या छड़ी की मार से सुलझा लिए जाते थे और अध्यापक स्कूल का अनुशासन बनाए रखने में सफल होते थे।

किसी माँ बाप को इस पर कोई एतराज नहीं था। छात्रों की पिटाई अध्ययन

और अध्यापन का जरूरी हिस्सा मानी जाती थी। पढ़ाई में लापरवाही करने या कोई शरारत करने पर बच्चों को मारना शिक्षक का अधिकार समझा जाता था। ज्यादातर माँ बाप मानते था कि अध्यापकों के भय से ही बच्चे पढ़ते हैं। जो मास्टर सख्त सजा देते थे, उनका समाज में बड़ा सम्मान होता था और अक्सर रिजल्ट भी उनके ही अच्छे होते थे। उनके बरक्स जो मास्टर छात्रों से ज्यादा घुलमिल कर रहते और उनकी हरकतों या बेजा कारगुजारियों को नजरअन्दाज करते थे, को अच्छी निगाह से नहीं देखा जाता था। आज के टीचरर्स के बारे में विस्तार से लिखने का अवसर आगे आयेगा।

उन दिनों हमें कोई होमवर्क नहीं दिया जाता था। स्कूल में जो पढ़ाया जाता या जो काम दिया जाता उसे वहीं पूरा करके कापियाँ मास्साब को दे दी जाती थीं जो उन्हें चैक करके अगले दिन वापस कर देते थे। हाँ, कभी कुछ याद करने के लिए जरूर दे दिया जाता था। बहरहाल माँ बाप बच्चों की पढ़ाई के बोझ से मुक्त रहते थे। न ही बच्चों के पठन पाठन में उनकी कोई खास भूमिका होती थी।

आज हालात एकदम फर्क हैं। आज बच्चों से कहीं ज्यादा ध्यान उनके अभिभावकों को उनके कोर्स और किताबों पर देना होता है। कई बार पहले वे खुद उस पुस्तक या पाठ को पढ़ते और समझते हैं और तब बच्चे को पढ़ाते हैं या होमवर्क कराते हैं। जिन परिवारों में छोटे बच्चे हैं, वहाँ होमवर्क घर में तनाव का अहम कारण है। पूरे परिवार की दिनचर्या पर उसका असर देखा जा सकता है। मिलना जुलना, आना जाना, मनोरंजन सबकुछ इसकी जद में आ जाता है। बच्चों की पढ़ाई के मुताबिक ही माँ बाप अपने रोजमर्रा के कामों को निबटाते हैं।

अब बच्चों के पाठ्यक्रम में कुछ ऐसे पाठ शामिल हैं जो उस उम्र के बच्चे द्वारा किए जाने की उम्मीद नहीं की जा सकती। छटी, सातवीं से प्रोजेक्ट बनाने को दे दिए जाते हैं जिसका सारा बोझ माँ बाप के सिर पर आन पड़ता है। इतिहास में ऐतिहासिक इमारतों के फोटो ढूँढ कर जमा करने होते हैं, विज्ञान में कभी पक्षियों तो कभी वनस्पतियों तो कभी वैज्ञानिक उपकरणों के फोटो चिपकाने होते हैं और भूगोल में सूरज चाँद, झरने नदी, पहाड़ आदि के चित्रों से प्रोजेक्ट बनाना होता है। बच्चों से यह अपेक्षा की जाती है कि वे इंटरनेट से जानकारी हासिल कर अपना प्रोजेक्ट तैयार करेंगे। यह सच है कि आज नौ, दस साल के बच्चे कम्प्यूटर से अच्छी तरह परिचित हैं, उसे चलाना जानते हैं पर यह भी सच है कि इस तरह की सामग्री वे बड़ों की मदद के बिना नहीं जुटा पाते।

उन दिनों पढ़ाई की व्यवस्था ऐसी थी कि कुछ बच्चे केवल इम्तेहान के दौरान मेहनत करके ठीकठाक नम्बर पा लेते थे। तब न मन्थली टेस्ट होते थे और सरप्राइज

या आकस्मिक टेस्ट का तो सोचा ही नहीं जा सकता था। परीक्षा के नाम पर केवल छमाई और सालाना इम्तेहान होते थे। ज्यादातर विषयों में रट कर काम चलाऊ अंक प्राप्त किए जा सकते थे। यह मैं ऊपर ही लिख चुका हूँ कि उन दिनों अच्छे नम्बरों का क्या अभिप्राय होता था। पैंतालीस फीसदी पर सैकण्ड डिवीजन पाना ठीक समझा जाता था। जिसके पचपन प्रतिशत नम्बर आ जाते थे उसे लोग 'गुड सैकेण्ड डिवीजन' कहने लगते थे हालाँकि इस तरह की कोई मान्य श्रेणी नहीं थी। साठ फीसदी पर प्रथम श्रेणी थी ही।

आजकल स्कूल में हफ्ते में दो टेस्ट होना मामूली बात है। उन्हें लेकर बच्चों से ज्यादा मम्मी पापा को कितना तनाव रहता है, किसी से छिपा नहीं है। टेस्ट की पूर्व संध्या को घर का माहौल ही बदला हुआ होता है। टीवी बन्द कर दिया जाता है। मम्मी के सीरियलों की छुट्टी हो जाती है। कहीं आने जाने या किसी को आमंत्रित करने का तो सवाल ही नहीं।

हमारे बचपन में घर के अन्दर वक्त गुजारने के बहुत ज्यादा साधन नहीं थे। घरों में कैरम, लूडो, सांप सीढ़ी, या व्यापार जैसे गेम्स थे जिन्हें दिन में मित्रों के साथ खेलना ही संभव था। व्यापार जैसे खेल तो छुट्टी के दिन ही खेल पाते थे क्योंकि उसके लिए दो, ढाई घंटे का वक्त चाहिए था। अब तो टीवी, वीडियो गेम्स और कम्प्यूटर ने बच्चों क्या बड़ों की दुनिया ही बदल दी है। इनमें हर उम्र के लोगों के लिए प्रोग्राम मौजूद हैं। अब मोबाइल फोन आने से भी घर के अन्दर बाहर की दुनिया में अहम बदलाव आया है। युवाओं को तो उनके सेलफोन के अलावा किसी और मनोरंजन की जरूरत ही नहीं लगती। घंटों वह अपना खाली वक्त फोन पर बतियाते, मैसेज करते अथवा उससे खेलते गुजार सकते हैं। और अब तो यह इतना सस्ता भी हो गया है कि कुछ नम्बरों पर मुफ्त और कुछ पर दस पैसे मिनट पर बात कर सकते हैं। एक पैसे में मैसेज भेजा जा सकता है। जहाँ तक कम्प्यूटर का सवाल है, इसने हमारे पूरे जीवन, कार्यव्यापार, जीवन शैली और ज्ञान को किस तरह प्रभावित किया है, हम सब अच्छी तरह जानते हैं।

उन दिनों इन कुछेक घर के अन्दर खेलने वाले खेलों के अलावा ले दे कर एक रेडियो और था जो काफी घरों में सुना जाता था। रेडियो में सीमित घंटों का कार्यक्रम आता था। उसमें भी ज्यादा वक्त खबरों और शास्त्रीय संगीत को दिया जाता था जिसमें हम बच्चों की कोई दिलचस्पी नहीं थी। हम तो सिर्फ बुद्धवार को बिनाका गीत माला और कभी रात को 'हवामहल' में प्रसारित नाटक सुनते थे, और वह भी बाऊजी की इजाजत लेकर। इम्तेहान के कुछ हफ्ते पहले यह सुविधा बन्द हो जाती थी।

पर रेडियो बजता लगभग रोज ही था क्योंकि बाऊजी की उसमें रुचि थी। फिल्मों में तो उनकी गहरी दिलचस्पी थी ही जिसके बारे में आगे लिखने का अवसर आयेगा। उनके लिखे नाटक रेडियो से प्रसारित भी होते थे। जिस रात उनका लिखा नाटक आता, हमें परीक्षा के दौरान भी रेडियो के पास बैठने की इजाजत मिल जाती थी। बिनाका गीत माला का वक्त हमारे पढ़ने के समय से टकराता था। इसलिए बुद्धवार को हम बैठक में बैठकर किताबों में दिमाग खपाने की नाकाम कोशिश करते क्योंकि हमारा सारा ध्यान अमीन सयानी के 'भाइयो और बहनो' और गानों की पायदान पर अटका रहता। कभी दादा या दोस्तों से शर्त भी लगी रहती कि इस हफ्ते कौन सा गाना ऊपरी पायदान पर सुनाया जाएगा।

हाँ, कुछ युवा मित्रों को यह जानना रोचक होगा कि तब रेडियो की सालाना लाइसेंस फीस पोस्ट आफिस में जमा करनी होती थी। रेडियो का एरियल छत तक जाता था और उसे वैसे ही खंभे से बांधा जाता था जैसे शुरुआती दिनों में टीवी के लम्बे एन्टिना घरों के ऊपर लगा करते थे। कई घरों में विदेशी सेट भी नजर आते थे और लोग बड़े नाज से बतलाते थे कि यह हॉलेण्ड का ओराजिनल फिलिप्स रेडियो है।

नई पीढ़ी के लिए रेडियो का वजूद तो तकरीबन खत्म सा हो गया है। धीरे धीरे ट्रांजिस्टर, टेप रिकार्डर, वीसीआर आदि भी अपनी प्रासंगिकता खो बैठे हैं क्योंकि कम्प्यूटर ने उन्हें दूसरे विकल्प दे दिए हैं। आज तो मोबाइल में भी ये सारी सुविधाएं मौजूद हैं और आज के युवा इनका बखूबी प्रयोग करना जानते हैं। अच्छी बात यह है कि शिक्षा इसमें कोई बाधा नहीं है। मैंने रिक्शाचालकों, कामवालियों, मजदूरों को मोबाइल पर गाने सुनते और फिल्में डाउनलोड करते देखा है।

इक्कीसवीं सदी के भारत में तकनीक का यह प्रसार सचमुच सुखद और आश्वस्तकारी है।

अध्यापकों के साये में

विधार्थी के रूप में स्कूलों और कालिज में गुजारा वक्त कई मायने में अपनी विशिष्टताओं से भरपूर होता है। उन दिनों की खट्टी मीठी यादें व अनुभव हर आदमी के दिलोदिमाग पर अपना गहरा असर छोड़ते हैं। अतीत की ये कतरनें अक्सर हमें उत्तेजित और आह्लादित करती हैं। जिन्दगी के तमाम थपेड़ों और जद्दोजहद के बावजूद आज वे दिन बड़े खुशगवार और सुकूनभरे महसूस होते हैं। मन किसी प्रकार के राग-द्वेष, घृणा-वितृष्णा, चाहतों-नफरतों से दूर रहता है। जिन्दगी और उसके इर्द गिर्द की दुनिया हममें उत्कट आवेग और जिजीविषा जगाती हैं।

पर मुझे लगता है कि प्राइमरी के बाद कक्षा छह से दस तक का वक्त कई अर्थों में अत्यन्त विशिष्ट और परिवर्तनकामी होता है। एक नादान, अबोध बालक से विकसित होकर आप किशोरावस्था की दहलीज पर कदम रखते हैं। देह और दिमाग की परिपक्वता की यही उम्र है। इसी दौर में अक्सर बच्चों के बिगड़ने की आशंका बनी रहती है। दूसरी तरफ आपसे समाज की अपेक्षाएं भी बढ़ती हैं। पढ़ाई का बोझ भी बढ़ जाता है और जोड़ घटाना व भाषा के सरल पाठ से निकलकर आप गणित, भूगोल, विज्ञान, इतिहास जैसे विषयों की जटिल शाखाओं के अध्ययन से गुजरते हैं। शायद दसवीं के बोर्ड की परीक्षा को इसीलिए महत्त्व दिया जाता रहा हो जिसका जिक्र मैं ऊपर कर चुका हूँ।

'मियाँ, आपकी तालीम मुर्तजा में हुई थी क्या...?' रिक्शेवाले ने मेरी मनःस्थिति को अच्छी तरह भांप लिया है।

'हाँ भाई, पूरे पाँच साल पढ़ा हूँ इस स्कूल में...।' मैंने एक लम्बी सांस लेते हुए कहा।

'माशेअल्लाह, तभी आपकी नजर पड़ी। मियाँ, हम तो नाख़्वान्दा ठहरे पर सुना है कि रामपुर के स्कूल बहुत अच्छे हुआ करते थे। बड़ी अच्छी तालीम दी जाती थी यहाँ।'

'ठीक सुना है तुमने।' मुझे प्रसन्नता और आश्चर्य था कि एक अशिक्षित, अधेड़

व्यक्ति अपने नगर की शिक्षा के प्रति जागरूक था,'भाई, रामपुर के नवाब, खास तौर पर रजा अली खाँ ने इस पर ध्यान दिया। शहर के एक सिरे पर मुर्तजा स्कूल बनवाया और दूसरे सिरे पर हामिद स्कूल जिससे जनता को तालीम मिलने में आसानी हो। ग्यारहवीं, बारहवीं के लिए लड़कों के लिए रजा इंटर कालिज और लड़कियों के लिए खुर्शीद इंटर कालिज बने। आजादी के बाद ये सभी सरकारी हो गये।'

प्रायः बेखुदी में मैं ये सब बतलाए जा रहा था हालाँकि यह जानकारी रामपुर के पुराने रहनेवालों के लिए नई नहीं थी। रजा इंटर कालिज मुर्तजा स्कूल से लगभग एक किलोमीटर की दूरी पर स्थापित किया गया था और शहर से लगभग बाहर था। उसके आसपास तब कोई आबादी नहीं थी। बाद में स्टेडियम और कुछ सरकारी भवन उस ओर बन गये थे और कुछ मकान बनाकर लोग उसमें रहने लगे थे या उन्हें किराये पर उठा दिया था। दूसरी ओर लडकियों की सुरक्षा और मुस्लिम समाज की संस्कृति के प्रभाव को ध्यान में रखते हुए खुर्शीद गर्ल्स कालिज किले के अन्दर खोला गया था।

रामपुर में उच्च शिक्षा की कोई व्यवस्था नहीं थी और बीए, एमए करने छात्र पास के शहर मुरादाबाद जाया करते थे जो महज सत्ताइस किमी की दूरी पर स्थित है। रामपुर के पूर्व में लगभग साठ किलामीटर दूर दूसरा बड़ा शहर बरेली है जहाँ उच्च शिक्षा के अच्छे महाविद्यालय थे।

आजादी के बाद प्रदेश में उच्च शिक्षा के स्तर और गुणवत्ता में सुधार लाने के मकसद से उत्तर प्रदेश सरकार ने तीन स्थानों पर स्नातक/स्नातकोत्तर महाविद्यालय खोलने का फैसला लिया और उन्हें आदर्श महाविद्यालयों के रूप में स्थापित किया गया। वाराणसी जिले में ज्ञानपुर, जो अब संत रविदास नगर का जिला मुख्यालय है, व नैनीताल में पोस्ट ग्रेजुएट कालिज खोले गये और रामपुर में बीए तक की शिक्षा के लिए रजा डिग्री कालिज स्थापित किया गया। इन सरकारी महाविद्यालयों में सुयोग्य शिक्षक तैनात करने के उद्‌देश्य से जो वेतनमान स्वीकृत किए गये, वे इलाहाबाद और बनारस विश्वविद्यालय में प्रचलित वेतनमानों से अधिक थे। जाहिर था कि कई विद्वान प्राध्यापकों ने विश्वविद्यालय सेवा छोड़ कर इन महाविद्यालयों में योगदान दिया।

'ये सब बातें आज के लोग कहाँ जानते हैं और हम तो अंगूठाछाप हैं।' रिक्शेवाला कह कर धीरे से हँसा है,' पर अपने शहर के बारे में जानकर अच्छा लगता है।'

अब मैं चुप था हालाँकि मेरे अन्दर मुर्तजा स्कूल उमड़ घुमड़ रहा था। मन चाहता है कि उन दिनों की बातें करता ही रहूँ पर अन्दर यह हिचक जरूर थी कि कहीं यह एकालाप हास्यास्पद न बन जाये।

'मियाँ, सुना था कि मुर्तजा स्कूल में तालीम बड़ी सख्त थी।'

रिक्शेवाले का सवाल सुनकर मुझे अच्छा भी लगा है और कुछ बोलने के लिए प्रेरित भी हुआ हूँ।

उन दिनों स्कूलों में विशुद्ध पठनपाठन का माहौल था। विशुद्ध इस नाते क्योंकि विद्यालय और अध्यापकों का पूरा ध्यान अध्ययन और अध्यापन पर केन्द्रित था। स्कूल में अन्य गतिविधियाँ लगभग न के बराबर थीं।

आज की एसेम्बली की तरह तब हमारे स्कूल में भी प्रार्थना होती थी और उसके बाद पढ़ाई लिखाई...। हमारे कोर्स में पढ़ने के अलावा और कुछ शामिल नहीं था। न तो गेम्स की कोई क्लास होती थी और न ही एस.यू.पी.डब्लू. जैसे विषय सम्मिलित थे। खेलकूद पर बहुत कम जोर था और इसे बहुत अच्छा नहीं माना जाता था। जो बच्चे खेलकूद में लगे रहते, उन्हें अच्छी नजर से नहीं देखा जाता था। 'पढ़ोगे लिखोगे बनोगे नवाब, खेलोगे कूदोगे बनोगे खराब' की उक्ति अक्सर दोहराई जाती थी। स्कूल में पूरा ध्यान कोर्स की किताबों पर देना होता था। जो छात्र पढ़ने में संजीदा रहते, उन्हें ही अध्यापकों का स्नेह प्राप्त होता। इसके सिवाय बच्चों की कोई और गतिविधि नहीं थी। न रंगमंच या संगीत था और न ही वाद विवाद या भाषण प्रतियोगिताएँ आयोजित की जाती थीं। हाँ, राष्ट्रीय पर्वों पर कुछ भाषण, कविताएं, गीत जरूर सुनने को मिलते थे।

स्कूल में वैसी सुविधाओं का अभाव था जो आज अच्छे स्कूलों में मुहैया करायी जाती हैं। मुर्तजा स्कूल का अपना कोई खेल मैदान नहीं था। बच्चे स्कूल प्रांगण में ही उछलकूद करते और पकड़े जाने पर सजा भी पाते।

आज बच्चों के व्यक्तित्व के समग्र विकास पर जिस तरह जोर दिया जाता है, वह प्रायः नदारद या नगण्य था। आजकल तो स्कूलों में छात्रों का मुखिया जिसे स्कूल कैप्टन, या हैड बॉय या गर्ल कहा जाता है, भी उसे बनाया जाता है जो अध्ययन के साथ अन्य क्षेत्रों में भी प्रवीणता प्रदर्शित करे।

उन दिनों स्कूलों में पढ़ाई का स्तर और बच्चों के रिजल्ट ही उनके मूल्याँकन का एकमात्र मापदंड था। जिन स्कूलों के अच्छे रिजल्ट रहते, मांबाप वहीं अपने बच्चे पढ़ने भेजना पसन्द करते थे। आज कई अभिभावक ऐसे स्कूलों को तरजीह देते हैं जहाँ अध्ययन के साथ अन्य गतिविधियों जैसे गेम्स, ड्रामेटिक्स, डिबेट, एलोक्यूशन कन्टेस्ट, म्यूजिक, सोशल एक्टिविटी आदि पर भी पर्याप्त ध्यान दिया जाता है। माँ बाप बच्चों को महज किताबी कीड़ा बनाना नहीं चाहते। उनका मानना है कि बच्चों के व्यक्तित्व का सर्वांगीण विकास उन्हें जीवन की चुनौतियाँ स्वीकार करने में मदद करता है और ऐसे बच्चे जीवन में अधिक सफल साबित होते हैं।

प्रधानाचार्य और अध्यापकों का इतना आतंक था कि उनके सामने गुजरने से ही हमें पसीना आता था। ज्यादातर मास्टर हाथ में लम्बी छड़ी या बेंत लेकर चलते थे और उसका वक्त बेवक्त, वजह बेवजह पूरी दरियादली यानी सख्ती से प्रयोग करते। किसी भी तरह की अनुशासनहीनता अक्षम्य और असह्य थी और पढ़ाई में जरा सी लापरवाही सजा की वजह बन सकती थी। कुछ लड़के तो तकरीबन रोज ही यह प्रसाद पाते थे और पिटाई के इतने आदी हो जाते थे कि वे मुस्कराते हुए इसे सह लेते थे। बाद में यारों के सामने अपनी बहादुरी और सहनशक्ति की बढ़ चढ़ कर गाथा सुनाते।

अध्यापकों के प्रति सम्मान और भय की बात चली है तो मुझे अपने बचपन की एक घटना याद आ रही है। मैं शायद छठी क्लास में था और उम्र दस से कम ही रही होगी। मैं किले की चौड़ी सड़क पर साइकिल चलाना सीखा करता था। एक आने प्रति घंटा की दर से किराए की सायकिल लाकर चलाने का अभ्यास किया जाता था। कैंची चलाने में माहरत हासिल करने के बाद मैंने गद्दी पर चढ़ना शुरू किया। आगे बढ़ने से पहले शायद कुछ लोगों को कैंची सायकिल चलाने के बारे में बतलाना जरूरी लगता है क्योंकि आजकल कोई बच्चा कैंची चलाते नहीं दिखलाई देता। छोटे बच्चों की तीनपहिया सायकिल को छोड़ दें तो हमारे बचपन में बच्चों की छोटी सायकिलें बहुत कम दिखती थीं। किराए पर बड़ी या मझौली साइकिलें ही मिला करती थीं और उन पर ही हमें सीखना होता था। छोटा कद होने की वजह से हमारे पैर पैडिल के नीचे तक नहीं पहुँचते थे। इसलिए बच्चे सायकिल की चैन के पार पैर डाल कर उसे चलाना सीखते थे जिसे कैंची कहा जाता था।

बहरहाल कैंची में माहरत हासिल करने के बाद मैंने गद्दी पर चढ़ना शुरू किया था। मेरे पैर भी पैडिल के नीचे तक नहीं पहुँचते थे। कस कर हेंडिल पकड़े सीधी नजर जमाए और पंजों से पैडिल लपकते खासे तनाव में मैं सायकिल चलाने का अभ्यास कर रहा था कि सामने से एक मास्साब आते हुए दीख पड़े। कुछ पलों के लिए दिमाग झन्ना गया क्योंकि एक तो मैं सड़क पर सायकिल चला रहा था और दूसरे मुझे समझ ही नहीं आया कि मैं मास्साब को सम्मान कैसे प्रदर्शित करूं। नजर चुराना मुमकिन नहीं था और न ही सायकिल चलाने में इतनी माहरत हासिल थी कि जल्दी इधर उधर मोढ़ कर बच निकलता। जैसे ही मास्साब नजदीक आये, मेरे दोनों हाथ जुड़ गये क्योंकि अध्यापकों से अभिवादन का यही एकमात्र ढंग मैं जानता था। मैं धड़ाम से लुढ़क कर पास लगी झाड़ी पर जा गिरा। झाड़ी कंटीले तारों से घिरी थी। मेरे पैर और जांघ पर कई स्थानों पर तार से गहरे घाव हुए और भीषण रक्तस्त्राव हुआ।

दर्द से कराहकर मैं बुरी तरह रोने लगा। मास्साब ने मुझे उठाया और सायकिल

पर बैठा कर घर तक छोड़ने आये। चार, पाँच दिन स्कूल और अध्ययन से मुक्ति मिली जिसने कुछ हद तक मेरे दर्द की भरपाई की।

काफी अरसे तक दादा और कुछ दोस्त मेरी इस बेवकूफ और नादान हरकत की खिल्ली उड़ाते रहे।

मास्टरों का खयाल आते ही मुर्तजा स्कूल के कुछ अध्यापकों की स्मृतियाँ मेरे जेहन पर दस्तक देने लगी हैं। कहाँ से शुरू करूँ और किसको याद करूँ को लेकर मेरा मन असमंजस और दुविधा में है। पर कुछ अध्यापकों की मेरे प्रति आत्मीयता और स्नेह आज बरसों बाद भी मेरे अन्दर हिलोरें ले रहा है तो कुछ की विद्वता, उनकी अध्यापन क्षमता और अपने कार्य के प्रति निष्ठा व समर्पण आज भी मुझे अभिभूत करते हैं। इसके साथ-साथ कुछ मास्टरों की सख्ती व पिटाई और दो एक के रंगीन मिजाज की किस्से आज भी दिमाग में तरोताजा हैं।

उन दिनों काफी हिन्दू अध्यापक धोती, पाजामा कुर्ता पहनते थे और मुसलमान मास्टर अलीगढ़ी पाजामा, लम्बे कुर्ते और शेरवानी पहन कर आते थे। स्कूल में हिन्दू शिक्षकों की संख्या काफी कम थी। ज्यादातर हिन्दू मास्टर सिर में चोटी भी रखते थे। रामपुर में चोटी रखना हिन्दू होने की अचूक पहचान थी और हिन्दुओं का एक बड़ा वर्ग अपनी उस विशिष्टता को बनाए रखना चाहता था। शायद इसके पीछे अपनी अस्मिता को बचाये रखने की आकांक्षा रही हो क्योंकि रामपुर में मुसलमानों का वर्चस्व रहा था। आजादी के बाद हिन्दुओं में एक नया वर्ग उभर कर आ रहा था जो अपनी संस्कृति और धर्म को बढ़ाने और सुरक्षित करने के लिए हर मुमकिन कोशिश कर रहा था। आजादी के बाद पहले आम चुनाव में हिन्दू महासभा ने अपना प्रत्याशी खड़ा किया था। बाद में जनसंघ और आर.एस.एस. ने रामपुर शहर और देहाती इलाकों में अपनी पैठ बनाने के लिए जी तोड़ मेहनत की। दरअसल नवाबी शहर रामपुर में हिन्दुत्व की सत्ता कायम करना उनके लिए एक बड़ी चुनौती था और इसके लिए आर.एस.एस. और जनसंघ के कार्यकर्ता मिशनरी उत्साह के साथ वहाँ अपना जाल फैलाने का भरसक प्रयास कर रहे थे।

सातवीं या आठवीं क्लास की बात है। हम अपने मुहल्ले की संकरी गली में पिट्ठूमार खेल रहे थे। मुहल्ले में हमें यही खेल खेलने की इजाजत थी। हमारे मुहल्ले के मुसलमान बच्चों जिनके साथ कुछ पंजाबी लड़के भी शामिल हो जाते थे, के खेल एकदम अलग होते थे और वही रामपुर के बच्चों के प्रिय खेल थे जैसे कंचे खेलना, भिंगू चलाना (जिसमें चपटे लट्टू डोरी में लपेट कर घुमाए जाते थे), गुल्ली डंडा जिसपर हम भी कभी चोरी छिपे हाथ आजमा लेते थे, और गेड़ियाँ खेलना जिसमें

दस, बारह इंच के लम्बे, मोटे डंडों को एक दूसरे से मार कर किसी लक्ष्य से पार कराना होता था। हिन्दू बच्चों के खेल ये नहीं थे। वे पिट्ठूमार, खोखो, गेंदतड़ी और कुछ गुल्ली डंडा खेलते थे।

एक दिन हम अपनी गली में खेल रहे थे कि एक नवयुवक हमारे पास आकर रुक गया। खाकी निकर, सफेद कमीज और किरमिच के सफेद जूते पहने काफी देर तक वह हमें खेलता देखता रहा। हमें लगा कि वह हमारे खेल में दिलचस्पी ले रहा था। मुहल्ले में इस तरह के नजारे नायाब नहीं थे जब बच्चों को कंचे, गेड़ियाँ खेलते देखने आते जाते लोग रुक जाते थे हालाँकि उस आदमी का पहनावा और हावभाव मुहल्ले में गुजरने वाले दूसरे लोगों के मुकाबले फर्क था।

झुटपुटा फैलने पर सब बच्चे अपने घरों का रुख लेते थे। उस दिन जब मैं घर की ओर चला तो देखा कि वह आदमी भी मेरे पीछे आ रहा है।

'भइयाजी, आपके पिताजी से मिलना चाहता हूँ।' उसने मेरे पास आकर कहा।

मैं अचरज में पड़ गया। मन में कुछ शंका भी हुई क्योंकि उन दिनों पिता का डर हम बच्चों पर इतना हावी रहता था कि पढ़ने के अलावा स्कूल या मुहल्ले में अपनी किसी गतिविधि की जानकारी बाऊजी तक पहुँचने की कल्पना मात्र से दिल कांप उठता था। घूर कर मैंने उस अनजान शख्स को देखा जो शायद मेरी मनःस्थिति को भांप गया था।

'डरिये मत भइयाजी। हम तो आपके मित्र और बड़े भइया हैं। हम तो आपके व्यायाम और खेलकूद की बात उनसे करेंगे।'

उसकी बात समझने के लिए मैं बहुत नादान था हालाँकि मन संदेह से जकड़ा हुआ था।

मेरे बिना कुछ कहे वह आदमी मेरे पीछे घर के अन्दर चला आया और बाऊजी, जो बैठक में अपने लेखनकार्य में व्यस्त थे, से बात करने लगा। मैं कान लगाए दरवाजे पर खड़ा था।

'श्रीमन्, हम प्रतिदिन किले में सांय चार बजे बच्चों के लिए व्यायाम और कुछ खेल आयोजित करते हैं। आपसे अनुरोध है कि आप अपने दोनों बड़े बालकों को भी वहाँ खेलने के लिए भेज दें। गली, मुहल्ले के गन्दे माहौल की तुलना में वहाँ बड़ा स्वच्छ और स्वास्थ्यवर्धक वातावरण है। वहाँ सब अच्छे हिन्दू परिवारों के बच्चे आते हैं। खेलकूद के साथ हम बच्चों को सदाचार, परिश्रम और सत्यनिष्ठा जैसे सदगुणों के बारे में भी बतलाते हैं। राष्ट्रप्रेम तो हमारी मूलभावना है ही। हम बच्चों में देशभक्ति की भावना कूट-कूट कर भरना चाहते हैं।'

'आपका मतलब शाखा से है न?' बाऊजी को समझने में देर न लगी।

'जी श्रीमन्, पर हमारा उद्देश्य धार्मिक या राजनीतिक न होकर राष्ट्रीय है। हमारा पूरा जोर बच्चों के शारीरिक और मानसिक विकास पर है।'

'पर आपका सम्बन्ध तो जनसंघ से होगा?'

'जनसंघ नहीं, राष्ट्रीय स्वयंसेवक संघ कहिए। यह अराजनीतिक संगठन है।'

बाऊजी धीरे से मुस्करा दिए। लेखन में मशगूल होने के कारण शायद वह बात को आगे बढ़ाना नहीं चाहते थे। वह खामोश हो गये।

'श्रीमानजी, आपके बालकों को वहाँ अच्छा लगेगा। खुला, हरा भरा मैदान, अच्छी नैतिक शिक्षा और स्तरीय खेल...। कम से कम गली के इस गन्दे माहौल से उन्हें मुक्ति मिलेगी।'

'ठीक है। अभी आप जाएँ।'

उस दिन वह उठकर चला गया पर बाद के दिनों में अक्सर भइयाजी कहकर वह हमारे घर आने लगा। अक्सर बाऊजी घर में नहीं होते। वह अम्मा और हम दोनों भाइयो से बात करता और अपनी तमाम गतिविधियों के बारे में बतलाता।

हम बच्चे और अम्मा उसकी बात से प्रभावित हुए बिना न रह पाए। किले में हम अक्सर खेलने जाते ही थे। हमने वहाँ कई बच्चों को खेलते देखा था। आखिरकार हमने अम्मा को इस बात पर राजी कर लिया कि हम दोनों भी वहाँ कुछ दिन जाऐंगे और तब बाऊजी से इस बारे में बात की जाएगी।

किले का खुला-खुला, हरा भरा मैदान, साफ हवा, शुद्ध वातावरण और अत्यन्त अनुशासित बच्चे...। पहले 'नमस्ते सदावत' जैसा कोई गीत होता जिसका अर्थ हमारे दिमाग से परे था और फिर वंदे मातरम् और कुछ अन्य राष्ट्रीय गीत गाए जाते। और इसके बाद बड़े सभ्य और शालीन से कुछ खेल। हर किसी को बड़े सम्मान से संबोधित किया जाता। लंगरखाने के उस उजड्ड और जाहिल माहौल के बाद हम तो जैसे आभिजात्य की भावना से घिर गये। मुहल्ले के एकाध घंटे के खेल के दौरान माँ बहन की कितनी गालियाँ हमारे कानों में पड़ती थीं। अबे तबे और तू तड़ाक वाला माहौल रहता था। उसकी मुकाबले शाखा में हर पल 'भइयाजी' ही सुनाई पड़ता था। घर आकर हम इसका जमकर मजाक उड़ाते और अपने दोस्तों से भी इस बारे में खूब बातें करते।

पर हमें वहाँ खेलना अच्छा लगता था, यह सच था। बाऊजी को इसकी भनक तक नहीं हुई क्योंकि उनके कचहरी से लौटने के पहले हम घर में होते थे। फिर बाऊजी आने के तुरन्त बाद लिखने में व्यस्त हो जाते। उन दिनों वैसे भी बच्चों से पिता का कोई विशेष संवाद नहीं होता था। हमारी जीवनचर्या और समस्त कार्यकलाप अम्मा की जानकारी और सहयोग से चला करते थे।

शायद दस दिन तक हम वहाँ गये। हमें वहाँ खेल के अलावा और कुछ समझ में नहीं आता था। संघ की विचारधारा तथा उसके सरोकारों से न तो हमारा कुछ लेना देना था और न ही उन्हें समझने के लिए हम परिपक्व थे। पूरे उत्साह से हम किले जाते और वापसी में सरदार की दुकान से पन्द्रह पैसे में मीठे सोडे की बोतल पीकर अन्दर तक तृप्त महसूस करते। हाँ, खेल के दौरान उन पैसों की हिफाजत खासी सतर्कता और सावधानी की माँग करता था। कई बार वे पैसे हमारी निकर की जेब से गिर पड़े। तब हमने उन्हें एक कपड़े में अपने निकर की बेल्ट से बाँधना शुरू कर दिया था जैसे अम्मा ने छठी के दाखिले के वक्त बांधे थे।

अरसे तक रामपुर में कोल्ड ड्रिंक के नाम पर वही अंटे वाली बोतल मिला करती थी। उस बोतल को खोलना और उसमें उफनते झागों को देखना हमें बड़ा अच्छा लगता था। काला नमक डाल कर झाग के उफान को हम जिस तरह गले में लगाकर गटक जाते, खासा उत्तेजक और तृप्त करने वाला अनुभव होता था। रामपुर में उन दिनों कोक की बोतल नहीं मिलती थी। जब गर्मियों की छुट्टियों में हम ताऊजी के पास दिल्ली जाते तो वहाँ पच्चीस पैसों में कोक पीना नहीं भूलते थे और वापसी में अपने मित्रों से बढ़चढ़ कर उसके स्वाद का बखान करते।

किसी वजह से दो, तीन दिन हम शाखा नहीं जा पाए। बस तीसरे दिन ही वही प्रचारक 'भइयाजी' कहकर हमारे घर पर था। दुर्भाग्य से बाऊजी उस दिन घर में थे और पहली बार उन्हें हमारी इस हरकत के बारे में पता चला। प्रचारक ने हमारी सेहत के बारे में जानकारी की और हमारी गैरहाजिरी का सबब जानना चाहा। अगले दिन से नियमित आने का अनुरोध कर वह चला गया।

बाऊजी ने हमसे तो कुछ नहीं कहा पर शायद अम्मा को हमें वहाँ न भेजने की सख्त हिदायत दी जिसकी जानकारी हमें अगले दिन हुई जब अम्मा ने हमें वहाँ जाने से रोक दिया।

'पर क्यों अम्मा?' मैंने चिढ़कर पूछा।

'बाऊजी ने मना किया है।'

'पर वहाँ तो अच्छे बच्चे आते हैं, नये-नये खेल होते हैं। हमें अच्छा लगता है वहाँ।'

'बाऊजी ने कहा है कि ये बच्चों को बिगाड़ देते हैं। उन्हें गलत बातें बताते हैं। ये लोग हिन्दुओं में मुसलमानों के लिए नफरत पैदा करने की कोशिश करते हैं। हम लोग वैसे ही मुसलमानों के बीच रहते हैं, इसलिए उनके साथ प्यार से रहना जरूरी है। बाऊजी को ये लोग सख्त नापसन्द हैं। दूसरे बाऊजी सरकारी आदमी हैं। सरकारी आदमी और उसके बच्चे ऐसा कोई काम नहीं कर सकते जो कानून के खिलाफ हो।'

छोटे होने के बावजूद ये बातें हमें समझ में आयी थीं। हमारे ज्यादातर पड़ोसी मुसलमान थे जिनसे अच्छा रिश्ता और मेलजोल था। स्कूल में भी मेरे कई दोस्त मुसलमान थे। इतना ही नहीं हमारे काफी अध्यापक भी मुसलमान थे जिनका हम पूरा सम्मान करते थे।

हमने शाखा जाना बन्द कर दिया। हाँ, हमारे मन में यह बात भी बैठ गई थी कि सरकारी मुलाजिम केवल सरकार वाली पार्टी यानी कांग्रेस का समर्थक हो सकता है जिसका केन्द्र और प्रदेश में उन दिनों शासन था। इतना ही नहीं, उसका या उसके परिवार के किसी सदस्य का किसी दूसरे राजनीतिक दल की गतिविधि में शामिल होना उसकी नौकरी के लिए घातक है।

बहरहाल हमारे देखते ही देखते रामपुर में शाखाओं की बाड़ आ गई। कुछ सरस्वती शिशु मन्दिर खुल गये जो संघ द्वारा संचालित थे और इनके शिक्षक ही शाखाएं चलाते थे। अक्सर इन अध्यापकों के कारण ही यहाँ के छात्र शाखाओं में जाना शुरू कर देते थे। ये सभी हिन्दू परिवारों के बच्चे होते थे, उनमें भी ज्यादातर खाते पीते अग्रवाल, बनिया परिवारों के। सरस्वती शिशु मन्दिर के अध्यापक ऊपरी तौर पर बड़े अनुशासित और सौम्य दीख पड़ते थे। अन्य स्कूलों के मास्टर कभी बीड़ी, सिगरेट पीते या पान चबाते मिल जाते थे किन्तु संघ द्वारा संचालित इन विद्यालयों के अध्यापकों में ये खराब आदतें कभी नहीं दिखलाई देती थीं।

देखते ही देखते रामपुर के बाजार की दुकानों और काफी मकानों पर केसरिया झंडा लहराने लगा था। प्रभात फेरियाँ निकलने लगी थीं। तमाम मुद्दों पर जुलूस निकला करते थे जिनपर फिरकापरस्ती का साफ असर महसूस किया जा सकता था। धार्मिक सम्मेलन आयोजित होने लगे। लोगों में हिन्दुत्व की भावना कूट-कूट कर भरी जा रही थी। मुसलमानों के लिए नफरत और अलगाव की भावना पैदा की जा रही थी। बात-बात में पाकिस्तान मुर्दाबाद के नारे लगाए जाते थे। पाकिस्तान के साथ हॉकी या क्रिकेट के मैचों के दौरान और बाद में दोनों समुदायों में तनाव बढ़ जाता था। नतीजतन खास बन्दोबस्त किया जाने लगा जिससे अमन चैन बना रहे। हिन्दू अपने त्योहारों को बढ़ चढ़ कर मनाने लगे थे। तमाम शोभायात्राएं निकलने लगी थीं। मिलीजुली आबादी के मुहल्ले कम हो रहे थे।

इन्हीं बदलावों और पेशबंदियों की बदौलत छठे दशक के आम चुनाव में मुस्लिम बाहुल्य रामपुर में जनसंघ का प्रत्याशी संसद का चुनाव जीतने में सफल रहा।

अपने प्राइमरी स्कूल के अध्यापकों की कोई स्मृति अब मेरे अन्दर शेष नहीं है। सिर्फ हेडमास्साब जो छोटे कद के गोरे आदमी थे और जिनके होंठ पान से रंगे रहते

थे, की धुंधली सा याद जरूर है। स्कूल छोड़ने के बाद के कुछ वर्षों तक वह मुझे मिलते रहे थे और मैं पूरे सम्मान से उनका अभिवादन करता था।

पर अध्ययन के शुरुआती दिनों के जिस अध्यापक की याद मेरे जेहन में पूरी शिद्दत से रची बसी है, वह बद्री विशाल विधार्थी थे। वह कक्षा छह, सात में मेरे क्लास टीचर थे। हर पल मुस्कराता हुआ उनका चेहरा आज भी आँखों में घूम रहा है। वह बड़े नेकदिल और खुशमिजाज इनसान थे। अमीर गरीब, कुछ फटेहाल, साफ गन्दे, सीधे शैतान तकरीबन साठ बच्चों की क्लास में हमने उन्हें कभी क्रोध या झुंझलाहट में नहीं देखा। हमें लगता था कि छात्र ही उनके जीवन का सत और रस हैं, इसीलिए हमारे बीच वह हमेशा सुखी और संतुष्ट नजर आते।

वह मेरे प्रति विशेष अनुराग रखते थे। मुझे 'शैले शैले न माणक्यम्' कहकर पुकारते थे और अक्सर मेरे लिए इस श्लोक का पाठ करते थे। उन्होंने ही कक्षा छह में मुझे मेरे नाम का अर्थ समझाया था जो तब तक मेरे लिए अबूझ था।

तभी एक दुर्घटना ने उनके पूरे जीवन और व्यक्तित्व को तहस नहस कर उसे पूरी तरह बदल दिया। कार्तिक पूर्णिमा के अवसर पर रामपुर के काफी हिन्दू लोग गंगा स्नान करने गढ़मुक्तेश्वर जाते हैं। ज्यादातर लोगों के लिए यह आनन्द, उल्लास और पिकनिक जैसा अवसर होता है। लाखों की भीड़ गंगा तट पर जमा होती। लोग तम्बुओं में रुकते, जम कर मस्ती करते और दो, तीन बाद लौटते हैं।

शायद जब मैं सातवीं में पढ़ता था तो एक बार विधार्थी मास्साब कई दिनों तक स्कूल नहीं आये। कुछ दिनों बाद तरह-तरह की खबरें और अफवाहें कानों में पड़ने लगीं। कभी उनकी गम्भीर बीमारी की बात कही जाती तो कभी दुर्घटना में उनकी मौत की। कभी सुनने को मिलता कि उनका किसी दूसरे स्कूल में तबादला हो गया है। सच्चाई का पता हमें बाद में चला।

कार्तिक पूर्णिमा में स्नान के दौरान उनका पूरा परिवार यानी पत्नी और तीन बच्चे गंगा में बह गये थे। सुना था कि उस साल गंगा में पानी ज्यादा था और कई लोग भीषण जल प्रवाह की भेंट चढ़ गये थे। शायद लोगों की लापरवाही से अधिक प्रशासन की बदइंतजामी का नतीजा था यह जिसने ऐसी आपदा से बचाव के लिए माकूल व्यवस्था नहीं की थी।

पूरे स्कूल के लिए यह एक गहरा आघात था। हमारी क्लास के छात्र तो रोज ही उनकी प्रतीक्षा करते थे। प्रार्थना सभा में मेरी नजरें उन्हें खोजती रहतीं और उन्हें न पाकर मैं बड़ा उदास होता। उन दिनों पढ़ने में भी मेरा मन नहीं लगता था। जो दूसरे अध्यापक उनके स्थान पर पढ़ाने आते उनकी सब बातें दिमाग के ऊपर से निकल जातीं। आज मुझे लगता है कि शायद जिन्दगी में पहली बार मैं किसी हादसे से रूबरू हुआ था।

लगभग दो महीने बाद एक दिन अचानक वह स्कूल में दिखलाई दिए थे।

आज भी उस दिन का उनका चेहरा मेरी आँखों में तैर रहा है। उनके बाल और दाढ़ी बड़ी हुई थी जबकि वह हमारे स्कूल के अच्छे पहनने रहने वाले मास्टर थे। शक्ल देखकर लगता था जैसे उम्र का एक लम्बा फासला उन्होंने तय कर लिया हो। मुस्कराता चेहरा पूरी तरह बुझ गया था और तेज चमकती आँखें धुंधिया गई थीं। स्नेह और अपनत्व से सराबोर उनकी आँखें खोई-खोई नजर आ रही थीं। ऐसा लगा ही नहीं कि वह किसी को पहचानते भी हैं। मैं काफी देर उनके सामने खड़ा रहा था तो कुछ देर बाद उनकी आँखें डबडबा उठी थीं।

कुछ दिन तक वह हमें पढ़ाने आते रहे। पढ़ाते-पढ़ाते वह भूल जाते थे, कभी गुमसुम हो जाते थे तो कभी सिसकने लगते थे।

पत्नी और बच्चों की मौत के बाद वह आदमी और वह अध्यापक पूरी तरह बदल चुका था।

कुछ ही वक्त बाद वह स्कूल में दिखना बन्द हो गये।

पता चला कि किसी दूर के स्कूल में उन्होंने अपनी बदली करा ली थी।

जिन्दगी में मैंने उन्हें दोबारा कभी नहीं देखा पर उनकी याद आज भी मेरे अन्दर तरोताजा है।

मास्टर रामेश्वर दयाल हमें नवीं, दसवीं में गणित पढ़ाते थे। पूरे रामपुर शहर में मैथ्स के अच्छे टीचर के रूप में उनकी ख्याति थी। इसलिए उनके घर पर ट्यूशन पढ़ने वालों को तांता लगा रहता था। सुबह छह बजे से उनके बैच शुरू हो जाते और हर बैच में आठ, दस बच्चे होते थे। शाम चार बजे से बैच फिर आने लगते और यह क्रम रात नौ बजे तक चलता था। घर पर ट्यूशन पढ़ाने के लिए उन्होंने अपने घर में एक बड़े कमरे का निर्माण कराया था जहाँ ब्लेकबोर्ड पर लिख कर वह पढ़ाते और बच्चे दरी या गद्दे पर बैठ कर पढ़ते थे।

यह बात 1963-65 की है यानी लगभग सैंतालीस साल पुरानी। दुनिया कहाँ से कहाँ पहुँच गई। शिक्षा व्यवस्था में अनेक बदलाव आ गये हैं। नये-नये विषयों, शाखाओं और शिक्षण पद्धति का समावेश हो चला है। विज्ञान और तकनीक ने शिक्षा के क्षेत्र में अभूतपूर्व परिवर्तन किए हैं। इंटरनेट ने तो छात्रों के सामने ज्ञान का पिटारा परोस दिया है जहाँ दुनिया जहान की जानकारी माउस के क्लिक से आँखों के सामने खुल जाती है जो पहले सोची भी नहीं जा सकती थी। धीरे-धीरे छपे शब्दों की प्रासंगिकता खत्म हो रही है। किताबें अपनी अहमियत खोती जा रही हैं और लोग यहाँ तक सोचने लगे हैं कि कहीं उनका वजूद ही खतरे में न पड़ जाएं।

पर एक चीज जो नहीं बदली है वह है ट्यूशन का धंधा। पहले शायद यह धंधा न भी रहा हो किन्तु अब तो यह एक फलता फूलता व्यवसाय है। सुना जाता है कि अकेले शहर कोटा में आई आई टी कोचिंग का कारोबार अरबों रुपयों का है। अब ऐसे सेन्टर लगभग हर शहर में खुल गये हैं। यहाँ पढ़ा रहे कई टीचर बहुराष्ट्रीय कम्पनियों में नौकरी छोड़ कर काम कर रहे हैं। कुछ अध्यापकों को दो, तीन लाख मासिक वेतन मिल रहा है।

तब भी सुना करते थे कि जो बच्चे विज्ञान, गणित और अंग्रेजी विषयों में स्कूल के मास्टरों से ट्यूशन पढ़ते थे, उन्हें इम्तेहानों में अच्छे नंबर दिए जाते थे। अलबत्ता मुझे याद नहीं कि मेधावी और मेहनती विधार्थियों का कभी अहित हुआ हो। ज़हीन और पढ़ने लिखने वाले छात्रों का अध्यापकों द्वारा सम्मान किया जाता था और उनका मूल्याँकन पूरी ईमानदारी और निष्पक्षता से किया जाता था।

अब हालात काफी बदल गये हैं। स्कूलों में ऐसे अनेक शिक्षक हैं जो बच्चों को ट्यूशन के लिए मजबूर करते हैं और ट्यूशन न पढ़ने पर उन्हें फेल करने तक की धमकी दे डालते हैं या कम से कम उनके नम्बर तो घटा ही देते हैं। नतीजतन दसवीं और बारहवीं में कई छात्र महज इसलिए ट्यूशन पढ़ने जाना शुरू कर देते हैं जिससे अध्यापक की कृपादृष्टि बनी रहे और प्रेक्टिकल में अच्छे अंक मिल जाएँ। आजकल तो एक छात्र कई-कई ट्यूशन लेता है चाहे वह उसके लिए लाभप्रद हो या नहीं। ग्यारहवीं और बारहवीं के छात्रों की दुर्दशा देखते ही बनती है। इंटर में मेरी बेटी सुबह छह बजे गणित की ट्यूशन के लिए निकलती थी और स्कूल से सीधे कोचिंग जाकर शाम छह बजे घर लौटती थी। मुझे याद नहीं हमारे वक्त में कोई बच्चा इतना पढ़ता हो। इसका बच्चों के स्वास्थ्य और व्यक्तित्व के विकास पर असर पड़ना लाजमी है।

मास्टर रामेश्वर दयाल की पीठ झुकी हुई थी और वह झुक कर ही चलते थे। बच्चों में यह आम चर्चा थी कि बचपन से गणित के सवाल लगाते-लगाते उनकी कमर हमेशा के लिए झुक गई थी। कोई सहपाठी गणित पर ज्यादा ध्यान देता तो हम उसे चिढ़ाते कि तेरी भी कमर मास्साब की तरह झुक जाएगी। आज यह कितना हास्यास्पद प्रतीत होता है क्योंकि शायद वह कभी पक्षाघात का शिकार हुए थे।

ट्यूशन में पूरी तरह लिप्त होने के बावजूद मास्साब स्कूल में अपने अध्यापन के प्रति पूरी तरह प्रतिबद्ध थे। उनकी क्लास का रिजल्ट हमेशा अच्छा रहता। स्कूल में उनकी बड़ी इज्जत थी। हृदय से वह अत्यन्त कोमल थे और उस वक्त के उन विरल अध्यापकों में से थे जो छड़ी का प्रयोग नहीं करते थे। हाँ, कान उमेठना या दो, चार झांपड़ रसीद करना मामूली बात थी। और शायद यही उनके दंड की सीमा थी।

श्री रामेश्वर दयाल जैसे मास्टर आदर्श अध्यापक की छवि प्रस्तुत करते थे। अपनी पेंट के चौड़े पांएचों को क्लिप से दबाए धीरे-धीरे साइकिल चलाकर वह समय से स्कूल आते, नियमित कक्षाएं लेते और घर लौट जाते। हमने उन्हें बाजार, मेले या पिक्चर हाल में कभी नहीं देखा था। कभी जोर से बात करते या तेज हंसते भी कभी नहीं देखा था। उनके द्वारा पान, सिगरेट का सेवन तो सोचा भी नहीं जा सकता था।

रामपुर की रामलीला आसपास क्षेत्रों में विख्यात थी। लोग दूर-दूर से इसे देखने आते थे। दशहरे के पहले दस, बारह दिन शहर में इसकी खूब धूम रहती। रामलीला जाने का रास्ता हमारी गली के सामने से था जिसपर उन दिनों खूब रौनक रहती। मिठाई, पान की दुकानें देर तक खुली रहतीं। रामलीला से लौटते रात के दो, तीन बज जाते। रामलीला का शोर हमारे घर तक पहुँचता था। जानकी विवाह, राम वनवास, सीताहरण, मेघनाथ वध, लंका दहन आदि प्रमुख दिन हुआ करते थे और उन दिनों रामलीला खचाखच भरी रहती। किशोरों व युवाओं के लिए यह तफरीह और मौजमस्ती के दिन होते थे। बीए के दौरान मैं भी उमेश और सुनील के साथ कालिज की अपनी सहपाठिनों को देखने और बात करने रामलीला देखने जाया करता था। मूंगफली टूंगते हुए ताका झांकी जारी रहती।

रामपुर की रामलीला को सुव्यवस्थित करने में नवाब रजा अली खाँ की काफी अहम भूमिका थी। दशहरे का मेला बड़े धूमधाम से आयोजित किया जाता था। पूरा हिन्दू समाज तो इसमें जुटता ही था, नवाब भी इसमें जरूर शिरकत करते।

एक बार मास्टर रामेश्वर दयाल को दशहरे के मेले में अपने परिवार के साथ वहाँ घूमते देखा गया तो हम छात्रों के बीच कई दिनों तक यह चर्चा का विषय बना रहा था।

दरअसल मास्टर रामेश्वर दयाल जैसे अनेक अध्यापकों का जीवन हमारे लिए अत्यन्त रहस्यमय था। वे कब सोते, उठते हैं, परिवार के साथ कब वक्त गुजारते हैं, उनके जीवन में अध्ययन और अध्यापन के अलावा भी कुछ और है या नहीं के बारे में उनके इर्द गिर्द रहस्य का ताना हमें बुना नजर आता। शायद इसीलिए वे हमारे लिए बड़े आदर्श और आदरणीय बने रहते थे।

आज प्रत्येक क्षेत्र में पारदर्शिता सूत्रवाक्य है। असलियत कुछ भी हो, इसका ढोंग रचकर जनता को बरगलाया तो जाता ही है। सूचना के अधिकार कानून ने इसे कानूनी जामा पहनाने की कोशिश की है। इसी पारदर्शिता और खुलेपन का प्रभाव लोगों की मानसिकता पर भी दिखलाई देता है। कार्यप्रणाली के साथ लोगों के आचरण, सोच और नजरिए में भी खुलापन दिखलाई देने लगा है। अध्यापक वर्ग भी इससे अछूता नहीं है। आज के टीचर आपको होटलों, पिक्चरहालों और बाजार के साथ बड़े शहरों के डिस्क और पब में भी देखे जा सकते हैं। न वे अपना चेहरा छिपाते हैं और न इसकी जरूरत

महसूस करते हैं। बच्चों को भी कुछ अटपटा नहीं लगता जैसा मास्टर रामेश्वर दयाल को दशहरे के मेले में देखकर हमें महसूस हुआ था।

शायद उन दिनों निजी जीवन की कोई अवधारणा नहीं थी। समाज की सोच ऐसी थी कि यदि कोई अध्यापक है तो चौबीसों घंटे उसका यह आवरण उस पर हावी रहना चाहिए। बड़ा बाबू दफ्तर के साथ घर, मुहल्ले और समाज में बड़ा बाबू ही था। डाक्टर, वकील की सारी पहचान महज इसी रूप में थी और निजी जीवन के नाम पर कुछ भी शेष नहीं बचता था। समस्त पदाधिकारियों के लिए व्यवहार और आचरण की मानो एक संहिता बनी थी जिसका पालन किया जाना लाजमी था। इसमें व्यक्तिगत सोच, निजी जिन्दगी और व्यवहार के लिए कोई स्थान नहीं था।

आज स्थितियाँ बदल गई हैं। हर आदमी व्यक्तिवादी सोच की गिरफ्त में है। वह अपनी निजी जिन्दगी को अलग और महफूज रखता है। हर शख्स की तमाम ख्वाहिशें और ख्वाब हैं। उसका नजरिया सामाजिक कम आत्मकेंद्रित और व्यक्तिवादी अधिक है। निजी तौर पर वह अपना और अपने व्यक्तित्व का विकास करना चाहता है। उसमें समृद्धि और ऐशोआराम की अनेक भौतिक तमन्नाएँ हैं। वह अपने व्यवसाय, नौकरी या काम को निजी जीवन से विलग रखना चाहता है। निजता की सत्ता को वह पूरी शिद्दत से बचाकर रखना चाहता है। उसमें किसी प्रकार की दखलअन्दाजी उसे कतई बर्दाश्त नहीं है। उसके सरोकार इकहरे न होकर विविध हैं। नौकरी और अपने काम से अलग रहकर वह अपनी जिन्दगी जीना चाहता है। अपने जीवन को समृद्ध और सम्पन्न बनाना चाहता है जिसके तमाम ख्वाब उसके अन्दर पलते रहते हैं। वह अध्यापक है पर शाम को जींस और टीशर्ट पहन कर मॉल में घूमता है। बच्चों को मॉरल साइन्स पढ़ाता है पर अपनी गर्ल फ्रेंड के साथ घूमने में उसे कोई गुरेज नहीं है। अधिक धन कमाने के लिए वह कई बार ट्यूशन जैसे उबाऊ और घिसे पिटे काम नहीं करता। हो सकता है वह सम्पत्ति का क्रय विक्रय कर रहा हो, या शेयर मार्किट में ट्रेडिंग करता हो या शहर में उसके टेंपो चलते हों अथवा लड़कियों के रहने के लिए गर्ल्स हॉस्टल चला रहा हो।

हाँ, यह सच है कि यह बदलाव जीवन के किस क्षेत्र में नहीं है।

मुर्तजा स्कूल के कुछ और अध्यापकों की याद आना भी लाजमी है। उन सब में कुछ तो ऐसा खास था जो आज भी उनकी याद को तरोताजा रखे हुए है। मेरे साइंस के टीचर सवा छह फिटी खान साहब थे जिनका नाम न तो आज मुझे याद है और शायद तब भी बहुत कम लड़के उनका नाम जानते थे। हम उन्हें 'बड़े भाई' कहा करते थे, क्यों मैं कह नहीं सकता। उस समय तो मुझे यही लगता था कि शायद

उनकी लम्बी, ऊँची कद काठी की वजह से ऐसा कहा जाता हो। बारह महीने वह बहुत बड़े पांयचे का जमीन से घिसटता पाजामा, कुर्ता और शेरवानी पहनते थे। एक तो साइंस जैसे कठिन, जटिल और नये विषय के अध्यापक और दूसरे उनका डील डौल...। उनकी ओर देखते हुए हम बच्चों की गर्दन साठ, सत्तर डिग्री ऊपर उठ जाती थी। उस पर क्लास में आते तो तकरीबन तीन फिटी संटी हाथ में होती। अपनी लम्बाई के हिसाब से दूर से खड़े होकर वह बच्चों के हाथ में संटी मारते और बच्चे बिलबिला कर रह जाते। इन सब वजहों से बड़े भाई का मुर्तजा स्कूल में खासा आतंक था। पढ़ाते पूरी मेहनत से थे वह फिर भी साइंस में लुढ़कने वालों की तादाद सबसे ज्यादा होती। इसलिए सबसे अधिक पिटाई भी उन्हीं के क्लास में होती थी।

उन्हें एक सख्त टीचर के रूप में जाना जाता था। हमने उन्हें कभी हंसते हुए नहीं देखा। उनके संजीदा चेहरे पर गजब का आत्मविश्वास नजर आता था। उस समय तो मुझे यह सब समझ में नहीं आता था पर आज मुझे लगता है कि बड़े भाई जैसे शिक्षक अपने काम और योग्यता पर नाज करते थे। अपने कार्य के प्रति उनमें निष्ठा और समर्पण भाव तो था ही, साथ ही उन्हें अध्यापन और अध्यापक की गरिमा और सम्मान का बहुत शिद्दत से अहसास था। कभी किसी छात्र के साथ उन्हें भेदभाव या पक्षपातपूर्ण आचरण करते हुए नहीं देखा गया हालाँकि उन दिनों मुर्तजा में कई धनी परिवारों और वरिष्ठ अधिकारियों के बच्चे पढ़ते थे। किसी बड़े व्यवसायी या अधिकारी को देखकर उन्हें कभी कमतरी का अहसास नहीं होता होगा। शायद उनकी महत्त्वाकांक्षाएँ भी सीमित थीं। वह अपनी छोटी सी दुनिया में सुखी और संतुष्ट नजर आते थे।

आज हालत बहुत बदली हुयी है। अध्यापन ही नहीं, हर व्यवसाय और क्षेत्र में आदमी अपने काम, नौकरी और परिस्थितियों से बड़ा असंतुष्ट प्रतीत होता है। दूसरे का काम या कारोबार, उसकी सम्पत्ति और भौतिक समृद्धि उसे आकर्षित करती है। शायद इसीलिए अपने काम के प्रति एक अरुचि और उदासीनता उसमें पैदा होती जाती है। यही अरुचि जल्दी ही कुंठा और हताशा को जन्म देती है जिसके दुष्परिणाम रोज अखबारों में पढ़ने को मिलते हैं। शायद यही वजह है कि आज के युवा पाँच सालों में पाँच नौकरियाँ बदलने में गुरेज नहीं करते। सच तो यह है कि मौजूदा दौर में स्थायित्व आदमी की जड़ता व पहलहीनता का परिचायक समझा जाता है।

मुर्तजा में इन अच्छे अध्यापकों के साथ ही कुछ ऐसे शिक्षक भी थे जिनका बच्चों पर कोई अच्छा प्रभाव नहीं था। न ही उनका स्कूल में वैसा सम्मान था। आर्टस और ड्राइंग के मास्टर रसिक प्रवृति के माने जाते थे। सुना जाता था कि उनके शौक रामपुरी थे। गोरे, चिकने-चुपड़े लड़कों; हालाँकि उस आयु में सब बच्चे ऐसे ही होते

थे, पर उनकी खास नज़रें करम रहती थीं। उन्हें वह हाथ पकड़ कर ड्राइंग करना सिखाते थे और घर आने का न्योता भी देते थे। जो उनके घर जाने लगता वह उनका विशेष कृपापात्र बन जाता। उसे आर्ट एंड क्राफ्ट में बहुत अच्छे नंबर मिलते। यह और बात है कि ऐसे लड़कों को रामपुर में 'चालू' कहकर पुकारा जाता था।

उनके बारे में यह भी सुना जाता था कि मास्साब फिल्मों के बहुत शौकीन थे। उन दिनों रामपुर में केवल दो सिनेमाहाल थे और वे भी पुराने व जर्जर। अक्सर वहाँ पुरानी फिल्में लगा करती थीं। नई फिल्में रिलीज होने के चार, छह महीने बाद ही रामपुर में देखने को मिलतीं। इसलिए फिल्मों के शौकीन लोग नई फिल्में देखने पास के शहर मुरादाबाद जाया करते थे जो बड़ा और औद्योगिक नगर है। नौजवान अक्सर साइकिल पर मुरादाबाद फिल्में देखने चले जाया करते थे। सुना था कि आर्टस टीचर भी हर शुक्रवार को, जब नई फिल्म रिलीज होती, फिल्म देखने मुरादाबाद जाया करते थे। यह दिन उन्हें इसलिए भी भाता था क्योंकि मुस्लिम बाहुल्य शहर होने के नाते शुक्रवार को रामपुर में स्कूल, कालिज सुबह सात बजे से शुरू होते और बारह बजे छुट्टी हो जाती थी जिससे लोग जुम्मे की नमाज अता कर सकें।

कड़कड़ाते जाड़ों के धुंध और घने कोहरे से भरे दिनों में सुबह सात बजे स्कूल जाना खासा त्रासद और कष्टप्रद होता था। नैनीताल के करीब होने के कारण रामपुर में पारा हमेशा सामान्य से नीचे रहता। बाद के दिनों में कुछ हिन्दू संगठनों ने इस प्रथा का विरोध करना भी शुरू किया था। पर आज भी यह परम्परा जारी है।

हमारे अंग्रेजी के टीचर अन्य अध्यापकों से भिन्न थे। वह काफी सजधज के स्कूल आते थे। उनके क्लास में घुसते ही एक भीनी महक कमरे में भर जाती थी। वह अपने को रामपुर नवाब के वारिस से कम नहीं समझते थे। वैसे भी रामपुर में ऐसे कई मुसलमान रईस थे जो नवाबी खानदान से अपना रिश्ता होने का दावा करते थे। जाड़ों में सूट और टाई पहनकर आने वाले शायद वह अकेले टीचर थे। अध्यापन से उनका कोई खास सरोकार नहीं था। हमेशा कुर्सी पर बैठ कर पढ़ाते थे। अक्सर बच्चों से कुछ पूछते या सुनते रहते थे और अपनी नाक से मैल निकाल कर उंगलियों से मसलते रहते थे। उन्हें देखकर मुझे बहुत घिन आती थी। पर उनका बेटा हमारा सहपाठी था इसलिए पीठ पीछे भी कुछ कहने का साहस नहीं होता। शायद वह अकेले अध्यापक थे जो स्कूल से अचानक गायब हो जाते थे और कई-कई दिन स्कूल से गैरहाजिर रहते थे। उन्हें बच्चों की कापियाँ जाँचने से भी बड़ा परहेज था जबकि अंग्रेजी हमारे लिए एक नया और कठिन विषय था।

उन दिनों अंग्रेजी की पढ़ाई छठी क्लास से शुरू होती थी। तभी हमने एबीसीडी सीखी थी। आठवीं, नवीं में आकर अनुवाद, शब्दों का प्रयोग और फिल इन दि

ब्लेन्क्स जैसे अभ्यास करने को दिए जाते थे। व्याकरण पर बहुत जोर दिया जाता था जो जरूरी भी था क्योंकि हमारा अंग्रेजी का ज्ञान बहुत कमजोर होता था। दसवीं तक शायद ही कोई छात्र अंग्रेजी का एक शुद्ध वाक्य लिख पाता था, बोलने का तो सवाल ही नहीं था। 'मे आयी कम इन सर' शायद पहला वाक्य था जो हम लोगों ने सीखा था जिसे कुछ बच्चे बड़े हास्यास्पद और अटपटे ढँग से बोलते थे जैसे 'माइनकमिंग सर' या 'आयी कमिंग मास्साब'। ऐसे में हम एक दूसरे का खूब मखौल उड़ाते।

आज के बच्चों के अंग्रेजी ज्ञान के बारे में क्या कहा जाए। सच तो यह है कि यही अब उनकी पहली भाषा बन गई है। हिन्दी से उनका अब कोई नाता ही नहीं है। हिन्दी के अंकों की तो उन्हें कोई जानकारी ही नहीं है। उनके सामने यदि तिरेसठ या पचपन बोल दीजिए तो वे आपका चेहरा देखने लगते हैं। हिन्दी में वे कोई पत्र या प्रार्थनापत्र नहीं लिख सकते।

मातृभाषा के प्रति आज की पीढ़ी की यह उदासीनता सचमुच बहुत तकलीफदेह है। हिन्दी को अब वे उसी तरह पढ़ते हैं जैसे तब हम संस्कृत पढ़ा करते थे जिसका मकसद इम्तेहान पास होने के साथ अच्छे नम्बर लाना होता था। संस्कृत और गणित ही ऐसे विषय थे जिसमें पूरे नम्बर मिलने की सम्भावना थी। आजकल तो भाषा, विज्ञान और सोशल साइंस जैसे विषयों में भी सौ फीसदी नम्बर मिल जाते हैं।

जैसे हमें लगता था कि संस्कृत का ज्ञान हमारे भविष्य के लिए कतई उपयोगी नहीं है, वैसे ही मौजूदा पीढ़ी भी यह मानती है कि हिन्दी सीखने से उन्हें जीवन में कुछ मिलने वाला नहीं है। अच्छे जीवन स्तर, ऊँची नौकरी या बड़े कारोबार के लिए अंग्रेजी का ज्ञान जरूरी है। इसीलिए वे न तो हिन्दी का अखबार या पत्रिका पढ़ते हैं और न ही हिन्दी भाषा और साहित्य से उनका कोई लेना देना है। अपनी मातृभाषा और साहित्य से दूर होने के कारण उनकी संस्कृति और सोच पर भी पश्चिमी सभ्यता का स्पष्ट प्रभाव देखा जा सकता है।

किसी राष्ट्र के लिए यह दुर्भाग्यपूर्ण नहीं तो क्या है।

हालाँकि बात मुर्तजा स्कूल और वहाँ के मास्टरों की चल रही है किन्तु मैं उस अध्यापक के बारे में लिखने के लिए बेताब हूँ जिनका मेरे जीवन पर सबसे अधिक प्रभाव पड़ा। मेरे व्यक्तित्व के विकास के साथ मेरे लेखन को प्रोत्साहित करने और वाद विवाद, निबन्ध लेखन जैसी तमाम प्रतियोगिताओं में मुझे शामिल कर मुझमें आत्मविश्वास पैदा करने में उनकी निर्णायक भूमिका थी।

जैसा मैंने ऊपर लिखा है, मुर्तजा स्कूल में अध्ययन से इतर अन्य गतिविधियों

के नाम पर लगभग सन्नाटा था। स्काउट में भाग लेने की तो मुझे याद है पर इसके अलावा शायद ही हम लोगों को कुछ सीखने का अवसर मिला था। हालाँकि मेरी रुचि संगीत और नाटक में थी। 15 अगस्त और 26 जनवरी को प्रधानाचार्य कक्ष में लगे साउन्ड सिस्टम पर कुछ राष्ट्रीय गीत भी मैंने गाये थे जिसका प्रसारण सभी क्लासरूम में होता था। 1962 के चीन आक्रमण के बाद कुछ मित्रों के साथ मिल कर मैंने एक नाटक भी किया था जिससे प्राप्त धन को प्रधानमंत्री राहत कोष में भेजा गया था। रामपुरवासियों ने इसमें भरपूर सहयोग दिया था। अग्रवाल धर्मशाला का बड़ा सा प्रांगण दर्शकों से खचाखच भरा था। इस नाटक में मैंने एक सैनिक की भूमिका निभाई थी जो अंततः युद्ध में शहीद हो जाता है। पार्श्व में 'कर चले हम जुदा जां वतन साथियो, अब तुम्हारे हवाले ये वतन साथियो' का गीत बज रहा था। आज भी उस दृश्य को याद कर मैं रोमांचित अनुभव करता हूँ।

इस नाटक का निदेशन मास्टर शिव कुमार ने किया था जो रजा इंटर कालिज में हिन्दी के अध्यापक थे और नाटकों से गहराई से जुड़े थे। रामपुर में आयोजित होने वाली रामलीला समिति के भी वह मुख्य कर्ताधर्ता थे। उनका पुत्र हरीकृष्ण हमारा सहपाठी था और मेरा उनके घर आना जाना था। उन्हीं की प्रेरणा और निदेशन से यह नाटक करना संभव हो सका था।

इसी रजा इंटर कालिज में श्री ईश्वर शरण सिंघल हमें मनोविज्ञान और अंग्रेजी पढ़ाते थे। हाँ, सिंघल साहब की बात करने से पहले यह बतलाना जरूरी है कि दसवीं क्लास तक मैं विज्ञान का छात्र था। पता नहीं दसवीं में मेरी प्रथम श्रेणी न आने की वजह थी या दादा का ग्यारहवीं में फेल होना अथवा बाऊजी ने पहले से सोच रखा था, जब मैं ग्यारहवीं में दाखिला लेने गया तो मुझसे कहा गया कि मैं आर्ट्स साइड में एडमीशन ले लूँ। मेरे लिए यह अविश्वसनीय तो था ही, गहरा आघात भी था। मेरे सभी मित्र विज्ञान वर्ग में प्रवेश ले रहे थे। कला वर्ग को हम बड़ी हीन दृष्टि से देखते थे। हमें लगता था कि कम पढ़ने लिखने वाले, कमअक्ल और निम्नस्तरीय बच्चे इतिहास, भूगोल, नागरिक शास्त्र जैसे विषय पढ़ते हैं। ऐसे बच्चों से हम दोस्ती करना भी पसन्द नहीं करते थे। हमें उनका कोई भविष्य नजर नहीं आता था। हमें लगता था कि छोटे तबके के लोग, दुकानदार और कम पढ़े लिखे मुस्लिम परिवारों के बच्चे महज इंटर, बीए करने के लिए ये विषय लेते हैं। हम यह भी मानते थे कि कला वर्ग में दो, चार दिन पढ़कर ही परीक्षा में सफलता हासिल की जा सकती है।

एडमीशन फार्म लेकर कई दिनों तक मैं पशोपेश में रहा। अम्मा के सामने अपना दुखड़ा रोता। पता नहीं अम्मा ने बाऊजी से इस बारे में कभी बात की या नहीं। और मेरे कुछ कहने का तो सवाल ही नहीं था। अपने दोस्त आलोक के पिता

से कहकर मैंने बाऊजी पर जोर डलवाया पर वह अपने निर्णय पर अडिग थे। अगले दिन ही मुझे करारी डांट पड़ी और मैं भारी मन से चुपचाप एडमीशन फार्म जमा कर आया।

आज आप बच्चों पर ऐसे एकतरफा फैसले थोपने की कल्पना भी नहीं कर सकते। नवीं क्लास में ही बच्चे अपने विषयों को खुद तय करते हैं। वे यह भी सोच लेते हैं कि भविष्य में उन्हें क्या बनना है और उसी दिशा में प्रयास करना आरम्भ कर देते हैं। मुझे याद नहीं कि हमारी पीढ़ी के बच्चे दसवीं क्लास तक ऐसी सोच रखते थे। अधिक्तर छात्र घिसी पिटी लीक में चलना पसन्द करते थे। मेधावी और परिश्रमी छात्र साइंस पढ़ कर डाक्टर या इंजीनियर बनना चाहते थे और बाकी बच्चे इंटर, बीए करके अपना कामधंधा, बाबूगिरी या स्कूल में अध्यापन...। हाँ, बैंक की क्लर्की उन दिनों बड़ी चीज मानी जाती थी। तब अध्ययन की वे तमाम शाखाएं कहाँ थीं जो आज युवक/युवतियों के लिए उपलब्ध हैं जिसमें फैशन डिजायनिंग, एनीमेशन, प्रबंधन, स्क्रिप्टंग, जर्नलिज्म जैसे सैकड़ों क्षेत्र हैं।

आर्ट्स साइड में अपने दाखिले को लेकर मैं बहुत दुखी था। मैं लगभग अवसाद के दौर से गुजर रहा था। आज मैं इसे अवसाद जरूर कह रहा हूँ पर उस वक्त न मैं और न ही मेरी पीढ़ी के लोग इस शब्द से परिचित थे और न ही इसका अर्थ समझते थे। हाँ, हम दुखी होते थे, परेशान होते थे, तकलीफ में होते थे, रोया धोया करते थे, अम्मा पर बिगड़ते थे, भाई बहन से झगड़ते थे, दोस्तों से भिड़ते थे, बकबक करते थे, एकाध वक्त खाना न खाने की धमकी देते थे; जो कभी फलीभूत नहीं होती थी, और अपने अध्ययन के प्रति अरुचि और लापरवाही दिखाते थे पर इसे कोई भी अवसाद या डिप्रेशन नहीं कहता था। ऐसा लगता है जैसे तब तक डिप्रेशन का अविष्कार ही नहीं हुआ था।

आज हालात एकदम उल्टे हैं। आप कक्षा सात और आठ के बच्चों को इस शब्द का प्रयोग करते सुन सकते हैं। मात्र शब्द का प्रयोग ही नहीं, उनके व्यवहार और आचरण से वे सब लक्षण दिखलाई देते हैं जो सचमुच अवसाद का आभास कराते हैं। वैसे भी आज के बच्चों की दुनिया में एकान्त हावी है। स्कूल के बाद न तो वे पास पड़ोस के बच्चों के साथ घुलते मिलते हैं और न ही नाते रिश्तेदारों के यहाँ अब उनका आना जाना है जिससे बच्चों को कोई साथ संगत मिले। जहाँ दोनों माँ बाप काम करते हैं वहाँ तो बच्चे नानी, दादी के सहारे अपना दिन गुजारते हैं और या किसी मेड के आसरे रहते हैं। हर दशा में उनका संवाद प्रायः शून्य ही है। वे अकेलेपन की गिरफ्त में जकड़े रहते हैं। उनका सारा वक्त कॉमिक्स, वीडियो गेम्स या कम्प्यूटर के साथ गुजरता है। ऐसे में किसी भी प्रकार का दुख या पीड़ा या

नकारात्मक सोच उनकी मनःस्थिति को बहुत प्रतिकूल ढंग में प्रभावित करती है। तनाव उन्हें असह्य हो जाता है और वे इसे किसी से बांट नहीं पाते हैं। शायद यही कारण है कि आज किशोरों में आत्महत्या की प्रवृति बढ़ रही है। हाईस्कूल और इंटर के परीक्षाफल घोषित होने के बाद लखनऊ में हर साल कई छात्र गोमती में कूद कर या घर के अन्दर पंखे से लटक कर अपनी जान गवां देते हैं। शहर के बीचोबीच बहने वाली गोमती नदी में मरने वालों की संख्या इतनी अधिक हो गई कि प्रशासन द्वारा पुल के दोनों ओर लोहे का ऊँचा जाल लगवा दिया है। अलबत्ता इससे आत्महत्या करने वालों की तादाद में कोई कमी नहीं आयी है।

बहरहाल मैं अपने ग्यारहवीं के दाखिले की बात कर रहा था। अत्यन्त क्षुब्ध व दुखी मन से मैंने कला वर्ग में प्रवेश लिया। कई साल तक मेरे अन्दर बाऊजी के इस फैसले के खिलाफ तकलीफ और कसक रही। अक्सर इस बारे में सोच कर मैं दुखी होता था। गर बाऊजी कुछेक साल और जिन्दा रहते तो शायद अपने मन की भड़ास उनके सामने किसी न किसी रूप में जरूर निकालता।

पर आज मैं बाऊजी के इस अप्रिय फैसले को अपनी जिन्दगी का निर्णायक मोड़ मानता हूँ। बाऊजी स्वप्नदर्शी तो थे ही, दूरदर्शी भी थे। उनके जीवन और जीवनानुभवों पर कुछ कहने का अवसर आगे आयेगा पर यह सच है कि वे मेरी क्षमताओं, अभिरुचि और मानसिक बुनावट को समझने में पूरी तरह सफल थे। जहाँ दादा ऐसे कई कामों में दिलचस्पी रखता था जिसमें विज्ञान अथवा तकनीक की समझ की दरकार थी जैसे ट्रांजिस्टर खोलना या बिजली के स्विच आदि की मरम्मत, वहीं मैं इन झमेलों से बचता था। साहित्य के प्रति मेरे झुकाव का अहसास भी बाऊजी को था। छोटी मोटी कहानियाँ मैं उन दिनों भी लिखा करता था। शायद इसी सब के चलते बाऊजी ने इतना अहम फैसला लिया था। जाहिर है कि उन दिनों पिता अपने किसी फैसले का खुलासा करना जरूरी नहीं समझते थे। उन्होंने यह बात न मुझे समझाई, न कभी अम्मा से कही और न ही मेरे दोस्त के पिता को सफाई देना जरूरी समझा जिन्होंने मेरे लिए पैरवी की थी।

आज मुझे पक्का यकीन है कि मनोविज्ञान, अंग्रेजी, इतिहास जैसे विषयों की बदौलत ही मैं अखिल भारतीय सेवा में सफलता हासिल कर सका। साथ ही साहित्य में मेरी गति बनी रही और थोड़ा बहुत लिख भी पाया।

श्री ईश्वर शरण सिंघल से मेरा शुरुआती परिचय एक वाद विवाद प्रतियोगिता के चयन के सिलसिले में हुआ। रजा इंटर कालिज की विभिन्न बौद्धिक और सांस्कृतिक गतिविधियों में मास्साब पूरी तरह सक्रिय थे। उन्हीं के सम्पर्क और

मार्गदर्शन में मैंने भी तमाम प्रतियोगिताओं में भाग लिया और अपने कालिज का प्रतिनिधित्व किया। भाषण और वाद विवाद प्रतियोगिताओं के सिलसिले में वह मेरे साथ काफी वक्त गुजारते थे, कालिज में ही नहीं, अपने आवास पर बुलाकर भी। मास्साब मुझसे उस विषय पर पहले विशद चर्चा करते, उसके विभिन्न पक्षों व आयामों को स्पष्ट करते और फिर कुछ सूत्रबिन्दू देकर वह मुझसे भाषण का आलेख तैयार करने को कहते। कई बार वह उसमें संशोधन करते और कभी कुछ पैराग्राफ मुझे बोलकर लिखाते। सिर्फ लिखाते ही नहीं, मुझे इस बारे में समझाते भी कि यह तथ्य या तर्क देना क्यों जरूरी है।

आज मुझे लगता है कि मेरे लेखन के विकास में सिंघल साहब के इस प्रशिक्षण ने अहम भूमिका अदा की है। इतना ही नहीं, अपने कॅरियर के सिलसिले में दी प्रतियोगिताओं में भी निबन्ध लिखने में मुझे उनके इस अभ्यास से बहुत मदद मिली।

आज मैं यह सोचकर हैरान होता हूँ कि उनके पास हम छात्रों के लिए वक्त ही वक्त था। लगता ही नहीं था कि उनके जीवन में कालिज, अध्यापन और छात्रों के अलावा भी कुछ और था। मैं और कुछ अन्य लड़के वक्त बेवक्त उनके घर चले जाते थे, देर तक उनके साथ रहते थे और उन्हें अपने साथ उस तरह डूबा पाते थे जितना शायद कभी हम भी नहीं होते थे।

सिंघल साहब विधुर थे। सुना था कि उनकी पत्नी का देहावसान युवावस्था में ही हो गया था। अपने पीछे एक पुत्र को छोड़ गई थीं जो इस समय रामपुर का मानाजाना हृदयरोग विशेषज्ञ है। उस समय सिंघल साहब की उम्र पैंतीस के करीब रही होगी। सुना था कि परिवार के तमाम दबाव के बावजूद उन्होंने पुनर्विवाह करने से इनकार कर दिया और अपना पूरा जीवन बेटे के लालन पालन और अध्यापन को समर्पित कर दिया।

सिंघल साहब अपने छोटे भाई के साथ एक बड़े से मकान में रहा करते थे जहाँ उनका लगभग 12 बाई 14 फिट का एक कमरा था। कालिज के अलावा उनका पूरा समय शायद इसी कमरे में बीतता था। कमरे की दो दीवारों पर रैक में किताबें सजी थीं, एक तरफ मेज कुर्सी पड़ी थी और उससे सटा ही तख्त बिछा रहता था। मैं जब भी उनके घर जाता, वह उसी कक्ष में लिखते पढ़ते मिलते। वह खुद भी अच्छे लेखक हैं और उन्होंने कई कहानियाँ और कुछ उपन्यास भी लिखे हैं। उनकी कहानियाँ विभिन्न पत्र पत्रिकाओं में प्रकाशित हुई।

मास्साब अत्यन्त गम्भीर प्रवृति के व्यक्ति थे। अक्सर वह किसी सोच में डूबे रहते और खोए-खोए से दिखते। वह दर्शनशास्त्र में एमए थे। जिस तरह मास्टर रामेश्वर

दयाल की झुकी कमर को उनके गणित अभ्यास से जोड़ा जाता था, उसी तरह हम सब मानते थे कि दर्शनशास्त्र के अध्ययन से आदमी दार्शनिक हो जाता है।

श्री सिंघल इसका एक नमूना थे। खुश होने से वह धीरे से मुस्कराते थे। मैंने उन्हें खिलखिलाते या ठहाका मार कर हंसते कभी नहीं देखा। उनके चेहरे पर दुख की छाया भी नजर नहीं आती थी। व्यक्तिगत दुख सुख, राग विराग शायद उनके लिए कोई मायने नहीं रखते थे। स्थितप्रज्ञ व्यक्तित्व का एक विरल उदाहरण थे वह। किसी भी राग द्वेष, लाग लपेट अथवा कालिज की छिछली राजनीति से दूर वह अध्ययन, अध्यापन, लेखन की अपनी दुनिया में डूबे रहते थे। लेखन उनकी आत्माभिव्यक्ति का जरिया था। उसे वह स्वान्तः सुखाय मानते थे और इसे लेकर भी उनके अन्दर कोई महत्त्वाकांक्षा नहीं थी।

आज जब हमसे से अधिकांश लेखक दो, चार कहानियाँ या एक उपन्यास लिखकर अपने को मील का पत्थर साबित करने में जुटे रहते हैं और साहित्य में अपना स्थान सुरक्षित करने का दावा करते हैं, ऐसे में सिंघल साहब जैसे निष्ठावान और समर्पित लेखक का स्मरण स्वाभाविक ही है। इसे हिन्दी भाषा और साहित्य का दुर्भाग्य ही कहा जा सकता है कि वह अपने ऐसे सेवकों को उचित सम्मान और स्थान देने में असफल है।

ज्यादातर लोगों के लिए सिंघल साहब का जीवन खासा रहस्यमय था। कालिज के अपने सहकर्मियों से भी वह एक दूरी बना कर रखते थे। सालों साल रामपुर जैसे छोटे शहर में रहते हुए भी वह एक अजनबी थे। अपने प्रति उनके अगाध स्नेह का मुझे बखूबी अहसास था। इसके बावजूद वह कालिज में ही नहीं, कभी घर पर भी बड़े अजनबी और पराए से लगते।

कार्य के प्रति ऐसा समर्पण और उससे जुड़े लोगों से इतनी निस्संगता अपने आप में मुझे अत्यन्त विशिष्ट लगती है। किसी प्रकार के लोभ, लालच और सम्मान की चाहत से वह पूरी तरह उदासीन थे। जीवन भर उन्होंने ट्यूशन नहीं की हालाँकि उनसे पढ़ने वालों की लम्बी फेहरिस्त थी जो अक्सर उनसे कुछ पढ़ने या समझने घर आया करते थे। मेधावी छात्रों के लिए उनके दरवाजे सदैव खुले रहते थे।

आदर्श अध्यापक की जो अवधारणा मेरे अन्दर तब थी और आज भी है, उसका सटीक व पूर्ण दृष्टांत थे वह। जब राष्ट्रपति द्वारा उन्हें आदर्श अध्यापक के रूप में सम्मानित किया गया तो मेरी धारणा को बल तो मिला ही, उनसे जुड़े तमाम छात्र और लोगों ने बेहद खुशी महसूस की।

मुझे लगता है कि आज ऐसे अध्यापक सचमुच दुर्लभ हैं। आपाधापी, स्वार्थसिद्धि, जीवन में संत्रास, संघर्ष व तनाव, आर्थिक सम्पन्नता की चाहत, नागफनी महत्त्वाकांक्षाएं,

मूल्यों का क्षरण, भौतिक समृद्धि की होड़, सम्मान की लौलुपता, चारित्रिक गिरावट, विघटन और विखंडन तथा पदों व संस्थाओं के प्रति गरिमा का ह्रास के इस युग में ऐसे आदमी कहाँ दिखलाई देते हैं। मुझे लगता है कि आदर्श की अवधारणा अब अप्रासंगिक हो चली है। और शायद इसीलिए आज हमें कोई भी विशिष्ट नजर नहीं आता।

मैं मानता हूँ कि किसी समय और समाज के लिए विशिष्टता का लोप शुभ नहीं है। जीवन और समाज में आदर्श की अनुपस्थिति नई पीढ़ी को उचित मार्गदर्शन नहीं दे पाती। युवा पीढ़ी के विकास के लिए हमें आदर्श चाहिए ही। आधुनिक शब्दावली में कहें तो हमें हीरो की हमेशा तलाश रहती है। और जब सिंघल साहब जैसे व्यक्ति उपलब्ध नहीं होते हैं तो हमारा समाज माफिया, गुंडों और बाहुबलियों को हीरो का दर्जा दे देता है। वही चुनाव में जीतकर विधानसभा और संसद में जनता का प्रतिनिधित्व करते हैं। 'नाम ही काफी है' की तर्ज पर वे जेल में बन्द रहकर भी भारी मतों से विजयी होते हैं।

क्या यह देश का दुर्भाग्य नहीं है?

क्या मौजूदा दौर में जीवन के प्रति विभ्रम, मूल्यहीनता और नैतिकता में गिरावट के पीछे कहीं यही वजह तो नहीं है?

रंगीन पर्दे का जश्न

राहे रजा कलक्टर के भव्य बंगले से शुरू होकर गाँधी समाधि पर समाप्त हो जाती है। यह लगभग दो किलो मीटर लम्बा, सीधा मार्ग है जिसका ब्योरा मैं ऊपर दे चुका हूँ।

गाँधी समाधि का निर्माण मेरे बाल्यावस्था की सुखद स्मृति है। इसका निर्माण पाँचवे दशक में आजादी के कुछ सालों बाद किया गया था। नवाब रजा अली खाँ खुद दिल्ली जाकर महात्मा गाँधी की अस्थियाँ और भस्म लेकर आये थे। उन्हें लेकर रामपुर में एक बड़ा जुलूस निकाला गया था जिसमें शहर के सभी गणमान्य नागरिकों के साथ प्रमुख प्रशासनिक अधिकारी और स्वयं रजा अली खाँ ने शिरकत की थी। उसी के बाद नवाब ने घोषणा की थी कि रामपुर में महात्मा गाँधी की समाधि का निर्माण किया जाएगा जहाँ उनके द्वारा लाई अस्थियों/भस्म को संरक्षित रखा जाएगा।

मन में अक्सर यह सवाल उठता था कि रामपुर में गाँधी समाधि का निर्माण क्यों? बचपन में तो हम इसे कोरी गप्प मानते थे पर आज भी यह सच है कि दिल्ली में राजघाट के अलावा महात्मा गाँधी की समाधि केवल रामपुर में ही बनी है। हालाँकि कुछ मजेदार चर्चाएं भी की जाती थीं। मसलन कुछ लोग कहते कि गाँधीजी के आखिरी शब्द 'हे राम' थे, इसलिए रामपुर में उनकी समाधि बनाने का फैसला नवाब और रामपुर के प्रशासन द्वारा किया गया। बच्चे तो आपस में यह यकीन तक दिलाते थे कि गाँधीजी को गोली तो दिल्ली में मारी गई पर उनका निधन रामपुर में हुआ। रामपुर के नामकरण को भी गाँधीजी के आखिरी शब्दों से जोड़कर बातें की जाती थीं क्योंकि यह सचमुच हैरान करने वाला तथ्य है कि एक मुस्लिम आबादी और संस्कृति वाले नवाबी शहर का नाम रामपुर कैसे रख दिया गया। लगभग सभी शहर जहाँ मुसलमान शासक रहे थे या जो मुस्लिम बाहुल्य क्षेत्र था, के नाम उस सम्प्रदाय से जुड़े नामों के आधार पर रखे गये थे जैसे फैजाबाद, आजमगढ़, इलाहाबाद वगैरह...।

रामपुर राज्य की स्थापना नवाब फैजुल्लाह खान ने 7 अक्टूबर 1774 को की थी जो नवाब अली मोहम्मद खान के पुत्र थे जो उत्तर भारत में रोहिल्ला राज्य के

प्रमुख सरदार दाउद खान के दत्तक पुत्र और वारिस थे। अपनी मृत्यु से पूर्व उन्होंने अपने राज्य का बटवारा अपने पुत्रों में कर दिया जिसमें फैजुल्लाह खान को रामपुर और आस पास का क्षेत्र मिला। दरअसल यह इलाका मूलतः चार गाँवों का समूह था जो 'काथर' नाम से जाना जाता था जो राजा राम सिंह का भी नाम था। उन्हीं राजा राम सिंह के नाम पर रामपुर गाँव भी था। पहले नवाब फैजुल्लाह खान ने अपनी रियासत का नाम 'फैजाबाद' रखा पर चूंकि इस नाम से दूसरा मशहूर शहर भी था, इसलिए इसका नाम बदल कर 'मुस्तफाबाद उर्फ रामपुर' कर दिया गया। कालान्तर में इसे रामपुर नाम से ही जाना गया। डाकतार विभाग के अनुसार देश में रामपुर नाम के चौबीस स्थान हैं हालाँकि जिला सिर्फ यही रामपुर है।

नवाब फैजुल्लाह खान द्वारा 1775 में रामपुर किले की नींव रखी गई। वह कई भाषाओं के ज्ञाता थे और विद्वानों को संरक्षण देते थे। उनके द्वारा अरबी, फारसी, तुर्की और उर्दू भाषाओं की दुर्लभ पाण्डुलिपियाँ एकत्र की गयीं। 1904 में नवाब हामिद अली खाँ ने किले के अन्दर हामिद मंजिल का निर्माण कराया जो दरअसल उनका दरबार था। उसी भवन में इस संग्रह को सुरक्षित किया गया। बाद में इसने एक पुस्तकालय का रूप लिया। आज यह रजा लायब्रेरी के नाम से पूरी एशिया में विख्यात है। अब इसका संचालन भारत सरकार द्वारा किया जाता है।

बहरहाल बात गाँधी समाधि की हो रही थी जो संगमरमर से गोलाकार निर्मित की गई थी। इसमें चारों ओर चार विशाल शंख लगाए गये थे और बीच में पानी के फव्वारे लगे थे। गर्मियों की शाम को शहर के काफी लोग बच्चों के साथ वहाँ घूमने जाते थे और उसके इर्द गिर्द खेलते थे। इसे स्वतन्त्र भारत के प्रतीक के रूप में स्वीकार किया जाने लगा। रामपुर की तमाम ऐतिहासिक इमारतें रियासत के जमाने की बनी हुई थीं और काफी प्रसिद्ध थीं। केवल गाँधी समाधि ही आजादी के बाद का भव्य निर्माण था। 15 अगस्त, 26 जनवरी और 2 अक्टूबर को नगर के सभी विद्यालयों के छात्र छात्राएं प्रभातफेरी लगाते हुए वहाँ जमा होते थे और राष्ट्रगान व देशप्रेम के गीत गाए जाते थे। कुछ भाषण भी होते थे। बाद में स्कूलों द्वारा बच्चों को मिष्ठान वितरण किया जाता था। ज्यादातर बच्चे इसी लोभ में वहाँ जाते और आखिर तक बने रहते।

यह सचमुच दुर्भाग्यपूर्ण है कि वक्त के साथ ये परम्पराएं अपना आकर्षण खोती गयीं। अंग्रेजी माध्यम के निजी स्कूलों ने इन आयोजनों में भाग लेना बन्द कर दिया और केवल सरकारी स्कूल ही इन कार्यक्रमों में शिरकत करते।

क्या निजी विद्यालयों में इन राष्ट्रीय पर्वों के प्रति सम्मान और उत्साह का अभाव

था अथवा अपने को विशिष्ट रखने के मकसद से सार्वजनिक कार्यक्रमों में भाग लेने से वे गुरेज करते थे?

आज जब मैं इसके सामने से गुजरा हूँ तो पाया कि इसके रूप में कुछ बदलाव आ गया है। बचपन में जो ताजगी मैंने यहाँ महसूस की थी, वह पूरी तरह नदारद है। शायद वक्त के साथ ऐसा बदलाव आना लाजमी है।

'क्यों भाई, अब भी लोग यहाँ घूमने आते हैं?' मैंने रिक्शेवाले से पूछा है।

'मियाँ, अब बच्चों के पास इन चीजों के लिए कहाँ वक्त है। उनकी आँखें तो टीवी में गड़ी रहती हैं। वही उनका खेल है और वही मौजमस्ती...। शायद आपको अपने बचपन की रौनक याद आ रही होगी।' कहकर वह जोर से हंस दिया है।

मैं उसकी अंतदृष्टि से प्रभावित हुए बिना नहीं रह पाता हूँ।

गाँधी समाधि से दायें मुड़ने पर ही सामने नवाब दरवाजा दिखलाई पड़ा है। उससे पहले बाएं हाथ पर रामपुर का प्रसिद्ध हाकी का मैदान है जो रोहिल्ला टाइगर ग्राउंड के नाम से जाना जाता है। यह रामपुर का इकलौता सार्वजनिक खेल मैदान था। हालाँकि रामपुर के किले में हरी घास बिछे बड़े मैदान हैं पर रियासत के दौरान वहाँ जाने की किसी को इजाजत नहीं थी। आजादी के बाद के चार, पाँच सालों बाद भी आम आदमी की वहाँ जाने की हिम्मत आसानी से नहीं होती थी।

मुसलमानों की आबादी वाले ज्यादातर इलाकों की तरह रामपुर में भी हाकी बेहद लोकप्रिय खेल था। कई राष्ट्रीय स्तर के खिलाड़ी रामपुर की देन हैं जिनमें लईक, इकबाल के नाम मेरे जेहन में आ रहे हैं। नवाब रजा अली खान ने इस खेल को प्रोत्साहित करने और अपनी रिआया की भावनाओं को समझते हुए राष्ट्रीय स्तर का रजा हाकी टूर्नामेंट आरम्भ कराया था जो देश की एक प्रतिष्ठित हाकी प्रतियोगिता थी। इसी मैदान पर यह हाकी प्रतियोगिता आयोजित की जाती थी जिसमें देश के तमाम नामीगिरामी खिलाड़ी भाग लेते थे। इन मैचों को देखने के लिए पूरा शहर उमड़ता था। लोगों का उत्साह देखते ही बनता था। 'बन्द मक्खन दूध' की शर्तें लगाई जाती थीं और रामपुर में हाकी की धूम मची रहती थी।

हाकी देश का राष्ट्रीय खेल है पर हाकी जैसे उत्तेजनापूर्ण, रोमांचक, तेज गति और कम लागत वाले खेल को कैसे और किस लापरवाही व साजिश के तहत पीछे धकेल दिया गया है, पर गहराई और गम्भीरता से पड़ताल करने की जरूरत है। भारत में हाकी मुख्यतः सरदारों और मुसलमानों का खेल रहा है। अलीगढ़, रामपुर, वाराणसी, भोपाल जैसे शहरों से हाकी के कई प्रसिद्ध खिलाड़ी भारत का गौरव बड़ा चुके हैं। इन सभी स्थानों पर मुसलमानों की बड़ी आबादी थी। एक समय में भारत

की हाकी टीम में 3,4 मुस्लिम चेहरे जरूर देखे जाते थे। धीरे-धीरे मुसलमानों में भी इस खेल के प्रति बेरुखी आती गई है। हाँ, सिक्खों में जरूर इस खेल के प्रति जुनून बना हुआ है। आज भी पंजाब में इस खेल की साख बची हुई है जिसके कारण देश को कुछ अच्छे खिलाड़ी वहाँ से मिल रहे हैं। हाकी को लेकर वहाँ की परम्पराओं और लगाव में उस हद तक कमी नहीं आयी है। पंजाब से मेरे एक मित्र बतलाते हैं कि पहले वहाँ के गाँवों में दूल्हे अक्सर हाकी स्टिक लेकर चलते थे क्योंकि हाकी न खेलने वाला नौजवान निहायत जाहिल, गंवार और बेपढ़ा समझा जाता था और अक्सर उपहास का पात्र बनता था।

आज हमारा देश क्रिकेट मेनिया की गिरफ्त में जकड़ा है। बाकी सभी खेल हाशिए पर चले गये हैं। हाकी अब गरीब, निचले तबके के लोगों या आदिवासियों का खेल बन कर रह गया है। इसीलिए झारखंड के आदिवासी समाज से हाकी की अनेक प्रतिभाएं निकल कर आ रही हैं।

आज स्कूलों और कालिजों में हाकी और उसके खिलाड़ियों को हेय दृष्टि से देखा जाता है। यही सोच और मनोदशा समाज, मीडिया और राजनेताओं की है। सबका ध्यान क्रिकेट पर है। नेताओं द्वारा क्रिकेट बोर्डों पर काबिज होने के लिए होड़ लगी है। जाहिर सी बात है कि सबसे ज्यादा पैसा वहीं है। नतीजतन जहाँ युवराज को एक ओवर में छह छक्के मारने के लिए क्रिकेट बोर्ड एक करोड़ देता है, भारत की हाकी टीम के खिलाड़ियों को एशियाई चैम्पियन बनने पर पच्चीस हजार रुपए का इनाम पेश किया जाता है। इस बदइंतजामी और बदहाली का ही नतीजा है कि पिछले ओलम्पिक में भारत हाकी के लिए क्वालिफाई भी नहीं कर सका था।

क्या ध्यान चंद के देश में उसके खेल की यह दुर्दशा शर्मनाक नहीं है?

चारों तरफ रामपुर शहर दरवाजों से घिरा हुआ हैं। यही नगर के प्रवेश द्वार हैं जो नवाब दरवाजा, शाहबाद गेट, तोपखाना दरवाजा, बरेली गेट, बिलासपुर गेट के नामों से जाने जाते हैं। शायद सभी हुकुमरान द्वारा अपने किलों और गढ़ों की हिफाजत करने के लिए चारों तरफ इस प्रकार के दरवाजे बनाए जाते थे जिससे दुश्मन वहाँ की सुरक्षा में आसानी से सेंध न लगा सके और अवाम महफूज रहे।

नवाब दरवाजा पार करते ही दाहिने हाथ पर रामपुर का सबसे पुराना सिनेमा हाल नाहीद टाकीज है जिसपर ध्यान दिए बगैर यहाँ से गुजरना नामुमकिन है। इस हाल में न जाने कितनी फिल्में मैंने देखी हैं और उनकी अनेक सुखद स्मृतियाँ मेरे अन्दर रची बसी हैं। आज इसके जर्जर भवन को देखकर सहसा यकीन नहीं होता कि शुरुआती जिन्दगी के बीसेक साल हम यहाँ कितने उत्साह, चाव, उमंग, और

चहक के साथ आते थे जिसका सुरूर आने से दो, चार दिन पहले चढ़ने लगता और कभी उसे उतरने में हफ्तों लगते।

रामपुर में महज दो सिनेमा हाल थे, एक नाहीद और दूसरा कारोनेशन टाकीज। साठ के दशक में तीसरे पिक्चर हाल का निर्माण हुआ था जिसका नाम माला टाकीज था और जो नाहीद से लगभग पौन किलोमीटर की दूरी पर स्थित है। उन दिनों ज्यादातर शहरों में सिनेमा मनोरंजन का इकलौता जरिया था। रामपुर में तो फिर भी किला, हामिद मंजिल, खास बाग जैसी देखने लायक इमारतें थीं, इसके बावजूद घर में कोई खुशी होती, कोई मेहमान आता या बच्चों के रिजल्ट आते तो लोग उसे सिनेमा देखकर ही मनाते। मेरे एक रिश्तेदार तो जब बच्चों के अच्छे रिजल्ट या किसी की बीमारी से मुक्ति के लिए ईश्वर से प्रार्थना करते तो प्रसाद भी एक या दो फिल्मों का ही बोला करते थे,'भगवान, लल्लू का बुखार ठीक कर दे, सब को दो फिल्में दिखाउँगा।' यह बतलाना अप्रासंगिक न होगा कि यह महाशय भौतिक शास्त्र के जाने माने विद्वान थे, कई पुस्तकों के लेखक थे और आगरा के एक प्रसिद्ध महाविद्यालय में प्रोफेसर थे।

हमारे शहर के सिनेमाघरों में पर्दे का कपड़ा कहीं न कहीं कटा फटा होता था जिससे फिल्म चलने पर उस पर अजीबोगरीब आकृतियाँ उभर कर आती थीं। रामपुर में फिल्में पुरानी ही आती थीं जिनकी रील घिसी पिटी होती थीं और कई बार चेहरे और दृश्य बड़े धुंधले और अस्पष्ट हो जाते। कभी कभार तो स्क्रीन ब्लेंक हो जाता और सिनेमाहाल शोरगुल व सीटियों में डूब जाता था। हाल में इने गिने पंखे लगे होते थे जो कभी चीं चीं, पीं पीं की आवाज के साथ कानों को चुभते तो कभी कट कट के शोर के साथ भड़भड़ा कर चलते जिससे संवाद सुनने में कठिनाई होती। कई बार दर्शक उन्हें बन्द रखना ही पसन्द करते।

गर्मियों के दिनों में पसीने के भभके पूरे हाल में तैरते रहते और बन्द दरवाजों से घुटन भरा माहौल रहता। लोग तौलिया, रूमाल, अंगोछे से पसीना पौंछते रहते या अपने ऊपर हवा झलते रहते जबकि यही काम औरतें और लड़कियाँ अपने दुपट्टे या साड़ी के पल्लू से करती थीं। उस पर बीड़ी सिगरेट का दमघोंटू धुआँ चारों ओर फैला रहता। अँधेरे में सिगरेट, बीड़ियों के लाल सिरे जुगनुओं की तरह चमकते रहते। पिक्चर हाल में खाने पीने की सामग्री ले जाने पर कोई पाबन्दी नहीं थी। लोग घरों से चना, मूंगफली, पान सिगरेट लेकर जाते थे। जाड़ों में मूंगफली खाने की चटरपटर कानों में आती रहती और उसी हिसाब से फर्श पर गंदगी नजर आती। रामपुर में पान खाने का खूब चलन था जैसा अमूमन मुसलमान लोगों में होता है। पान के पीक की पिचपिच कानों में पड़ती रहती और फर्श, दीवारों को सजाती रहती।

पर दर्शक इन सब बातों से बेखबर फिल्म देखने में इतने बेसुध रहते कि किसी को इसके बारे में सोचने की फुर्सत ही कहाँ थी।

इंटरवल में बदबू से भभकते छोटे से मूत्रालय में आगे लाइन लगी रहती और वैसा ही हाल बाहर लगे पानी के तीन, चार नलों के पास होता। लोग मुँह लगाकर पानी गटक जाते और दूसरे के लिए जगह बना देते। तब यह हमारी कल्पना में भी नहीं था कि बोतल बन्द पानी भी कभी उपलब्ध होगा। मैंने पानी की कोई बोतल तब तक नहीं देखी थी और न सोचा था कि पानी भी खरीद कर पीने की चीज है। हाँ, जब हम दिल्ली जाते तो वहाँ ठेलों पर 'मशीन का ठंडा पानी' बिकता जरूर नजर आता था। हम उसे पिया भी करते थे क्योंकि वैसा ठंडा पानी तब नायाब चीज था। घरों में फ्रिज नहीं होते थे और गर्मियों में अक्सर शाम को बाजार से बर्फ खरीद कर खाने से पहले ठंडा पानी बनाया जाता और बहुत एहतियात से खर्च किया जाता। कई बार घरों में उसकी राशनिंग तक होती।

रामपुर में सिनेमा की दरें और शहरों की निस्बतन कम थीं। सेकण्ड क्लास साठ पैसे, फर्स्ट क्लास पिचत्तर पैसे और बाल्कनी सवा रुपए। पर लोगों को यह भी मंहगी लगती थीं और लोग घटी दर पर सिनेमा लगने का इंतजार करते हालाँकि रामपुर में इसका चलन कम था। वैसे ही वहाँ पुरानी फिल्में आती और खूब चला करती थीं। जब भी नई फिल्म लगती, उसे देखने लम्बी-लम्बी कतारें लगतीं। टिकट खुलकर ब्लैक होते और 75 पैसे का टिकट डेढ़ रुपए तक में बेचा जाता। टिकटों का ब्लैक करना कुछ लोगों का पुश्तैनी धंधा और उनका जरिया माश था। हमारे मुहल्ले में भी कुछ लोग इस धंधे में शुमार थे। हम लोग इस नाते उनकी कदर करते जिससे वक्त बेवक्त पर वे हमें टिकट मुहैया करा सकें। वे हमसे ब्लैक के पैसे तो नहीं माँगते पर यह तवक्को जरूर रखते कि 75 पैसे के बजाय कम से कम एक रुपया जरूर दिया जाए।

सिनेमा देखने में पैसे बचाने के लिए कुछ नायाब ढंग भी ईजाद किए गये थे। रामपुर में 'वापसी' देखने का रिवाज था। कुछ नौजवान इंटरवल तक आधी फिल्म देखकर टिकट बेच आते थे और जब फिल्म काफी दिनों चल जाती थी तो खुद सस्ते में 'वापसी' खरीद कर इंटरवल के बाद की फिल्म देख लेते थे। जो लोग नई फिल्म देखने के लिए पागल रहते थे (जिनकी तादाद बहुत ज्यादा थी) या इंटरवल के बाद का कोई गाना या सीन देखना चाहते थे, वे साठ पैसे के टिकट की 40 पैसों में वापसी खरीद लेते थे। बेचने वाले को आधी फिल्म महज बीस पैसे में देखने को मिल जाती और जब फिल्म पुरानी हो जाती तो वह खुद बीस पैसों में वापसी खरीद कर फिल्म पूरा कर लेता।

उन दिनों फिल्मों को लेकर अजब सी दीवानगी थी। पहले दिन का पहला शो देखने के लिए होड़ सी लगी रहती और लोग इसे बड़े नाज से बतलाया करते थे। कुछ तो पूरी शान से यह दावा करते थे कि वह हमेशा फिल्म का पहला शो ही देखते हैं गोया पहले शो के बाद फिल्म बासी हो जाती है। अच्छी फिल्मों को लोग बार-बार देखते और गर्व से बतलाते कि मैंने मुगले आजम सत्ताइस बार देखी है। मुगले आजम, मेरे महबूब, फर्ज, मदर इंडिया, श्री 420, संगम और न जाने ऐसी कितनी फिल्में हम में से न जाने कितनों ने कई-कई बार देखी थीं। इतना ही नहीं, लोग यह भी पूरे गुरूर से बतलाते कि उसने फलाँ फिल्म के एक दिन के तीनों शो देखे हैं। (तब एक दिन में तीन शो ही होते थे।)

उन दिनों रामपुर में फिल्में देखना खासा दिलचस्प अनुभव हुआ करता था। दर्शकों का फिल्म और फिल्मी चरित्रों से तालमेल देखने लायक होता था। हाल में सीटियाँ बजतीं, कभी लोग खड़े होकर नाचने लगते तो 'जय संतोषी माता' जैसी धार्मिक फिल्मों में पर्दे पर पैसे उछाल कर 'जय संतोषी माँ' का उद्घोष करते गोकि इसका ताल्लुक भी रामपुर में हिन्दूवादी शक्तियों के उभार से था। पर जो फिकरे और जुमले सुनने को मिलते वे दर्शकों को गुदगुदा जाते थे। कुछ खुलकर खिलखिलाते तो कुछ मुँह छिपाकर मुस्कराते रहते। इश्क, रोमांस के दृश्यों में अरे मेरी जान, छम्मक छल्लो कुर्बान जाऊँ, अबे भोसड़ी के जरा कस के दबा न, लौंडा चूतिया है लौंडिया को पटा ही नहीं पा रहा है, अरे हँसी तो फंसी, जालिम क्या अदा है वगैरह सुनने को मिलता। मारधाड़ के दृश्यों पर दर्शक पूरी उत्तेजना और तैश में नजर आते– मार भोसड़ी वाले को, तेरी माँ की चूत, मादरचोद भौत खुराफाती है...। कभी आगे बैठे दर्शक को भी एकाध हाथ लग जाना कोई बड़ी बात नहीं थी। बात बिगड़ने पर आस पास के लोग बीच बचाव करते,'भइये, नौजवान है, तैश में आ गया। मियाँ, फिल्म देखो...।' लोग मान भी जाते।

इसलिए कई सभ्रांत परिवार के लोग पहले हफ्ते में फिल्म देखने नहीं जाते थे।

बॉल्कनी के दर्शक अक्सर खामोश रहते। फिल्मों में रोमांस के दृश्यों पर औरतें/लड़कियाँ गर्दन झुका कर नजरें नीचे कर लेतीं हालाँकि उन दिनों चुम्बन जैसे सीन तो होते ही नहीं थे। हीरो हीरोइन के मिलन को फूलों के खिलने या पक्षियों के चोंच मिलाने या चहकने से फिल्माया जाता था। खूनखराबे पर औरतें चिःचिः करतीं और अक्सर खलनायकों की हरकतों और करतूतों पर 'मरा फिर आ गया', 'अब फिर खुराफात करेगा', 'देखो कैसी चालबाजी कर रहा है' जैसी टिप्पड़ियाँ कानों में पड़तीं। भावप्रवण दृश्यों पर सिसकियाँ सुनाई पड़तीं। फिल्में देखते वक्त औरतों का रोना और जार जार आँसू बहाना उन दिनों आम बात थी। कुछ तो बाकायदा इसकी तैयारी

करके आती थीं। कई बार पति और बच्चे उन्हें चेतावनी देकर लाते,'फिल्म में काफी रोना धोना है। ज्यादा टेसू मत बहाना।' औरतें वादा जरूर करतीं पर हीरो और हीरोइन के दुख और जुदाई पर अपने आँसुओं को रोक नहीं पातीं।

लोगों में फिल्म को लेकर किसी प्रकार का धैर्य या धीरज नहीं था। कोई खड़ा हुआ नहीं कि लोग पीछे से चीखने चिल्लाने और गाली गलौच करने लगते। बच्चों के रोने पर लानत मलामत करते। सीटियों, फिकरों, ठहाकों या तालियों से बेशक कितना खलल पड़े, सभी को बर्दाश्त था। पर किसी शख्स का अपने किसी घरवाले का जोर से नाम पुकारना या तेज आवाज में बतियाना उन्हें कतई सहन नहीं होता। इस पर कभी बड़े मजाकिया और कभी बेहद घिनौने तंजिया जुमले सुनने को मिलतीं।

'अबे मादरचोद, खानदान को यहीं ढूँढने आया है क्या?'

'भइये, लौंडिया अपने आशिक के साथ भाग गई..।' किसी लड़की की पुकार पर कहते।

'अबे सारे फसाने यहीं बयान होंगे। घर दुआर नहीं है तेरा।'

'चुप्प हरामी की औलाद..।'

'अबे भोसड़ी के, हराम की कमाई से टिकट नहीं खरीदा है। फिल्म देखने दे, मादरचोद। तेरी माँ की... ।'

इस सबके बावजूद फिल्मों का पागलपन परवान चढ़ा रहता। फिल्में सिल्वर जुबली करतीं और लोग उन्हें बार-बार देखते। हाल में मच्छर भिनभिनाते रहते, जूट की सीटों में पल रहे खटमल बार-बार काटते, दीवारों और कई बार पर्दे पर छिपकली घूमती रहती, फर्श पर कॉक्रोच टहलते रहते, गर्मी, उमस, धुआँ गरज यह कि तमाम तकलीफों के बावजूद आदमी पूरी तल्लीनता से फिल्में देखता और कभी कोई शिकायत नहीं करता।

पहले टीवी, फिर वीसीआर और डीवीडी के आने के बाद सिनेमा हाल में फिल्म देखने का शौक कम होता गया। कई शहरों में सिनेमाहाल बन्द हो गये। पर इक्कीसवीं सदी के पहले दशक में भारत के अनेक नगरों में मॉल संस्कृति का उदय हुआ और उसके साथ मल्टीप्लेक्स थिएटर्स भी बनने लगे। लोगों ने एक बार फिर फिल्म देखने के लिए इन थिएटरों का रुख कर लिया है। पर यह पिछले अनुभव से कितना अलग है। इनके टिकिट डेढ सौ से सात सौ रुपए तक हैं। वातानुकूलित भव्य हाल, आरामदेह कुर्सियाँ, प्रोजेक्शन व ध्वनि के आधुनिकतम् तकनीकी उपकरण और शान्त माहौल। यहाँ पानी तक ले जाने की इजाजत नहीं होती और आपको सब कुछ बाहर बने स्टॉल से खरीदना पड़ता है जहाँ चाय और पानी की

बोतल तीस रुपए और पॉपकार्न का टब पचास रुपए में मिलते हैं। कुछ मल्टीप्लेक्स में आपको अधलेटकर देखने की सहूलियत है और ओढ़ने को कंबल तक दिया जाता है। कहीं बैरे भी आपकी खिदमत में हाजिर हैं जो आर्डर लेकर आपको खाने पीने का सामान लाकर देते हैं।

दो बच्चों वाले परिवार को अब फिल्म देखने में डेढ़ दो हजार रुपए तक खर्च करने होते हैं जबकि हम पाँच भाई बहन अम्मा बाऊजी के साथ दस रुपये में फिल्म देख आते थे। इसमें दोनों तरफ के एक रिक्शे का भाड़ा, अम्मा बाऊजी की चाय-पान और हमारी मूंगफली का खर्चा भी शामिल था।

पर अब पैसे खर्च करने से किसको गुरेज है। लोगों ने जिस हिसाब से अपनी आमदनी बढ़ाने के जरिए ढूँढे हैं, उसी तरह उसे खर्च करने के भी रास्ते निकाले हैं। पैसा उड़ाऊ जिन्दगी आज तरक्की और खुशहाली का पर्याय बन गया प्रतीत होता है।

बदलाव का दौर

रोज की तरह आज भी शहर में अँधेरा छाया है। यह लोगों के जीवन का हिस्सा बन चुका है। लोगों ने स्वीकार कर लिया है कि यह बिजली रानी के आराम का वक्त है और वे इसके आदी हो गये हैं। लगभग सभी घरों में प्रकाश की वैकल्पिक व्यवस्था कर ली गई है– मध्यवर्गीय घरों में इन्वर्टर या जनेरेटर और समाज के निचले तबके अभी भी मोमबत्ती और लालटेन से काम चला लेते हैं। हालाँकि लालटेन जलाने के लिए मिट्‌टी के तेल पाना अब खासा पेचीदा काम है। लोग भी मिट्‌टी के तेल को तकरीबन भूल से गये हैं।

यह विडम्बना ही है कि रोशनी के ये बदले हुए इंतजाम रहबासियों की हैसियत और खुशहाली का द्योतक बन गई है। मुहल्ले के ज्यादातर घरों में अब इन्वर्टर हैं। कुछेक रईसों ने अपनी बड़ी कोठियों में जेनेरेटर लगवा लिए हैं जो उनके घरों को तो रोशन करते हैं पर अपनी कानफोड़ू गड़गड़ाहट से आसपास रहने वालों के लिए सिरदर्द का सबब बन जाते हैं। इस मुहल्ले में सिर्फ दो ऐसे घर हैं पर उनके शोर शराबे से पूरा मुहल्ला आजिज है। पर करें भी तो क्या? एक कोठी नगरपालिका अध्यक्ष की है और दूसरा आलीशान मकान लखनऊ में तैनात एक कोतवाल का। अपनी-अपनी तरह दोनों ही दबंग...। इसलिए किसी प्रकार के एतराज का सवाल ही नहीं उठता। फिर यही तो उन्हें औरों से खास बनाता है।

बमुश्किल दस फिट चौड़ी चाह इंछाराम की इस गली में घुप्प अँधेरा छाया है। दोनों ओर ऊँची इमारतें हैं जिससे चाँद की रोशनी आने की कोई गुंजाइश नहीं रहती। अँधेरी रात में तो कहीं कुछ टिपता ही नहीं है। पर यहाँ रहने वाले और अक्सर चहलकदमी करने वालों के लिए इससे कोई दिक्कत नहीं है। यहाँ की हर ईंट, नाली, गड्‌डे और इसके घुमाव उनके दिमाग में फोटो की मानिंद छपे हैं। आँखों पर पट्‌टी बाँध कर भी वे अपने गन्तव्य पर पहुँच सकते हैं। दोनों ओर जमी नालियों और उनसे बजबजाती बदबू से उन्हें गली के ओर छोर का अन्दाजा रहता है। रिक्शे और साइकिल वाले ट्रिन्न-ट्रिन्न की घंटी बजाते चलते हैं। रिक्शेवाले साथ में पुकारते

रहते– बचके भइये, पारे सैयड में चलियो...। एकाध नौजवान पूरा गला फाड़ कर बेसुरा सा फिल्मी गीत गाता चलता है जिससे उसकी मौजूदगी का बोध तो होता ही है, वह अपने को अधिक महफूज भी महसूस करता है। सालों पहले रिक्शे और साइकिल के हेंडिल के नीचे मिट्टी के तेल के छोटे से लैम्प लगे रहते थे जो घुप्प अँधेरे में थोड़ी बहुत राहत तो देते ही थे। पर अब ऐसी कोई व्यवस्था नहीं है। मिट्टी के तेल की किल्लत के बारे में ऊपर लिखा ही गया है।

स्कूटर और बाइक चालकों के साथ कोई समस्या नहीं है। उल्टे उनकी हेडलाइट राहगीरों को राहत देती है। इस गली में चार पहिया गाड़ी के आने की कोई सम्भावना नहीं है। शायद रामपुर के इन मुहल्ले और गलियों के निर्माण के समय किसी ने कल्पना भी नहीं की होगी कि एक दिन ऐसा भी आयेगा जब मुहल्ले में रहने वाले बजाज, पंसारी, कचहरी– तहसील के बाबू और अहलमद याकि घोड़े की सवारी करने वाले रईस या दरोगा कभी छोटी बड़ी कारों में भी चलेंगे। कार जो कभी अमीरी की निशानी थी, अब मध्यवर्ग की गरिमा और उनके वजूद से जुड़ी एक अहम सुविधा है। इसीलिए रामपुर की नई पीढ़ी अब इन मुहल्लों को छोड़कर सिविल लाइन्स क्षेत्र में जाकर बस रही है।

राजद्वारा रामपुर का खासमखास मुहल्ला है। कहा जाता है कि इसे रियासत के खास लोगों के लिए बसाया गया था जहाँ नवाब के कारिन्दों और अहम मुलाजिमों को बीघे के हिसाब से निःशुल्क जमीन दी गई थी जिन्होंने खूब बड़े मकान बनाए थे। इनमें से कुछ आज भी मौजूद हैं। पर अधिक्तर भूखंड कट छंट कर गजों में रह गये हैं और उनमें दुमंजिले, तीनमंजिले मकान बन गयें हैं। जाहिर है कि इस मुहल्ले में अब घनी आबादी है और उसी हिसाब से यहाँ बिजली, पानी, सफाई और यातायात की तमाम दिक्कतें हैं। पर ज्यादातर लोग इस बारे में कोई शिकायत नहीं करते। सुबह शाम पानी और रात भर बिजली मिलने से खुश रहते हैं। वैसे भी जिन्दगी की तमाम किल्लतों के वे इतने आदी हैं कि जितना कुछ मिल जाता है, उसी से मुतमईन नजर आते हैं।

इन मुहल्लों के रहबासी आपस में मेलजोल और सहयोग बनाए रखते हैं। एक दूसरे की मदद को हर पल तैयार रहते हैं। लोगों को एक दूसरे के घर के बारे में पूरी जानकारी रहती है– सुख दुख, खुशी गम, तीज त्योहार, खान पान, आने जाने वाले सबकी...। उनमें आपसी रिश्ते महज पड़ोसी जैसे नहीं हैं। कोई चाचा है तो कोई मामा या बुआ। बच्चे एक दूसरे के घर ऐसे जाते हैं मानों वह उनका ही दूसरा घर हो। इसलिए किसी परिवार का अपनी कोई गोपनीयता नहीं है। निजीत्व की अवधारणा जैसे अप्रासंगिक है यहाँ। किसी के घर शादी है तो पड़ोसी के घर चूल्हा

जलना बन्द हो जाता है। बीमारी हारी में आसपास के लोग भाग दौड कर मदद करने को तत्पर रहते हैं। यही उनका जीवन है और वे इससे प्रसन्न व संतुष्ट हैं।

इसके बरक्स महानगरों में आप अपने पड़ोसी की शक्ल तो दूर नाम तक नहीं जानते। एक का दूसरे से कोई सरोकार नहीं है। हर व्यक्ति की अपनी दुनिया है और न तो वह अपनी दुनिया में कोई दखलअन्दाजी चाहता है और न ही वह दूसरे की जिन्दगी में कोई हस्तक्षेप करना पसन्द करता है। आज के लोगों का संसार बड़ा सिमटा हुआ है जिसमें दूसरे के लिए कोई जगह नहीं है। ऐसा कोई शख्स जो नजदीकी बढ़ाने की कोशिश करता है, उसे बड़े संदेह या उपहास की नजर से देखा जाता है। लोगों को उसमें पुरानेपन की बू आती है। उदासीनता और निस्पृहता वर्तमान समय का एक गुण है। अपने को विशिष्ट मानने का एक नजरिया है यह।

रियासत के दौरान रामपुर शहर को इसी प्रकार बसाया गया था जिससे एक वर्ग या तबके के लोग उस क्षेत्र विशेष में रिहाइश करें। नवाब की लगभग सौ बेगमों के लिए किले के अन्दर महलसराय बनाई गई थीं। हर महलसराय में तकरीबन 18, 20 कमरे होते थे और बेगम को उसकी नवाब से निकटता और अंतरंगता के आधार पर भवन आबंटित होता था। सुंदर व युवा नाजनीन मछली भवन के पास की महलसरायों में रहा करतीं। उनके रखरखाव पर खास तवज्जो दी जाती क्योंकि नवाब किस दिन किस बेगम पर मेहरबान हो जाएं, खुद नवाब को भी पता नहीं रहता था। हालाँकि कुछ खास तो थी हीं जिन्हें तमाम सहूलियतें मुहैया कराई जातीं। उम्रदराज बेगमें किले के दक्षिणी सिरे पर सिमट गई थीं जहाँ दो लम्बी गलियों में अपेक्षाकृत छोटी और जर्जर महलसराय थीं। नवाब के कदम उस तरफ कभी नहीं पड़ते थे।

नवाब के खास मुलाजिमों के लिए राजद्वारा के साथ पीपलटोला भी बसा था जहाँ हिन्दुओं की खासी आबादी थी। नवाब के दीवान सदर श्याम बहादुर इसी मुहल्ले में रहते थे। इनके अलावा रियासत के दूसरे क़ारिन्दों के लिए स्थान तय किए गये थे। घुड़सवारों के लिए अस्तबल, दूध, दही का काम करने वालों के लिए भैंसखाना, हाथियों के रखवालों के लिए हाथीखाना, हथियार चलाने और उनकी हिफाजत करने वालों के लिए तोपखाना और रियासत के तंबुओं का रखरखाव करने वाले फर्राशखाने में रहा करते थे।

कहते हैं कि वक्त के साथ स्थान का भूगोल भी बदलता है। समय ने रामपुर का ज्याग्राफिया भी बदला है। साम्प्रदायिक सदभाव का परचम लहराने वाले रामपुर शहर के कई इलाकों में मिली जुली आबादी थी जहाँ मुसलमान और हिन्दू परिवार पूरे सामंजस्य और सहभागिता के साथ रहा करते थे। जाहिर है कि इसके पीछे नवाब रजा अली खाँ का अपना नजरिया और रीति नीति तो थी ही। मन में बेशक कितना

भेदभाव और अलगाव रहे पर जाहिरा तौर पर हिन्दू मुसलमानों में कोई वैमनस्य और बैर नहीं दिखलाई देता था। उनका आपस में आना जाना था, सुख दुख में हिस्सेदारी थी, भले ही उनके पानी, चाय के बर्तन अलग रखे जाएं। मुसलमान भी इसे स्वीकार करते थे और इसे लेकर उनके मन में कोई गिरह नहीं थी। वे अपने रिश्ते की सीमाओं को बखूबी पहचानते थे और कभी उसका अतिक्रमण नहीं होने देते थे। बरसों साथ रहने वाले पड़ोसी कभी घर के अन्दर नहीं गये थे और औरतों को तो पहचानने का सवाल ही नहीं था। मुसलमानों में पर्दे की प्रथा के चलते हिन्दू औरतें भी अपनी बेपर्दगी का ख्याल रखती थीं और सामने जाने से कतराती थीं।

पर रामपुर में हिन्दू महासभा और बाद में जनसंघ व आरएसएस के उदय और अतिश्य सक्रियता के साथ देश के अन्य हिस्सों में हुए साम्प्रदायिक दंगों से रामपुर के माहौल पर असर पड़ना लाजमी था। सूचना तंत्र के विकास से देश के सभी अंचलों की खबरें हर जगह फैल रही थीं और लोगों के दिलों में जहर और कड़ुवाहट पैदा कर रही थीं। दुर्भाग्य से रामपुर के आस पास मुरादाबाद और मेरठ के रूप में फिरकापरस्त भट्टियाँ थीं जहाँ की लपटों का ताप इस शहर तक आना ही था। 1980 में मुरादाबाद और 1982 में मेरठ में हुआ भीषण साम्प्रदायिक दंगा रामपुर के अमन चैन और आपसी मेलजोल के माहौल को भेदने में काफी हद तक सफल रहा। मजहबी जुनून ने शहर के सहयोग और सामंजस्य को तहस नहस कर दिया। रिश्ते में दरारें पड़ना शुरू हो गयीं। एक दूसरे के लिए अविश्वास बढ़ता गया और उसी हिसाब से शक और नफरत भी। लोगों ने लामबन्द होना शुरू कर दिया। किसी मुमकिन हादसे के लिए लोगों ने अपने को तैयार करना शुरू कर दिया। रामपुर के देसी हथियारों का कारोबार, जिसका जिक्र ऊपर किया जा चुका है और जो अब तक अपराधियों और पुलिस की बदौलत पल बढ़ रहा था, को ग्राहकों का एक नया तबका मिल गया। इसमें सीधे सच्चे मध्य वर्ग के व्यापारी और नौकरीपेशा लोग शामिल हो गये थे।

इसका यह असर हुआ कि मिली जुली आबादी वाले इलाकों से अल्पसंख्यकों का पलायन शुरू हो गया। वे ऐसे मुहल्लों में जाकर बसने लगे जहाँ उनके सम्प्रदाय का दबदबा था और जहाँ वे महफूज महसूस करते। हमारे अपने मोहल्ले लंगरखाने से मुसलमान घर बेचकर जाने लगे और नालेपार जैसे मुस्लिम आबादी वाले इलाके में बस गये। यही हाल और मुहल्लों का था। नतीजतन अब शहर की आबादी उनके काम धन्धे और वर्ग के मुताबिक नहीं, उनके मजहब और समुदाय के आधार पर बस गई है। आप नालेपार में हिन्दू का एक भी परिवार नहीं पाएँगे और न ही पीपलटोला या राजद्वारा में मुसलमानों के ज्यादा घर दिखलाई पड़ते हैं।

उमेश अपने घर की घंटी एक खास अन्दाज में बजाता है और गर बिजली न हो तो दरवाजा खटखटाने का भी उसका अलग ढंग है। दो पूरी और एक मरियल सी घंटी या थाप । यही उसके दरवाजे पर मौजूदगी की पहचान है। पहले इसकी जरूरत महसूस नहीं होती थी और ज्यादातर घरों में या तो दरवाजे सिर्फ भिड़े रहते थे और या कुंडी बजने पर लोग सांकल उतार कर दरवाजा खोल देते थे। इसका यह मतलब नहीं है कि रामपुर में राम राज्य था। चोरी चपाटी की घटनाएँ या राहे रजा जैसे सूनसान इलाकों में लूट या छिनैती की वारदातें सुनने को आती थीं। पर हाँ, दिन दहाड़े घरों के अन्दर घुसकर लूटपाट जैसी घटनाएँ नहीं सुनी जाती थीं। शायद उसकी एक वजह घनी आबादी और मुहल्ले में सटे घरों का होना भी था। संकरी गलियों से अपराधियों को भागने में भी शायद परेशानी महसूस होती होगी।

पर उमेश का परिवार एक सनसनीखेज वारदात का शिकार हो गया। दिन दहाड़े कुछ बदमाश घर में घुस आये और सब कुछ लूट कर ले गये। घर में मौजूद उमेश की माँ और बहनों को बदमाश एक कमरे में बन्द कर गये। उमेश ही नहीं, इस घटना ने पूरे शहर में भय और दहशत का माहौल पैदा कर दिया। असुरक्षा के आतंक ने लोगों को बुरी तरह जकड़ लिया था। अब वे नौकरी या धंधा करने जाते तो उनका सारा ध्यान परिवार के जानमाल की हिफाजत में लगा रहता। लोगों ने अपने घरों की सुरक्षा के लिए नये सिरे से सोचना शुरू किया और तमाम नये इंतजाम किए। दरवाजों पर चोर ताले लगाए गये, बाहर देखने के लिए छेद बनाए गये और घर से अपनी गैरहाजिरी को हर मुमकिन छिपाया गया। साथ ही परिवार के सदस्यों ने अपनी विशिष्ट पहचान बनाई और उसी आधार पर घर का दरवाजा खोला जाता।

कभी लगता है कि एक घटना कैसे लोगों की सुरक्षा भावना और विश्वास में सेंध लगा जाती है और वे अन्दर तक हिले हुए लगते हैं। उसके बाद जीवन को सामान्य होने में अरसा लगता है। उमेश के घर हुई घटना का असर हम सब लोगों पर हुआ था।

आज जब चार तेज घंटियाँ बजी तो दीप्ती का चौंकना लाजमी था। उसने घड़ी पर नजर डाली। अमूमन दुकान समेटते और पान के दो जहरीले और एक मीठा बीड़ा लेकर घर पहुँचते उमेश को नौ, साढ़े नौ बज जाते थे। अभी आठ ही बजा है। एकाएक उसे कुछ याद आया और वह समझ गई कि उमेश के अलावा और किसी के आने का सवाल ही नहीं।

'हनी, दरवाजा खोल दे। लगता है पापा आ गये। उनका दोस्त आ रहा है न, इसलिए दुकान पर तबीयत नहीं लग रही होगी।' दीप्ती ने मुस्करा कर कहा।

उमेश तेज कदमों से अन्दर आया और धड़धड़ाते रसोई में चला आया। अम्मा

पिताजी के निधन के बाद किचन में जूता चप्पल पहन कर प्रवेश करने पर पाबन्दी खत्म हो गई है गोकि हनी और मनु उनके जीवनकाल में भी इस निषेधाज्ञा का उल्लंघन करने से बाज नहीं आते थे। उमेश और दीप्ती अम्मा पिताजी की भावनाओं का सम्मान करते थे और बच्चों की टोका टाकी करते रहते थे।

'अम्मा', मनु दादी से उलझ जाता, 'आप भी पुरानी बातें करती हैं। अब ये सब बातें कौन मानता है। आप जमीन पर बने चूल्हे पर खाना बनाती थीं और सब लोग फर्श पर बैठकर खाना खाते थे। तब की बात और थी। जूते चप्पलों से किचन में गंदगी होती होगी, इसलिए आप लोग उन्हें पहनकर नहीं जाते होंगे। पर अब तो स्लेब बना हुआ है, उसी पर खाना बनता है और हम लोग डायनिंग टेबल पर बैठ कर खाना खाते हैं तो क्या प्रॉब्लम है।'

पिचत्तर पार कर चुकी अम्मा अब किसी बहस में नहीं उलझती थीं। तमाम रोगों से जकड़े उनके कृशकाय शरीर में अब इतनी शक्ति कहाँ थी। उन्हें लगने लगा था कि न तो नई पीढ़ी उनकी बात कभी समझेगी और खुद उन्हें तो कुछ समझने की जरूरत ही महसूस नहीं होती थी। उनके विचार स्थायी और शाश्वत थे। उसमें किसी बदलाव की उम्मीद नहीं की जा सकती थी। कई बार खामोश रहने की कोशिश करतीं पर आँखों देखी को नजरअन्दाज भी नहीं कर पातीं और टोकने से बाज नहीं आती थीं। शुद्ध-अशुद्ध, पवित्र-अपवित्र, परम्परा-रीतिरिवाज, संस्कार-मर्यादा, शुभ-अशुभ के बीज उनके अन्दर गहराई से जमे थे और गाहे बेगाहे प्रकट हो जाते।

'नेक गिलास मांजकर पानी दे दीजो, बहू...।' हर बार पानी माँगने पर वह दीप्ती से कहतीं।

'थाली साफ पानी से धो ली थी बेटा...?' खाने से पहले जैसे उनका तकिया कलाम था।

उमेश और दीप्ती ने अपने को अम्मा की इन आदतों के मुताबिक ढाल लिया था। उनका काम महज हाँ में हाँ मिलाना था। वे समझते थे कि अम्मा से कुछ बातों पर समझौता कराना नामुमकिन था। मसलन चीनी के बर्तन उन्हें अशुद्ध लगते और जीवन भर उन्होंने उनका प्रयोग नहीं किया। कांच के गिलास में पानी पीना उनके लिए वर्जित था। उनका मानना था कि जो बर्तन राख या मिट्टी से नहीं मांजे जाते, वे भला स्वच्छ व शुद्ध कैसे हो सकते हैं। जब स्टील के बर्तनों का चलन आरम्भ हुआ तो उन्हें भी वह आसानी से स्वीकार नहीं कर पाईं। सालों साल वे अपने कांसे और पीतल के बर्तनों का उपयोग करती रहीं जो भारी भरकम और कभी बेढब से होते थे। बर्तन साफ करने वाली महरी रोज शिकायत करती, 'बीबीजी, निरे हाथ दुख जाते हैं अम्मा के भांडे घिसते हुए। रोज दस बर्तन तो उनके ही हो जाते हैं। अब

तो हर कोई स्टील के हल्के बर्तनों में खाता पीता है। आप अम्मा को समझाती क्यों नहीं।'

दीप्ती कामवालियों की ऐसी धमकियों से बखूबी परिचित थी और बुरी तरह परेशान हो जाती। घर के बाकी सब काम तो उसे करने ही थे पर झाडू पौंछा और बर्तन साफ करने का काम सिर पर पड़ जाता तो जिन्दगी नरकतुल्य प्रतीत होती। जिस दिन कामवाली नागा करती, घर में खिचड़ी बनती और दोनों बच्चे मैगी खाकर अपना काम चलाते।

'याद है न आज शैली आ रहा है?' उमेश ने किचन में कदम रखते ही कहा।

'हाँ जी,' दीप्ती मुस्कराने लगी,'अच्छी तरह याद है। तुम्हारे बचपन का यार है, उन्हें कैसे भूल सकती हूँ। सुबह से आज सिर्फ पाँचवी बार याद दिलाया है।'

उमेश के चेहरे पर खीझ की झाईं सी फैल गई और वह धीरे से मुस्करा दिया है।

'तुम उन्हें लेने नहीं गये?'

'अरे साला पागल है न। बोला मैं रिक्शे से चलकर आना चाहता हूँ। तू मत आना वरना कुछ देख नहीं पाऊँगा और तुझसे ही बातों में उलझ जाऊँगा।'

'और तुम मान गये...।' दीप्ती हंस दी है,'आज तुम्हारा दुकान में मन थोड़े ही लगा होगा। तभी जल्दी समेट कर चले आये।' उसने ताना मारा।

'हाँ यार, कई साल बाद मुलाकात होगी। अरसे बाद रामपुर आ रहा है। हमारे घर पहली बार रुकेगा, इसलिए अच्छा लग रहा है।' कुछ पल रुक कर उसने पूछा,'अच्छा, खाने पीने की क्या तैयारी है?'

'इससे तुम्हें कोई मतलब नहीं। मैं अपना काम जानती हूँ।'

'ओके बेगम, बस इतना बतला दो कि मेरे जिम्मे कोई काम तो नहीं है?'

'कोई खास नहीं। बस भैया के सोने वगैरह का इंतजाम देख लो।'

'उसमें क्या देखना, हनी के कमरे में शैली रुकेगा और वह हमारे साथ। आज तो मैं भी उसी के साथ सोऊँगा।'

'अच्छा, किसी और को मत बतलाना...।' कहकर दीप्ती जोर से खिलखिला दी है।

'मजाक मत करो।' एक बार उमेश फिर झेंप गया है,'तुमने हनी को तो बतला दिया होगा?'

दीप्ती ने कोई उत्तर नहीं दिया है और अपने काम में लग गई है। वह जानती है कि हनी को अपना कमरा किसी को देना सख्त नापसन्द है। उस कमरे में उसकी दुनिया है। अम्मा के निधन के बाद अब वह कमरा पूरी तरह हनीमय हो गया है। चारों दीवारों पर तमाम देसी विदेशी फिल्मी हीरो और गायकों के फोटो और कुछ

सूक्तियों के इंसपीरेशनल पोस्टर लगे हैं जिसकी इबारत दीप्ती को बिलकुल समझ में नहीं आती। म्यूजिक सिस्टम, कम्प्यूटर और टीवी रखे हैं। स्टडी टेबल पर कुछ किताबें और सीडी, डीवीडी रखी हैं। वार्डरोब में कपड़े टंगे हैं, शीशे की अल्मारी में कुछ गिफ्ट और सॉफ्ट टॉयज सजे हैं और ड्रेसिंग टेबल पर कॉस्मेटिक्स की तमाम छोटी बड़ी शीशियाँ और डियो, पर्फयूम, नेल पालिश और लिपिस्टिक का अम्बार...।

हनी के लिए पापा का दोस्त पूरी तरह अजनबी है। वही नहीं, अपने मम्मी पापा और भाई के अलावा बाकी सभी लोग उसके लिए गैर हैं चाहे वे नजदीकी रिश्तेदार हों या पारिवारिक मित्र...। वह अपनी दुनिया में रमे रहना पसन्द करती है। अपना कमरा और बैड उसका निजी स्पेस है और उस निजीत्व में किसी की दखलअन्दाजी उसे बर्दाश्त नहीं। वह तो सोच भी नहीं सोचती कि जिस ड्रेसिंग टेबल के सामने खड़े रहकर घंटों वह अपने को निहारती है, में कोई और अपना अक्स देखे।

पापा के दोस्त के आने की खबर उसके लिए खासी तकलीफदेह और दिक्कततलब है क्योंकि दो दिन के लिए उसे अपनी दुनिया से बेदखल किया जा रहा है।

'मम्मी, दो दिन तक मैं कहाँ रहूँगी। मेरी वार्डरोब और सारा सामान उसी कमरे में है। किस-किस चीज को वहाँ से हटाऊँगी। कपड़े कैसे चेन्ज करूंगी। फिर मेरा बाथरूम..।'

'बेटा, दो दिन की ही तो बात है।' दीप्ती ने समझाया।

'घर में गेस्टरूम क्यों नहीं बनवाते आप लोग?'

'आजकल कौन किसके घर आता है जो गेस्टरूम बनवाया जाए।'

'तो उन्हें ड्राइंग रूम में रुकवाइये न। पापा के फ्रेंड ही तो हैं, कोई हमारे रिलेटिव थोड़े हैं। उनके लिए मैं अपना कमरा क्यों खाली करूं। फिर आजकल तो क्लोज रिलेटिव भी किसी के घर नहीं रुकते हैं। नोएडा में पापा की मौसी के लड़के हैं पर मैं तो कभी वहाँ नहीं गई।'

'पागल हुई है। अंकल पापा के सबसे पुराने दोस्त हैं, घर में फैमिली मेम्बर की तरह आते जाते रहे हैं। उन्हें ड्राइंग रूम नहीं ठहराया जा सकता।'

'पर पापा ने मेरे बारे में नहीं सोचा। उन्हें किसी होटल में रुकवा सकते थे।'

'बेकार की बात मत कर। पापा ने सुन लिया तो बहुत गुस्सा होंगे। दो दिन हमारे साथ सो लेगी तो आसमान नहीं फट पड़ेगा। बचपन से हमारे साथ सोई है कि नहीं। अब क्या मुसीबत आ गई। टीवी तो हमारे बैडरूम में भी है।'

'और कम्प्यूटर...। तभी कहा था कि लैपटॉप दिलवा दो। वो होता तो मुझे कोई प्रॉब्लम नहीं होती।'

'तुझे तो आजकल सोते हुए भी लैपटॉप याद आता है। इस वक्त भी तुझे और

कोई बात नहीं सूझी तो मरे लैपटॉप को याद करने बैठ गई।' दीप्ती ने डपटते स्वर में कहा और मन ही मन यह सोच कर मुस्कराई भी कि बच्चे अपनी माँग दोहराने का कोई अवसर नहीं चूकते हैं।

हनी कुछ पलों के लिए चुप रही और फिर कहा, 'मुझे हॉस्टल से क्यों बुलवा लिया। मुझे वहीं रहने देतीं।'

'इसलिए क्योंकि भैया ने खास तौर पर बच्चों से मिलने को कहा था। अब मनु तो गुड़गाँव में नौकरी करता है। छुट्टी लेकर आ नहीं सकता था। तेरा नोएडा तो पास है इसलिए पापा ने तुझे बुलवा लिया जिससे कम से कम तुझसे तो मिल लें।'

'शिट्ट्ट्ट..। पापा के फ्रेंड में मेरा क्या इंटरेस्ट...।'

हनी पैर पटकते हुए चली गई थी। तब से अपने कमरे की दुनिया को बाहर ड्राइंग रूम में सैट करने में मशगूल है वह। अपना मोबाइल, आई पैड, सीडी, कुछ किताबें, मैगजीन और दो दिन के अपने पूरे कपड़े, मेकअप किट वगैरह...।

दीप्ती के लाख समझाने के बावजूद वह उनके कमरे में झांकी तक नहीं।

दीप्ती सोचती रही कि अपने बचपन में किसी मेहमान के आने पर वे लोग कितना प्रसन्न होते थे। घर की एकरसता टूटकर उसमें चहक पैदा हो जाती थी। पूरा माहौल तरंगित हो जाता था। तमाम तैयारी की जाती थीं और बच्चे मिठाई पकवान मिलने की उम्मीद से प्रफुल्लित रहते थे। मेहमान का आना किसी त्योहार से कम नहीं था।

⋮

खुर्शीद ग़र्ल्स इंटर कालिज से बारहवीं पास करके हनी अब नोएडा स्थित इंजीनियरिंग कॉलिज में द्वितीय वर्ष की छात्रा है। जब से वह नोएडा के इस कालिज में गई है, उसमें जबरदस्त बदलाव नजर आता है। कहाँ मुस्लिम लड़कियों का वह तंग और बन्द समाज और कहाँ एन.सी.आर का वह खुला-खुला माहौल...। आज भी रामपुर में काफी लड़कियाँ बुर्के में आती थीं और बाहरी दुनिया से पूरी तरह कटी रहती थीं। सलवार कमीज पहनने वाली ये लड़कियाँ अपने पहनावे से ही नहीं, अपने विचारों से भी आधुनिकता से बहुत दूर थीं। जीन्स, मिनी या स्कर्ट उनके कपड़ों का हिस्सा नहीं थे। न तो वे मेकअप करती थीं और न ही इसकी उन्हें इजाजत थी।

पर रामपुर से जाने के बाद हनी की दुनिया और उसकी रंगत ही बदल गई। रामपुर में सलवार कमीज में रहने वाली हनी अब जीन्स के अलावा और कोई कपड़ा पहनना पसन्द नहीं करती थी। धीरे-धीरे उसके सारे सलवार कमीज रामपुर के घर में जमा होने लगे और दीप्ती के लाख कहने पर भी हनी उन्हें अपने साथ ले जाने को तैयार नहीं होती थी। मोबाइल जैसे उसके शरीर का अंग हो गया है जो रात दिन

उसके साथ टंगा रहता है। रात को सोते हुए भी मोबाइल कान के पास तकिए में दबा रहता है। साइलेन्ट मोड पर होने के कारण उसमें आवाज तो नहीं निकलती पर जब तब उसका स्क्रीन चमकता रहता है– कभी देर तक और कभी कुछ पलों के लिए...। कभी उसकी उंगलियाँ मोबाइल के क़ीपैड पर चलने लगती हैं तो कभी वह इधर उधर खिसक कर मोबाइल कान से चिपका कर देर तक बतियाती रहती है।

दो चार बार बर्दाश्त करने के बाद दीप्ती बुरी तरह झुंझला उठती है,'ये क्या हाल बना रखा है तूने। रात दिन मोबाइल से चिपकी रहती है। रामपुर में रहते कभी हाथ भी लगाया था तूने इसे। और अब, लगता है जैसे और कोई काम ही नहीं है। कोई टाइम ऐसा ही नहीं है जब तू इससे दूर रहती हो। ऐसे में कब पढ़ती लिखती होगी?'

हनी मम्मी की बातों को पूरी तरह नजरअन्दाज कर देती है हालाँकि वह जानती है कि मम्मी गलत नहीं कह रहीं। पर उसे लगता है कि मम्मी नई दुनिया से कोसों दूर हैं। उसने ही अपनी इस नई दुनिया की कब कल्पना की थी। न तो उसे बाहर की इस लुभावनी दुनिया के बारे में कुछ पता था और न ही ऐसी कोई चाहत उसके मन में थी। पर रामपुर से बाहर की दुनिया देख कर उसे लगा कि वे सचमुच कितने पिछड़े हुए हैं। रामपुर के लोगों की विचारधारा कितनी संकीर्ण और संकुचित है। आधुनिकता और नई सोच से कितने दूर हैं वे। तकनीक के प्रयोग से जीवन को कितना बेहतर और सुगम बनाया जा सकता है। 'बिना सैल के कैसे रहती थी मैं?' वह अक्सर अपने से पूछती है। संचार का ऐसा माध्यम जिससे हर पल आप अपने नाते रिश्तेदारों और दोस्तों से सम्पर्क में रहते हैं और जिसके जरिये आपको दुनिया भर की जानकारी सहजता से उपलब्ध हो जाती है।

उसे याद है जब पहले दिन वह पापा के साथ अपने इस कालिज में गई थी तो वहाँ का माहौल देखकर उसका मन बुरी तरह विचलित हो गया था। वैसे भी सहशिक्षा का उसका पहला अनुभव था। पर जिस तरह लड़के लड़कियाँ एक दूसरे का हाथ थामे वहाँ घूम रहे थे, से वह अन्दर तक हिल गई। उमेश जब उसे हॉस्टल छोड़ने गया तो वहाँ का नजारा देखकर उसके चेहरे पर भी सफेदी पुत गई थी। लड़के लड़कियों के हॉस्टल सटे हुए थे और कहीं आने जाने पर कोई पाबन्दी नहीं थी। लड़कों के कमरों में लड़कियों के चहकने की आवाज आ रही थी और लड़कियों के कमरों से लडकों के ठहाके गूंज रहे थे। चाय, कॉफी से लेकर सिगरेट के दौर चल रहे थे। पता चला कि यह क्रम देर रात तक चलता है। एक दूसरे के सामने शालीन कपड़े पहनने की हनी की समस्त धारणाएँ पहले दिन ही ध्वस्त हो गयीं। लड़के शॉर्ट्र्स या बारमुडाज में टहल कर रहे थे और लड़कियाँ मिनीज, स्कर्ट या नाइट ड्रेस में निडर और आजाद घूम रही थीं।

अन्दर ही अन्दर हनी बुरी तरह उद्वेलित होती रही। पापा से खुलकर बात करने का आदत नहीं थी। जो कुछ वह देख रही थी उसे मम्मी से तो शेयर कर सकती थी, पर पापा से लड़कों लड़कियों के इस आचरण और व्यवहार के बारे में कैसे बात करती। एकाएक वह उमेश का हाथ पकड़ कर रोने लगी। उमेश इसकी वजह बखूबी समझ रहा था। मन ही मन वह भी कम बेचैन नहीं था। पर बेटी के सामने आधुनिकता के इस नये रूप को वह कैसे प्रस्तुत करे, उसकी समझ के बाहर था। एक विचित्र सी मनःस्थिति में थे जकड़े वे दोनों। अपने द्वंद्व का कारण समझते हुए भी दोनों ओर से इस बारे में चुप्पी थी।

'पापा, मुझे यहाँ नहीं पढ़ना। ' कुछ देर सुबकने के बाद रुंधे स्वर में हनी ने कहा।

उमेश कुछ देर उसके बालों को सहलाता रहा। उसके अन्दर भी तो ऐसा कुछ उमड़ घुमड़ रहा था। कैसे रह पाएगी हनी यहाँ? नई पीढ़ी के इन अत्यानुधिक युवक युवतियों के साथ उसका समायोजन कैसे मुमकिन हो सकेगा? जिस लड़की ने कभी किसी लड़के से बात नहीं की हो, उसका ऐसे माहौल में कैसे गुजारा होगा? तरह-तरह के बुरे विचार उसके अंतर्मन को मथने लगे और वह बड़ा कमजोर महसूस करने लगा।

पर पिता को अपने बच्चों के सामने आदर्श प्रस्तुत करना होता है। अपने को मजबूत और स्थिर दिखाना उनकी विवशता है। फिर एक तो फीस की मोटी रकम वह जमा कर चुका था और दूसरे रामपुर में ऐसे अध्ययन की कोई व्यवस्था नहीं थी। हनी को बाहर जाना ही था और नोएडा से ज्यादा करीब जगह और कौन थी।

'बेटा, परेशान क्यों होती है। तू ही तो बाहर रहकर इंजीनियरिंग करना चाहती थी। मम्मी ने तो तुझे बीएससी करने को कहा था। तेरी इच्छा को देखते हुए अब मैं भी चाहता हूँ कि मेरी बेटी इंजीनियर बने। इसमें घबराने की क्या बात है।'

हनी के आँसुओं से उमेश भी कमजोर और द्रवित महसूस कर रहा था। कुछ देर अपने को सम्हाल कर उसने आगे कहा,'बेटा, अब तुम बच्ची नहीं हो। अपना बुरा भला अच्छी तरह समझ सकती हो। तुम्हें अपना ख्याल खुद रखना होगा। यहाँ का माहौल देखकर परेशान मत हो। कीचड़ में ही कमल खिलता है। कोई तुम्हें गलत काम करने के लिए मजबूर नहीं कर सकता। अपने ऊपर यकीन रखो। अपने संस्कारों और परिवार के मूल्यों की ताकत पर भरोसा रखो। अपने चरित्र को मजबूत बनाओ। देखना, तुम्हें कोई परेशानी नहीं होगी। पढ़ने आयी हो, बस अपना दिमाग उसी में लगाना।'

कहने को तो उमेश तमाम नसीहतें दे गया पर दरअसल वह खासा परेशान था।

वह जानता था कि खराब संगत का दुष्प्रभाव अच्छों भलों को बिगाड़ सकता है। सिद्धांत और व्यावहारिकता के भेद को वह अपनी जिन्दगी में देख चुका था। पिताजी सिगरेट, शराब और मांसाहार के कितने खिलाफ थे। घर में प्याज तक का सेवन वर्जित था। पर कालिज के दिनों में उमेश कुछ ऐसी संगत में फंसा कि सारे संस्कार धरे के धरे रह गये। घर का सख्त अनुशासन उसके अन्दर एक विद्रोह को जन्म दे रहा था। वह इस विद्रोह को बहुत जायज मानता और मुतमईन महसूस करता। ...नौजवान की निजी जिन्दगी, बेशुमार तमन्नाएं, ख्वाब और आजादी...। अपनी शर्तों पर जिन्दगी जीने की जिद....!

पर पिताजी के सामने उसकी जीभ तलुवे से चिपकी रहती। उनकी हर बात सख्त हुकुम था और वह उसे पालन करने के लिए मजबूर था। अन्दर पनप रहा विद्रोह उसमें विषाद और घुटन पैदा करता रहता। चाहकर भी वह अपने दर्द और द्वन्द्व को कभी किसी के सामने जाहिर नहीं कर पाता। यार दोस्तों के सामने भी जुबान पर ताला जड़ा रहता जिससे मुँह से कभी कोई गलत बात न निकल जाए। और उसके दोस्त सब कुछ समझते हुए भी उससे ऐसे किसी मुद्दे पर बात नहीं करते जो उसे नापसन्द या असुविधाजनक हो।

उमेश के यहाँ कपड़े का पुश्तैनी काम था। बीच बाजार में बरसों पुरानी जमी दुकान थी। दो भाइयों में बड़ा इंटर करके ही डाक्टरी करने निकल गया और फिर सरकारी डाक्टर बन कर पास के कस्बे में तैनात था। जाहिर था कि पिताजी की इच्छा थी कि छोटा लड़का परिवार के पुराने धंधे को सम्हाले तथा भविष्य में परिवार व दुकान की साख बचा कर रखे। बस यही उमेश की व्यथा थी जो रात दिन उसे कचोटती रहती। पर पिताजी से कभी खुलकर वह कुछ कहने का साहस नहीं जुटा पाया। दुर्भाग्य से अध्ययन में भी ऐसी कोई उपलब्धि वह हासिल नहीं कर सका जो उसे पिताजी से कुछ कहने का नैतिक बल देती या पिताजी ही कुछ और सोचने पर मजबूर होते हालाँकि इसकी सम्भावना न के बराबर थी। दो साल का बीए करने में उसे पूरे चार साल लग गये और वह भी बमुश्किल थर्ड डिवीजन में पास हुआ।

बीए की आखिरी पेपर के बाद पिताजी ने हुकुमनामा जारी कर दिया कि वह आगे नहीं पढ़ेगा और उनके साथ दुकान पर बैठेगा। उमेश अम्मा के सामने खूब बड़बड़ाया और अपने अन्दर उबलते आक्रोश को उगलने के साथ घर से भागने तक की धमकी दे डाली। अम्मा ने उसकी धमकी को तो गम्भीरता से नहीं लिया अलबत्ता उसकी दलीलों का असर उन पर जरूर पड़ा। हालाँकि पिताजी की बात उन्हें बेजा नहीं लगी थी क्योंकि वह ख़ुद भी तो यही चाहती थीं कि उमेश रामपुर में उनके साथ रह कर दुकान सम्हाले। बड़ा लड़का बाहर जा ही चुका था और उसके लौटने की

कोई उम्मीद नहीं थी। चारों लड़कियों का ब्याह करके वे अब बिलकुल अकेले थे, इसलिए उमेश का वहाँ रहकर दुकान सम्हालना उन्हें भी जरूरी लगता। हाँ, पिताजी का उमेश को आगे न पढ़ाने का फैसला उन्हें गलत और अन्यायपूर्ण लगा था और उन्होंने इसका विरोध भी किया।

'उमेश आगे पढ़ना चाहता है,' उन्होंने रात के खाने के बाद पिताजी से कहा, 'अभी ऐसी क्या उम्र है कि पूरा वक्त दुकान का काम करे। पढ़ाई के साथ भी तो दुकान पर बैठ सकता है।'

'पढ़ाई में बड़े तीर मार रहा है न।' पिताजी ने चिढ़ कर कहा, 'हर क्लास में थर्ड डिवीजन आती है। बीए करने में चार साल लग गये। एमए में पता नहीं कितने साल लगें।'

'अब नासमझ नहीं है वह। मेहनत करेगा।'

'वही मेहनत काम धंधे में करेगा तो जिन्दगी में कुछ अच्छा कर लेगा।' पिताजी ने सख्त लहजे में कहा।

'पर अब पढ़ाई भी तो जरूरी है। आजकल हर लड़की तो बीए, एमए कर रही है। अपनी लड़कियों को भी तो तुमने खूब पढ़ाया। बड़ी को तो मुरादाबाद पढ़ने भेजा था।'

'इसलिए क्योंकि अब लड़कियों के ब्याह में उनकी पढ़ाई लिखाई भी देखी जाती है। कम पढ़ी लिखी लड़की से कोई अच्छा लड़का शादी नहीं करता और न ही उन्हें अच्छा घर मिलता है। लड़कियाँ अब सुखी तो हैं।' पिताजी अपनी बात पर अड़े थे।

'वो तो ठीक है पर लड़की ज्यादा पढ़ी हो और लड़का कम, यह अच्छी बात है क्या?' अम्मा डटी रहीं।

'भागवान, लड़कों का काम धंधा और आमदनी देखी जाती है, उनकी पढ़ाई नहीं। मेरे साथ कुछ साल काम करके दुकान अच्छी तरह सम्हाल लेगा। बाजार, माल की खरीदफरोख्त और ग्राहकों को समझने में वक्त लगता है। कारोबार पढ़ाई से नहीं तजुर्बे से आता है। उसके काम करने और सीखने की यही उम्र है। मेरी शरीर भी अब ढीला हो गया है। मुझे भी सहारा चाहिए। मेरे रहते उसने दुकान ठीक तरह सम्हाल ली तो कम से कम चैन से तो मरूँगा।'

'मेरा मरा मुँह देखो जो ऐसी अशुभ बात की।'

पिताजी का यह अचूक शस्त्र था और अम्मा का सारा प्रतिरोध ऐसे में टाँय-टाँय फिस्स हो जाता। अक्सर अम्मा को निरुत्तर करने के लिए पिताजी यह रामवाण चला देते थे और अम्मा उठकर चल देती थीं।

उस दिन भी यही हुआ। उमेश कान लगाए सारी गुफ्तगू सुन रहा था और

नाउम्मीदी के खिलाफ उम्मीद संजोए बैठा था। पर अम्मा के उठकर चले आने से उसकी सारी आशाएं धराशाई हो गयीं।

उसका पूरा अंतरंग पीड़ा और अवसाद से कसक उठा। तरह-तरह के नकारात्मक विचार उसके अंतर्मन में कौंधते रहे। पूरी रात वह सो नहीं सका।

अगले दिन वह कालिज जाने के लिए घर से निकला और देर शाम तक वापस नहीं आया। पिताजी को खबर कराई गई और वह भागे-भागे घर आये। दोस्तों, रिश्तेदारों के यहाँ खोज खबर की गई पर उमेश का कहीं पता नहीं चला। बस स्टेण्ड और रेलवे स्टेशन पर भी ढूंढा गया, कुलियों और खोंमचे वालों से पूछताछ की गई पर सबने अनभिज्ञता प्रकट की।

परिवार के लिए यह एक बड़ा शर्मनाक वाक्या था। सारे रिश्तेदार और मुहल्लेवाले जमा हो गये और उमेश की तलाश में लग़ गये। पुलिस को इत्तिला देना भी जरूरी समझा गया। अम्मा की आँखों से आँसू थमने का नाम नहीं लेते थे। उस दिन अम्मा ने पिताजी को खूब खरी खोटी सुनाईं।

पिताजी सन्न थे। वह तो सोच भी नहीं सकते थे कि उनका विनम्र और आज्ञाकारी बेटा इस प्रकार का विद्रोह भी कर सकता था। मन क्रोध से धधक रहा था। बदनामी का दंश उन्हें अन्दर तक कुतर रहा था। उन्हें यकीन था कि उनका बेटा जरूर किसी खराब संगत में पड़ गया है वरना ऐसा गलत कदम उठाना उसके बस में ही नहीं था।

अगले दिन शाम को उमेश मेरे साथ घर लौट आया था। दरअसल कालिज से लौटते हुए वह सीधे बस स्टेण्ड जाकर अलीगढ़ की बस में बैठ गया जहाँ मैं एक कालिज में अध्यापन कर रहा था। देर रात पहुँचकर उसने मुझे सब कुछ सच-सच बतला दिया था और मेरे समझाने पर घर लौटने को राजी हो गया।

इस घटना ने परिवार को बुरी तरह तोड़ दिया था। घर के सदस्यों के बीच संवाद कम होता जा रहा था। उन दिनों पिताजी जमकर दुकान पर बैठने लगे। अम्मा का पूजापाठ का समय बढ़ गया था। घर में उदासी भरी चुप्पी छाई रहती। कुछ दिन उमेश घर के अन्दर कैद रहा क्योंकि पूरे शहर में उसके भागने की खबर फैल गयी थी। कुछ दिनों तक रामपुर में रुककर मैंने उसे समझाया बुझाया तब कहीं उसकी रोजमर्रा की दिनचर्या ठीक तरह शुरू हुयी और जिन्दगी पटरी पर लौटी।

पिताजी कभी क्रोध के आवेग से उद्वेलित महसूस करते तो कभी खीझ और झुंझलाहट से उत्तेजित। शर्मिन्दगी का अहसास भी उन्हें बुरी तरह आहत करता रहा था। अपने परिवार की प्रतिष्ठा के लिए इस घटना को वह एक बड़ा धक्का मानते

थे। मेरे और सुनील के अलावा उन्हें उमेश के किसी दोस्त पर यकीन नहीं था। इसलिए अक्सर वह हमारे सामने अपने दर्द का इजहार करते।

वक्त दुखों पर मरहम लगाता है। कुछ महीनों बाद सभी लोग इस वाक्ये को भूल गये। सब कुछ सामान्य हो गया। पिताजी एक बार फिर उमेश पर दुकान पर बैठने के लिए जोर डालने लगे क्योंकि उन्हें लगता था कि यदि वह दुकान के काम में दिलचस्पी लेना शुरू कर देगा तो उसके मन में कोई गलत ख्याल कभी नहीं आयेगा।

पर तभी एक ऐसी घटना घटी कि पिताजी अन्दर तक हिल गये।

होली का त्योहार था। यार दोस्तों के बीच भांग का दौर चल रहा था और उसी में हँसी मजाक भी...।

'यार, अगली होली पर तो उमेश लाला बन जाएगा। तब साला हमारे साथ थोड़े रंग खेलेगा।' एक ने कहा।

'अरे यार, तब इसके पास तिजोरी की चाभी रहेगी। हमारी तरह फटीचर नहीं रहेगा।' दूसरा ने फिकरा कसा।

'बेटा मजे होंगे। लड़कियों को साड़ी, सलवार कमीज बेचेगा और साला लाइन भी मारेगा।' किसी और ने ताना मारा।

'उमेश, हमारे लिए भी किसी को पटा देना।' पहले ने मजाक किया।

'यार, तब क्या तू भी ल्राला की तरह धोती कुर्ता पहनना शुरू कर देगा। कैसा लगेगा उमेश...।' किसी ने मजाकिया लहजे में कहा और सभी लोगों ने जोर से ठहाका लगाया।

'मुझे नहीं बैठना दुकान पर...।' उमेश ने गुस्से से भुनभुना कर कहा।

'अच्छा.., कभी चाचाजी से कहने की हिम्मत तो कर साले, तब पता चलेगा।' किसी ने टिप्पणी की।

'अरे चाचाजी से तो कहने से रहा यह। ज्यादा होगा तो फिर भाग जाएगा। पर इस बार शैली के पास मत जाना। कहीं अगले दिन फिर लौट के बुद्धु घर को आये।'

उधर नशे में धुत्त लड़कों के कहकहे हवा में गूंज रहे थे और इधर उमेश के जख्म उघड़ कर उसके अन्दर गहरी टीस पैदा कर रहे थे। भांग का असर उसमें गहरा अवसाद और क्षोभ पैदा करता जा रहा था। दुकान पर बैठना उसकी दुखती रग थी और उसके यार उसी पर लगातार प्रहार कर रहे थे। उसकी सहनशक्ति चुक गई और वह अन्दर तक टूटन महसूस करने लगा। तमाम रंगों से पुते उसके चेहरे से आँसू जार-जार बहने लगे। उसकी ऐसी दयनीय दशा देखकर दोस्तों का नशा भी काफूर हो गया और मौजमस्ती के बजाए वे सब बड़े दुखी और कातर महसूस करने लगे।

एक-एक करके सभी दोस्त चले गये और उमेश ठस्स सा पूरी तरह टूटा हुआ वहाँ देर तक बैठा रहा। भांग के नशे से उसके अन्दर तरह-तरह के अनर्गल विचार आने लगे। कभी आँतरिक विद्रोह की ज्वाला अन्दर ही अन्दर धधक उठती तो कभी बस आँसू बहते रहते। उसका दिमाग भन्ना उठा। दिमाग की नसें अंदरूनी ताप से चटखने लगीं। कभी आत्महंता की प्रवृति उस पर हावी होने लगती तो कभी संघर्ष और चुनौती की। कभी वह अतिरिक्त ऊर्जा महसूस करता तो कभी उसे अपनी पूरी देह टूटी और बड़ी कमजोर सी लगती। जब आँतरिक आवेग असहनीय हो गया तो एकाएक वह उठा और तेज कदमों से घर की ओर चल दिया।

'कहाँ हैं पिताजी...?' घर के आँगन में खड़े होकर उसने बहुत तेज आवाज में ललकार भरी।

अम्मा रसोई में खानपान में लगी थीं और पिताजी नहाने के बाद पूजाघर में बैठे थे।

यह एक विस्फोट से कम नहीं था। अम्मा ने अविश्वास भरी निगाह से उमेश को देखा। कुछ पलों के लिए न तो उन्हें कुछ समझ में आया और न ही उन्हें यकीन हुआ कि उन्होंने ऐसा कुछ सुना है।

'क्या है?' अम्मा ने सहजता का दामन थामे हुए पूछा।

'मुझे पिताजी से बात करनी है। उन्हें बुलाओ...।' उसकी आवाज में पहले जैसी हुँकार थी।

अम्मा को काटो तो खून नहीं। उमेश का आचरण बड़ा हैरान और परेशान करने वाला था। घर में पिता की मौजूदगी के रहते जिस लडके की कभी आवाज ही नहीं निकलती थी, उसके स्वर में चुनौती और विद्रोह था। आँगन के बीच में खड़ा जैसे वह किसी संघर्ष के लिए आतुर था।

अम्मा हाथ धोकर बाहर आयीं और बदहवास उमेश को देखने लगीं। काले, हरे, बैंगनी रंगों से पुता चेहरा, रूखे रंगीन उलझे बाल, बदन पर अधफटी कमीज जिसके कुछ हिस्से ही बदन पर चिपके थे और झूलती पैंट...। उसकी चेहरा वीभत्स लग रहा था। उसपर नशे में डूबी लाल आँखें अजब सा खौफनाक मंजर पेश कर रही थीं।

अम्मा ने घूर कर उसे देखा और एकटक कुछ देर अपलक देखती रहीं। उमेश की नजरें जैसे शून्य में कही गढ़ी थीं। अम्मा की मौजूदगी को मानों वह पूरी तरह नकार रहा था। अम्मा को तो लगा था कि उनकी टेढ़ी नजर ही उसे अपने जुर्म का अहसास करा देगी, वह इधर उधर खिसक लेगा और संकट की घड़ी फिलहाल टल जाएगी। वह नहीं चाहती थीं कि पूजा में लीन पति को कुछ सुनने को मिले या उमेश की इस दशा में उनका सामना हो।

पर उमेश की सख्त मुद्रा और उसकी आँखों से अन्दर उमड़ते आक्रोश और विद्रोह को साफ-साफ महसूसा जा सकता था। उसके चेहरे पर अपनत्व या सम्मान का कोई चिन्ह नहीं था। उसके स्थान पर एक अजनबियत और कठोरता पसरी थी जिसमें स्नेह या लगाव जैसा कोई भाव नजर नहीं आया था।

'क्या बकवास कर रहा है?' अम्मा ने डपटते स्वर में कहा।

'मुझे तुमसे बात नहीं करनी...।' उमेश भी दहाड़ती आवाज में बोला,'पिताजी को बुलाओ।'

'क्या मति फिर गई है तेरी। जानता भी है कि क्या बोल रहा है?' अम्मा अब सहमी हुई थीं।

'मुझे सब मालूम है। कब तक चुप रहूँगा। अब बच्चा नहीं हूँ मैं।' उमेश का रुख पूर्ववत आक्रामक था।

बरामदा पार कर बने पूजाघर में उमेश का तेज आवाज पहुँचनी ही थी। पहली बार तो पिताजी ने महज भ्रम समझा और वह अपना पाठ करते रहे। पर जब दूसरी, तीसरी बार उमेश की चिंघाड़ उनके कानों में पड़ी तो शक की कोई गुंजायश नहीं रही। हैरत और अविश्वास से वह उठ कर बाहर आ गये। पूजा में विघ्न पड़ने से उनके चेहरे पर क्रोध की काली परछाईं घिर आयी और हाथ फड़फड़ाने लगे।

उन्हें देखकर अम्मा थर-थर कांपने लगीं। अनिष्ट का काला साया जैसे चारों ओर मंडराने लगा। होली के पर्व का सारा उल्लास और उमंग एकाएक छूमंतर हो गए। मन ही मन वह अपने आराध्य को याद करने लगीं।

पिताजी उमेश के पास आये और उसे देखकर कुछ पलों के लिए जड़ हो गये। सामने उनका छोटा बेटा सीना ताने खड़ा था। उसकी नजरें पिता के चेहरे पर गड़ी थीं। कुछ देर के लिए वह सकपका गये और एकाएक कुछ कहने की हालत में नहीं थे। वह अनुभवी व्यक्ति थे और दीन दुनिया को अच्छी तरह समझते थे। उन्हें लगने लगा कि कहीं कुछ गड़बड़ है।

'क्या बात है?' यथासंभव सहज रहते हुए उन्होंने पूछा हालाँकि उनकी आवाज क्रोध से लरज उठी थी।

'मुझे आपसे बात करनी है।' उमेश ने निडर स्वर में कहा।

पिताजी सन्न...। उनका हृदय धौंकनी की मानिंद बजने लगा। अपने बेटे का यह रूप और आचरण उनके लिए अकल्पनीय था। उन्होंने कभी सोचा तक नहीं था कि वह उनसे आँख मिला कर भी बात कर सकता है। एक आज्ञाकारी बेटे की तरह उसका सिर हमेशा झुका रहता था। ज्यादातर मौकों पर वह एकतरफा बात करने के आदी थे।

कुछ देर खामोश रहकर उन्हें लगा कि बेटे के मनोबल को झकझोरना जरूरी है वरना पता नहीं क्या बात किस तरह कह दे जिसकी पीड़ा उन्हें ताउम्र सालती रहे।

'दिमाग खराब हो गया है तेरा।' पिताजी एकाएक गुस्से से चीखने लगे,'बात करने की कोई तमीज है या नहीं। कालिज में लड़कों की खराब संगत में एकदम बिगड़ गया है। तभी अम्मा से आगे पढ़ने को कहता है। बाप से बात करने का यही तहजीब सीखी है तूने।'

वह उमेश के पास चले आये और लगा जैसे वह हाथ छोड़ने ही वाले हैं। अम्मा भी पास खिसक आयीं जिससे उसे पिताजी के प्रकोप से बचा सकें। उनकी आँखें बहने लगीं।

उमेश पर पिता के क्रोध व आवेग का जैसे कोई प्रभाव ही नहीं था। जीवन में पहली बार पिता की किसी मुद्रा या भावना से वह पूरी तरह निस्पृह व उदासीन नजर आया था।

'मैं दुकान पर नहीं बैठूंगा।' बिना किसी भय और संकोच के उसने कहा, 'जबरदस्ती आप मुझे दुकान पर नहीं बिठा सकते। भइया डाक्टर बनकर मजा करे और मैं आपकी दुकान चलाऊँ। मुझे भी आगे पढ़ना है।'

अपने अन्दर जमे गुबार को जैसे एक सांस में वह उढ़ेल गया। ऐसा लगा जैसे इस साहसी जुमले को बोलने का वह न जाने कब से रियाज करता रहा था।

पिताजी हतप्रभ...। अम्मा परेशान और चकित...।

एकबारगी दोनों की नजरें मिलीं।

पर कहीं अन्दर उन्हें एक राहत का अहसास भी हुआ। वे दोनों तो न जाने क्या-क्या सोच बैठे थे। पता नहीं किसी से प्यार व्यार का चक्कर हो और ब्याह की जिद कर बैठे या जायदाद के हिस्से बाँट की माँग न कर बैठे।

पता नहीं पिताजी ने क्या सोचा, वह अचानक बड़े स्थिर और सहज नजर आने लगे। उनके चेहरे की छाई कड़वाहट एकाएक गायब हो गई और आँखों से स्नेह और वात्सल्य टपकने लगा।

उन्होंने अम्मा की ओर देखा और मुड़ कर अन्दर जाते हुए कहते गये,'इसे कुछ खिलाकर सुला दो।'

ऐसा लगा जैसे कोई भीषण संकट टल गया हो। घिर आये काले बादल छिटक कर दूर हो गये और साफ नीला आसमान नजर आने लगा हो।

'चल बेटा, नहा धोकर कुछ खा ले।' अम्मा ने उसका हाथ पकड़ कर लाड़ भरे स्वर में कहा।

उमेश के अन्दर का गुबार जैसे फिस्स हो गया।

वह वहीं जमीन पर बैठ गया और दहाड़े मार कर रोने लगा।

अम्मा उठाकर उसे अपने कमरे में ले आयीं और बिस्तर पर लिटा दिया।

पूरे सात घंटे वह लगातार सोता रहा। जब उठा तो रात गहरा चुकी थी। नहा धोकर वह फिर सो गया।

सालों साल अम्मा उमेश के दोस्तों को कोसती रहीं जिन्होंने लड़के को कुछ खिला कर उसका दिमाग फेर दिया था और त्योहार खराब कर दिया था।

हाँ, पिताजी ने फिर कभी उससे दुकान पर बैठने के लिए नहीं कहा।

अलबत्ता पहले कभी कभार और फिर रोजाना पर वह दुकान पर बैठने लगा और पिताजी के निधन के बाद उसने ही दुकान सम्हाली।

अक्सर उमेश अपनी जिन्दगी की आज के दौर से तुलना करने लगता है। बड़ा लड़का मनु पढ़ने में अच्छा था। उमेश चाहता था कि वह डाक्टर बने क्योंकि हमारी पीढ़ी के लोग इससे ज्यादा सोच ही नहीं पाते थे। वैसे भी रामपुर में लड़के का डाक्टर बनना किसी भी परिवार के लिए गौरव की बात थी। पर उमेश के तमाम आग्रह और समझाने बुझाने के बावजूद मनु ने ग्यारहवीं में कामर्स विषयों का चयन किया और इंटर पास करके दिल्ली के एक महाविद्यालय में बीकॉम में प्रवेश ले लिया। खुद ही उसने तय किया कि उसे सीए का कोर्स करना है। कैसे, किसके साथ उमेश का इससे कोई सरोकार नहीं था। उसका काम महज पैसे भेजना था। और गाहे बेगाहे पूछना, 'बेटा, पढ़ाई और सब कुछ ठीक चल रहा है।' 'हाँ, पापा।' उसे मुख्तसर सा जवाब मिल जाता।

आज सीए करके वह एक बहुराष्ट्रीय कम्पनी में गुड़गाँव में तैनात है। उसके अध्ययन के पीछे उमेश की कोई भूमिका ही नहीं थी। न ही मनु ने अपने पापा से इस बारे में कुछ बात करना जरूरी समझा था। उसका लक्ष्य निश्चित और पूर्वनिर्धारित था और उसमें माँ बाप का कोई दखल न वह जरूरी समझता था और न ही वह चाहता था कि पापा इस बारे में कुछ भी कहें। शायद यही आज का सच है जब बच्चे अपनी जिन्दगी के अहम फैसले करने में पूरी आजादी चाहते हैं। आज की नौजवान पीढ़ी इसके लिए परिपक्व भी है जबकि हम और हमारे वक्त के किशोर स्नातक तक तो बच्चे और उतने ही कच्चे रहते थे।

पिताजी की दी हुई दुकान आज भी उमेश चलाता है और अच्छी तरह समझता है कि उसके बाद बरसों पुराना यह प्रतिष्ठान बन्द हो जाएगा। बाजार में जमी दशकों पुरानी साख एकाएक खत्म हो जाएगी। इसे लेकर कभी उसे बेदखल होने जैसा

अहसास भी होता है। अब वह अपने पिता के दर्द को अच्छी तरह समझ सकता है कि आखिर क्यों वह बार-बार दुकान पर बैठने के लिए उस पर दबाव डालते थे। दुकान महज एक कारोबार और रोजी रोटी का जरिया ही नहीं थी, यह परिवार की प्रतिष्ठा और बाजार में साख से जुड़ा सवाल भी था। उसके पुराने ग्राहक और बाजार के लोग जब उससे पूछते हैं,'सेठजी, लड़का नहीं दिखलाई देता। उसे भी गद्दी पर बिठाओ जिससे आपके बाद भी हमारा यहाँ आना जाना बना रहे।' तो कहीं एक टीस का अहसास उसे जरूर होता है। जिन लोगों को उसके परिवार के बारे में जानकारी हो चुकी है वे जैसे हमदर्दी से जताते लगते हैं,'भाई, तुम्हारा लड़का तो हाथ से निकल गया। अब इस दुकान का क्या होगा?'

कहीं एक कसक उमेश को अन्दर ही अन्दर कचोटती है।

पर कभी मनु से इस बारे में कहना तो दूर, बात करने का साहस भी वह नहीं जुटा पाया। मनु को दुकान पर जाने में कभी अच्छा नहीं लगा और गर ऐसा मौका आता भी तो वह बड़े बेमन से जाता और ग्राहकों वाले स्टूल पर बैठ कर चला आता। दुकान की गद्दी पर बैठना उसे हरगिज मंजूर नहीं था। ऐसे में उमेश कभी यह हिम्मत नहीं जुटा पाया कि वह उससे दुकान के भविष्य के बारे में बात करे। नौकरी पाने के बाद मनु अक्सर उमेश से दुकान बेचने का आग्रह करता और उन्हें साथ रहने के लिए दबाव डालता।

पर अन्दर ही अन्दर उमेश को यह दुख सालता रहता। दुकान की हर चीज उसे बड़ी अपनी और प्रिय लगती। उन्हें लेकर कभी वह भावुक हो उठता। उनसे उसका बचपन ही नहीं जुड़ा था, उसके पिता की स्मृतियाँ भी जुड़ी थीं। घर में पिताजी का चेहरा कम ही देखने को मिलता था। या तो वह किसी काम काज में मशगूल रहते अथवा पूजा पाठ में तल्लीन। बच्चों से किसी संवाद की जरूरत उन्होंने कभी महसूस नहीं की। उसमें महज हिदायतें, नसीहतें, डांट डपट शामिल थे।

पर दुकान पर पिताजी का रूप कुछ बदला हुआ होता। वह पिता न होकर एक संरक्षक और गुरु नजर आते जो दुत्कारते थे तो वक्त आने पर पुचकारते भी थे। हर पल कुछ सीखने के लिए प्रेरित भी करते थे। घर वाला वह हिटलरी अन्दाज यहाँ नदारद था। उनके स्वर में अपनत्व और लगाव होता था। हर निर्देश वह कोमलता से देते थे और उनका पालन न होने पर पहले भरसक समझाने की कोशिश करते। डांट डपट का नम्बर कम ही आता। वह उमेश से यहाँ सिर्फ कारोबार की ही बात नहीं करते, तमाम दुनियादारी की चर्चा भी करते। बहनों का सुख दुख, अम्मा की बीमारीहारी, भइया की उदासीनता व भाभी का तिरस्कार, बाजार में बैठे व्यापारियों की आपसी प्रतिस्पृद्धा, परिजनों के परिवार व उनके दुखड़े, तमाम सामाजिकता जिसमें

वह पूरी तरह डूबे रहते, शादी ब्याह, रीति रिवाज, परम्पराएँ वगैरह। उमेश ने पिताजी को ये सब बातें कभी अम्मा से करते भी नहीं सुना था। पहले वह अचरज करता पर धीरे-धीरे उनका अभ्यस्त हो चला था। जीवन में पहली बार वयस्क पुत्र होने की सुखद अनुभूति से वह रूबरू हुआ था।

दुकान पर पिताजी उमेश को बेटा कम उत्तराधिकारी के रूप में अधिक देखते थे और इसका पूरा अहसास वह उसे कराते भी थे। ग्राहकों को पूरे गर्व के साथ बतलाते,'मेरा छोटा बेटा है। बीए कर रहा है। अब इसे ही दुकान सम्हालनी है। आप लोगों का प्यार इसे मिलते रहना चाहिए। आप देखना मुझसे ज्यादा ख़िदमत करेगा आपकी यह।'

उमेश को अपने कानों पर यकीन नहीं होता कि पिताजी उसमें कभी कुछ अच्छा भी देख पाते हैं जिससे उन्हें उसपर इतना विश्वास और अभिमान होता है। पिताजी के बारे में उसकी सारी धारणाएं ध्वस्त हो जातीं।

आज दुकान पर उन्हीं का अक्स उसे चारों ओर नजर आता है। यह दुकान जैसे उनके जीवन और संघर्ष का स्मारक है। अब उसे महसूस होता है कि पिताजी को भी यह दुकान बाबा की उसी तरह याद दिलाती होगी और इसी कारण इसकी निरन्तरता उनके लिए अहम थी।

पर वक्त बदल गया था और अब वह दुकान से मनु को जोड़ने की कल्पना भी नहीं कर सकता था।

उसकी सोच में भी बदलाव आया था। पर इस परिवर्तन का कारण वह नहीं, उसकी भावी पीढ़ी थी, उसके इर्द गिर्द का समाज था।

हनी बेटी थी और अभी भी बेटियों को लेकर भारत में माँ बाप की चिन्ताएं कुछ अलग किस्म की होती हैं। उसे अपने निर्णय लेने का अधिकार आज भी आसानी से नहीं दिया जाता है। उमेश और दीप्ती दोनों चाहते थे कि वह हिन्दी, होमसाइंस, इतिहास जैसे विषयों से इंटर, बीए और आगे की पढ़ाई करे और बीस, बाइस वर्ष में उसका ब्याह कर वह अपनी जिम्मेवारी से मुक्त हों। मनु से कुछ कहने का साहस तो वे न दिखा सके क्योंकि एक तो वह सुनता ही नहीं और दूसरे बेटे की उपलब्धियाँ माँ बाप का सीना चौड़ा कर जाती हैं। पर हनी पर दबाव डालने में उन्होंने कोई कोर कसर नहीं छोड़ी। आर्ट्स साइड से पढ़ने पर जोर देने की एक अहम वजह यह थी क्योंकि इन विषयों के साथ किले में स्थित राजकीय गर्ल्स डिग्री कालिज में पढ़ा जा सकता था जबकि साइंस के लिए हनी को शहर से दूर रजा कालिज में पढ़ना लाजमी था जहाँ सहशिक्षा थी।

हनी ने हाई स्कूल की परीक्षा प्रथम श्रेणी में उत्तीर्ण की और अपनी कुछ अन्य सहेलियों के साथ वह भी फिजिक्स, कैमिस्ट्री, मैथ्स विषय लेकर आगे पढ़ने की इच्छुक थी। उमेश और दीप्ती ने तब कोई अड़ंगा लगाना ठीक नहीं समझा। भविष्य की किसी योजना के बारे में न तो उन्होंने कुछ सोचा था और शायद न ही हनी के दिमाग में तब कुछ था। खुर्शीद इंटर कालिज में ये विषय थे ही, इसलिए उनके द्वारा आपत्ति किए जाने का कोई आधार भी नहीं था।

ग्यारहवीं के इम्तेहान के बाद जब गर्मियों की छुट्टियाँ हुईं तो हनी ने इंजीनियरिंग के लिए कोचिंग ज्वायन करने की इच्छा जाहिर की। उमेश और दीप्ती ने कभी सोचा तक नहीं था कि उनकी बेटी इंजीनियरिंग करने का इरादा रखती है। सबसे पहले तो वह इसे गैरजरूरी समझते थे और दूसरे इंजीनियरिंग पढ़ने का मतलब था कि हनी को रामपुर से बाहर कहीं हॉस्टल में भेजना। फिर इसमें भारी खर्चा भी शामिल था जिसे वे गैरजरूरी समझते थे। वे दोनों किसी भी तरह इसके लिए तैयार नहीं थे।

'हमें क्या मालूम था कि तू साइंस इसलिए पढ़ना चाहती है।' दीप्ती ने कहा, 'हमारे तो पूरे खानदान में कोई लड़की हॉस्टल में रह कर नहीं पढ़ी और न ही इंजीनियरिंग करने की सोचा। फिर तुझे कैसे भेज सकते हैं?' दीप्ती ने उसे समझाया।

'मम्मी, क्या बेकार की बातें कर रही हैं। दादी ने यह कहा होता तब भी मैं समझ सकती थी पर आप भी ऐसा सोच सकती हैं, मुझे यकीन नहीं होता। आजकल के टाइम में ऐसा कौन सोचता है। लड़के लड़कियों की पढ़ाई लिखाई में अब कौन फर्क रखता है। किसी ने नहीं पढ़ा तो मैं भी नहीं पढ़ूगी?' हनी ने पूरे आक्रोश के साथ कहा।

'पर पापा तुझे बाहर भेजने को तैयार नहीं होंगे।'

'क्यों, भइया को क्यों भेज दिया। लड़का है तो वह जो चाहे करे और लड़की घर में घुस कर पढ़लिख ले। कितने पुराने और दकियानूसी विचार हैं आप लोगों के। मुझे तो सोच कर ही शर्म आ रही है। अपनी किसी फ्रेंड से तो मैं यह बतला भी नहीं सकती।'

'देख, भइया से अपनी बराबरी मत कर। उसे दुकान पर नहीं बैठना और नौकरी करनी है। अगर अच्छी तरह नहीं पढ़ेगा तो जिन्दगी में कुछ अच्छा कैसे कर पाएगा।'

'और मुझे बस घर गृहस्थी सम्हालनी है, यही कहना चाहती हैं आप। किस वक्त की बात कर रही हैं आप। अपने जमाने से बाहर निकलिए। जिस तरह आपने रात दिन रसोई में घुसकर और घर के कामों में खट कर अपनी जिन्दगी गुजार दी, अब

कोई लड़की ऐसा नहीं सोचती। आजकल गर्ल्स भी जॉब करके इंडीपेन्डेंट रहना चाहती हैं। वे भी अपने करियर के बारे में उतना ही सोचती हैं जितने लड़के। तभी वे खुश रह पाती हैं। लड़कों की सोच में भी बदलाव आया है और वे वर्किंग गर्ल्स पसन्द करते हैं। आपको भी यह अच्छी तरह समझना जरूरी है। अब तो ज्यादातर पेरेन्टस इसे रियलाइज भी करते हैं। फिर आप लोग ऐसा कैसे सोच सकते हैं?'

दीप्ती इतने पुराने जमाने की भी नहीं थी कि बेटी की दलीलों को न समझ सके। आधुनिकता और पुरानी सोच को लेकर अक्सर उसके अन्दर एक द्वंद्व बना रहता। न वह आधुनिकता को पूरी तरह स्वीकार कर पाती और न ही अम्मा पिताजी की सोच और विचार से वह तालमेल बैठा पाती। लड़की की शिक्षा को वह जरूरी मानती थी पर हनी के हॉस्टल जाने के ख्याल से उसके अन्दर एक हौला सा उठता। इसलिए मन ही मन चाहती यही थी कि वह बाहर पढ़ने न जाए।

उसने इस बारे में बहस करना ठीक नहीं समझा। वह जानती थी कि हनी को समझाना उसके बस में नहीं था। इतना अहसास तो उसे था ही कि आज के समय में बच्चों को समझाया जा सकता है पर अपनी इच्छा उन पर नहीं थोपी जा सकती।

'मैं पापा से बात करूंगी।' अधिक्तर मांओं का यह आखिरी हथियार होता है,'करना और देखना तो सब उन्हें ही है। फिर खर्च के बारे में भी सोचना होगा।'

'मम्मी, मेरी पढ़ाई को लेकर खर्चे की चिन्ता है और भइया दिल्ली में रहकर जितना चाहे खर्च करे। आप अच्छी तरह समझ लीजिए कि मुझे इंजीनियरिंग करनी है। आजकल तो सब लोग लोन लेकर पढ़ते हैं। मुझे भी लोन दिलवा देना। जॉब मिलने पर मैं निबटा दूँगी।'

'बड़ी-बड़ी बातें मत कर।' दीप्ती को हनी का यह कहना बुरा लगा,'अपनी नाक नहीं कटानी हमें। पता चला कि शादी के बाद बैंक का कर्ज तेरे सिर पर चढ़ा रहे।'

'मुझे इससे कोई फर्क नहीं पढ़ता। फिफ्टी परसेंट बच्चे आजकल लोन लेकर पढ़ रहे हैं। अगर पापा कर सकते हैं तो ठीक है पर मैं नहीं चाहती कि मेरी वजह से आप लोगों को कोई प्रॉब्लम हो।'

'बस, ज्यादा अम्मा मत बन। पापा से बात करना।'

हनी उमेश की लाड़ली है पर बेटी की यह योजना उसके गले से नहीं उतर रही थी। दीप्ती की बात सुनकर वह साफ तौर पर तो मना नहीं कर पाया पर हनी को समझाने की कोशिश उसने जरूर की।

'बेटा, इंजीनियरिंग ही सब कुछ नहीं है। मैं कब कहता हूँ कि तू आगे मत पढ़। पढ़ने में तू अच्छी है तो एमएससी करके कहीं लेक्चरर बनना। लड़कियों के लिए इससे अच्छी नौकरी कोई नहीं।'

'पापा, आप अपने जमाने की बात कर रहे हैं। अब तो लड़कियाँ हर फील्ड में आगे जाना चाहती हैं। मुझे इंजीनियरिंग ही करनी है।'

'लेक्चररशिप में कुछ बुराई है क्या?'

'पापा, अब टेक्नीकल एजूकेशन के बिना कोई करियर नहीं है। बीई करके भी लेक्चरर बना जा सकता है।'

उमेश ने बात नहीं बढ़ाई पर दीप्ती पर लगातार दबाव डालता रहा कि किसी तरह वह हनी को समझा दे। अब जब भी दीप्ती इस बारे में बात करती तो हनी बुरी तरह रोने लगती, एकाध वक्त का खाना छोड़ देती और पूरे घर का माहौल तनावग्रस्त हो जाता।

आखिर उन्हें उसकी जिद के आगे झुकना पड़ा।

भारी मन से उमेश को उसे हॉस्टल भेजना पड़ा।

समाजसेवा– तब और अब

ऊपर कहा जा चुका है कि रामपुर के नवाब रजा अली खाँ की ख्याति एक धर्मनिरपेक्ष शासक की थी। सभी मजहबों के मानने वालों को पूरी आजादी से रहने, काम करने की छूट थी। शायद यही वजह थी कि आस पास के बड़े शहरों बरेली, मुरादाबाद और नैनीताल के तराई इलाकों के कई परिवार कारोबार के सिलसिले में रामपुर में आकर बस गये। सिविल लाइन्स और नया गंज, जिसे मेस्टन गंज कहकर भी पुकारा जाता है, के नये बाजार स्थापित हो रहे थे। नवाब चाहते थे कि मुसलमानों के अलावा हिन्दू लोग भी यहाँ व्यवसाय करें। वैसे भी व्यापार के कुछ क्षेत्रों में हिन्दुओं का दबदबा था जिसमें उनकी हैसियत और काबलियत को कुबूल किया जाता था जैसे गहनों या सर्राफे का काम अथवा कपड़े बेचने का धंधा। जेवर बनाने के ज्यादातर कारीगर हिन्दू ही थे। हाँ, कपड़े सिलने वाले होशियार मुस्लिम दर्जियों की कमी नहीं थी। मजे की बात यह थी कि रामपुर में जो भी अच्छा दर्जी होता वह अपने को नवाबी खानदान से जुड़ा जरूर बतलाता। दो, चार किस्से उसकी जुबान पर चढ़े रहते कि कैसे नवाब के सिर चढ़कर उनकी सिलाई बोलती थी या नवाब को फलाँ कपड़ा सिलवाने के लिए कैसी मिन्नतें करनी पड़ी थीं।

ऐसे ही एक विलायत हुसैन थे जिनकी दुकान बाजार सफदर गंज में थी। उनसे कपड़ा सिलवाकर पहन लेना एक बड़ी उपलब्धि थी। पहले तो वह हर किसी का कपड़ा सिलने को तैयार ही नहीं होते थे। ऐसे सवाल पूछते कि आदमी को लगे जैसे अपने खानदान का शिजरा उसे पेश करना हो। फिर अपनी मसरूफियत के इतने दावे करते कि बेचारा आदमी सोचने लगे कि कपड़ा शायद उसकी अगली पुश्त ही पहन सकेगी। मामूली पैंट कमीज के लिए डेढ़ दो महीने का वक्त चाहते थे और शेरवानी और सूट आदमी को उस सीजन में पहनने को मिल जाए तो बड़ी गनीमत समझी जाती थी। तकादे उन्हें नापसंद थे और कभी वक्त पर कपड़ा सिल कर देना उनकी तौहीन थी। शक्ल सूरत और शुरुआती बातचीत से मुतमइन होने के बाद वह नाप लेने के लिए ऐसे बढ़ते मानो किसी लाम पर रवाना हो रहे हों। पहले ऊपर

से नीचे तक वह उस शख्स को बड़ी अजीब नजरों से देखते जिसमें कभी हिकारत, कभी मखौल तो गाहे बगाहे कभी तारीफ का भाव होता। ऐसा लगता जैसे वह नजरों से ही पूरे शरीर का नाप ले लेंगे। कभी उनकी आँखें सिकुड़तीं तो कभी फैल जातीं। कभी हमदर्दी जैसा भाव भी आता मानो परवरदिगार ने अपनी किस भूलचूक से उसे आदमी बना दिया हो। कभी नफरत और वितृष्णा से उनकी नजर मिचमिचाने लगती और चेहरा विकृत हो जाता। तब वह फीता लेकर इस तरह आगे बढ़ते जैसे बिल्ली अपने शिकार की ओर बढ़ती है। अपने मोटे से चश्मे को आँखों पर चढ़ाकर वह इंची टेप को बड़े गौर से देखते और जब क्वाटर, हाफ इंच के नाप लिखवाते तो वह आदमी खुद अपने शरीर के ढांचे पर शक करने लगता। उन्हें दोनों बाहों की लम्बाई में क्वाटर/हाफ इंच का फर्क नजर आता और कन्धे तो अमूमन हर किसी के छोटे बड़े या अप डाउन दिखलाई देते। नाप लेने में उन्हें आधा घंटा तक लग जाता और गर किसी आदमी ने कुछ जल्दबाजी दिखला दी तो वह अपने टेप को लपेटते हुए कहते,'मियाँ, विलायत हुसैन के पास आये हो। नाप के वक्त रजा अली खाँ भी बुत की मानिंद खड़े रहते थे। मजाल है जरा हिल जाएं।'

बहरहाल एक वक्त में पूरे रामपुर में कपड़े सिलने में उनकी तूती बोलती थी।

अब तो जैसे दर्जियों का युग ही खत्म हो गया है। उनकी दुकानें प्रायः बन्द हो गई हैं क्योंकि कपड़े सिलवाना अब फैशन में नहीं है। रेडीमेड कपड़ों से बाजार पटा पड़ा है। एक वक्त में रेडीमेड कपड़े आर्थिक सम्पन्नता का प्रतीक थे। अब तो निचले तबके के लोग भी बने बनाए कपड़े पहनते हैं क्योंकि वे बाजार में आसानी से मिलते हैं और अपेक्षाकृत सस्ते भी हैं। मौजूदा पीढ़ी की एक विशिष्टता यह भी है कि उन्होंने कभी सिलवा कर कपड़े नहीं पहने हैं।

बात व्यापार की चल रही थी। सर्राफे और बजाजे के बड़े कारोबार को न चला पाने के पीछे मुस्लिम समाज की आर्थिक हैसियत भी अहम कारण था। मुसलमानों में जो इने गिने रईस थे वे तिजारत करना अपनी इज्जत आबरू के लिए ठीक नहीं मानते थे। वे कोठियाँ/मकान खरीदते, उन्हें किराये पर उठा देते या बड़े-बड़े बाग खरीदकर उससे खाने पीने और नजराना पेश करने के अपने शौक पूरा करते। इनसे उन्हें सालाना आमदनी भी होती।

इसके बरक्स हिन्दुओं के परिवार पीढ़ी दर पीढ़ी एक खास व्यापार से जुड़े रहते और उस पर गर्व महसूस करते। इन कारोबारों में लगे परिवारों के सभी पुरुष सदस्य प्रायः उसी धंधे से जुड़ते जाते, अलग-अलग दुकानें जमा लेते और धीरे-धीरे उस व्यवसाय में उनके परिवार का प्रभुत्व स्थापित हो जाता।

यह संयुक्त परिवारों का दौर था। भले ही दुकानें अलग कर ली जायें किन्तु

सब रहते साथ ही थे। खाना एक रसोई में बनता था, तीज त्योहार साथ में मनाए जाते थे। उनका परिवार ही एक मुकम्मल समाज होता था। यही उस परिवार की ताकत और हैसियत मानी जाती थी। लोग नाज से बतलाते कि फलाँ के घर में आठ मर्द हैं या उनके घर में तीस लोगों का खाना साथ बनता है। ऐसे संयुक्त परिवारों का समाज में दबदबा रहता और आसानी से कोई उनसे बैर मोल नहीं लेता।

लाला अशर्फी लाल बीसवीं सदी के पूर्वाध में रामपुर की वर्तमान तहसील मिलक, जो उन दिनों एक बड़ा गाँव हुआ करती थी, से आकर यहाँ बसे थे। गाँव में बजाजे का उनका पुश्तैनी कारोबार था। थोड़ी बहुत जमीन भी थी। परिवार में छह भाई और चार बहनें थीं। बड़े लाला यानी पिता ने कारोबार के सिलसिले में अपने बड़े लड़कों को आस पास के इलाकों, कस्बों और बाजारों में भेजना शुरू किया। जाहिर था कि काम तो कपड़े का ही करना था। रामपुर की साप्ताहिक पेंठ, जो बुद्ध बाजार के नाम से जानी जाती थी क्योंकि उस दिन रामपुर के बाजार बन्द रहता है, उन दिनों आसपास के क्षेत्रों में मशहूर थी। स्थानीय लोग ही नहीं, पास के गाँवों, कस्बों के रहने वाले भी यहाँ खरीदारी करने आते थे। घर गृहस्थी के मामूली पर जरूरी सामान जैसे चिमटा, सिल बट्टा, तवा, मसाले वगैरह वहाँ लोगों को आसानी से मुनासिब दाम पर मिल जाते थे।

बड़े लाला ने अशर्फी लाल को कपड़ा बेचने के लिए वहाँ भेजना शुरू कर दिया। कुछ महीनों के अन्दर ही अशर्फी लाल का काम वहाँ जम गया और गाँव की दुकान की बनिस्पत यहाँ अच्छा धंधा होने लगा। शहर के लोगों से भी अशर्फी लाल के ताल्लुकात बढ़ने लगे। दो-चार यार दोस्त भी बन गये। उन्हें भी अच्छा लगने लगा क्योंकि यहाँ उन्हें पूरी आजादी थी, बड़े लाला के नियंत्रण से पूरी मुक्ति थी।

अपने एक दोस्त की सलाह पर तब अशर्फी लाल ने कन्धे पर गठरी बाँध कर रामपुर की गलियों, कूचों में कपड़ा बेचना शुरू कर दिया। वह काम भी ठीक ठाक चल निकला।

उन दिनों यातायात के साधन सुलभ और सुगम नहीं थे। दिन भर फेरी लगाकर गाँव लौटने में कई बार देर हो जाती और धर्मशाला या रेलवे प्लेटफार्म पर ही रुकना पड़ता। पिता की अनुमति प्राप्त कर अशर्फी लाल ने पुराने गंज में एक छोटा मकान किराये पर ले लिया। वहीं रहते उन्होंने पुराने गंज में एक छोटी सी दुकान ले ली और कुछ सालों बाद जब नया गंज बसने लगा तो अशर्फी लाल ने वहाँ 'गाढ़ा भंडार' नाम से एक बड़ी दुकान स्थापित कर ली।

अशर्फी लाल ने अपने तीनों बेटों को पहले अपने साथ गाढ़ा भंडार पर ही

बिठाया और बाद में बड़े दोनों लड़कों को अलग दुकानें करवा दीं। सबमें छोटे जगदीश को अपने साथ रखा और अपने निधन से पूर्व 'गाढ़ा भंडार' उसके नाम कर गये। कालान्तर में यही दुकान 'साड़ी एम्पोरियम' के नाम से जानी गई।

जगदीश चंद यानी उमेश के पिता ने इसी दुकान को चलाया जिसपर आज उमेश बैठता है। इसी दुकान से जगदीश लाला ने अपने परिवार का लालन पालन किया। बड़े लड़के को डाक्टरी पढ़ाई, बेटियों के ब्याह किए हालाँकि इस दुकान ने अपनी पुरानी शान खो दी थी। इसकी बिक्री में भी गिरावट आती गई क्योंकि सफदर गंज में कुछ बड़े और आधुनिक शोरूम बन गये थे जो ग्राहकों को अपनी ओर आकर्षित करने में सफल थे।

उमेश ने अपने पिता को हमेशा आर्थिक दुश्चिंताओं से जूझते देखा था। दुकान से उसके मोहभंग का एक बड़ा कारण यह भी था। हर युवा की तरह उसके अन्दर तमाम ख्वाब थे और वह चाहता था कि उसका जीवन सम्पन्न और खुशहाल रहे। दुकान की आर्थिक दशा उसे हतोत्साहित करती। वह अच्छी तरह जानता था कि उनके पास लगाने के लिए पूंजी नहीं थी जिससे उसका कायापलट किया जा सके।

पर होनी को कौन टाल सकता है। उमेश को इसी दुकान पर बैठ कर अपनी जिन्दगी गुजारनी पड़ी।

उमेश से मेरा परिचय उन दिनों हुआ जब मैंने अपनी इच्छा के विरुद्ध ग्यारहवीं में आर्ट्स साइड में दाखिला लिया था और अवसाद के दौर से गुजर रहा था जिसका जिक्र मैं ऊपर कर चुका हूँ। एक तो इतिहास, नागरिक शास्त्र और भूगोल जैसे विषयों का अध्ययन जो मुझे बेहद नापसन्द और उबाऊ लगता था और दूसरे क्लास में एकाकीपन। मेरे सभी पुराने संगी साथी विज्ञान विषय लेकर दूसरे सेक्शन में थे। नतीजतन न तो स्कूल जाने का मन करता और न ही क्लास में बैठ कर इन विषयों को पढ़ने का।

पर कोई विकल्प भी नहीं था। वर्ग बदलने की मेरी सारी कोशिशें नाकाम हो चुकी थीं। उन दिनों ग्यारहवीं में पढ़ने वाला चौदह वर्ष का बालक और कुछ सोच या कर भी नहीं सकता था। कालिज से गायब होने या क्लास से गैरहाजिर होने की हिम्मत भी मेरे जैसे ज्यादातर छात्रों में नहीं थी। उन दिनों अध्यापकों का खासा आतंक था। क्लास के दौरान यदि कोई छात्र घूमते मिल जाता तो उसकी पेशी प्रिंसिपल के सामने हो जाती जिसे सोचकर ही हम थर-थर कांपने लगते। प्रधानाचार्य जिस जगह से निकलते, वहाँ सन्नाटा छा जाता। छात्रों ही नहीं, मास्टरों तक पर उनका रुआब महसूस किया जा सकता था। प्रिंसिपल के राउन्ड की खबर मिलते

ही मास्साब गर कुर्सी पर बैठे होते तो खड़े होकर पढ़ाने लगते या ब्लैकबोर्ड पर लिखकर कुछ समझाने लगते। गरज यह कि छात्रों और शिक्षकों के बीच ही नहीं, अध्यापकों और प्रधानाचार्य के मध्य भी सम्मान, भय व शिष्टाचार की गहरी खाई थी।

मौजूदा वक्त में स्थितियाँ काफी बदल गई हैं। आज अध्यापक और छात्र आपस में हँसी मजाक करते ही नहीं देखे जाते, बल्कि कुछ अनैतिक व अमर्यादित कार्यों और आचरण में भी दोनों की सहभागिता की खबरें अक्सर कानों में पड़ती हैं।

अपने इस नये क्लास में मुझे दो ही लड़के ऐसे नजर आये जिनसे बातचीत की जा सकती थी और सम्पर्क रखा जा सकता था। एक उमेश और दूसरा सुनील। उनका आचरण, बात करने का अन्दाज, पहनने रहने का ढंग मुझे क्लास के अन्य सहपाठियों से बेहतर लगा था। जल्दी ही हम तीनों अच्छे मित्र बन गये और वह मित्रता आज भी जारी है।

शुरुआत सुनील की तरफ से हुई थी हालाँकि मेरे मन में इस मित्रता को लेकर काफी समय तक संशय और अविश्वास बना रहा था। एक तो वह दो साल से ग्यारहवीं में फेल हो रहा था। ऐसे लड़के को एक दोस्त के रूप में मान्यता देने से मैं पशोपेश में था। दूसरे मुझे जल्दी ही पता चला कि उसके पिता रामपुर के जाने माने नेता हैं। दो बार विधायक और लम्बे अर्से तक जिला कांग्रेस के अध्यक्ष रहे थे और शायद उन दिनों भी थे।

देश को आजाद हुए सत्रह साल बीत चुके थे। कर्तव्यनिष्ठ, संघर्षशील, जुझारू और देश को समर्पित नेताओं की जो छवि स्वतन्त्रता आंदोलन के दौरान बनी थी, वह चरमरा रही थी। आजादी के पूर्व के आदर्श लड़खड़ाने लगे थे हालाँकि पूरी तरह ध्वस्त नहीं हुए थे। राजनीति में अभी वही पीढ़ी सक्रिय थी जिसने या तो आजादी की लड़ाई में भाग लिया था अथवा कम से कम उस महासंग्राम और उससे जुड़ी तकलीफों, दर्दों, संघर्षों, अन्यायों, अत्याचारों और दमन के भुक्तभोगी या साक्षी रहे थे। इसलिए उन दिनों राजनीतिक पदाधिकारियों और जन प्रतिनिधियों की छवि बहुत अच्छी तो नहीं थी पर उतनी खराब भी नहीं थी जैसी आज है। उतना भ्रष्टाचार भी नहीं था जैसा आज देखने को मिलता है। खादी पहनने वाली यह पीढ़ी अनेक ऐसी व्याधियों से दूर थी जिनसे आज भारत के जन प्रतिनिधि ग्रस्त और पीड़ित हैं। उनके दुराचरण की जो खबरें आज जानकारी में आती हैं, तब कभी नहीं सुनी जाती थीं। इसकी एक वजह यह भी मुमकिन है कि उन दिनों लोकतन्त्र का चौथा स्तंभ मीडिया इतना प्रभावशाली नहीं था। न ही उसकी पहुँच इतनी व्यापक थी। घरों में टीवी नहीं था। इसके बावजूद नेताओं और जनप्रतिनिधियों से जनता का मोहभंग

शुरू हो गया था। आम धारणा थी कि सियासत से जुड़े ज्यादातर लोग अच्छे इनसान नहीं होते।

बहरहाल सुनील से मित्रता करने में उसके परिवार की पृष्ठभूमि को लेकर मेरे मन में भारी संकोच था। और हाँ, बात सिर्फ मेरे मन की ही नहीं थी। उन दिनों हम अपने काफी निजी फैसले माता पिता के नजरिये को ध्यान में रखकर करते थे। किसके साथ खेलना है, किससे दोस्ती रखनी है, किसके साथ स्कूल जाना आना है, तय करते समय हमारे दिमाग में पिता की सोच हावी रहती। सुनील को लेकर मुझे हमेशा लगता कि बाऊजी को यह मेलजोल कतई पसन्द नहीं आयेगा। एक तो पढ़ाई में उसका फिसड्डी होना और दूसरे सियासी खानदान से जुड़ाव।

पर उमेश के साथ ऐसी कोई बाधा नहीं थी। हमारी तरह वह भी मध्यवर्गीय परिवार से था। उमेश और सुनील के बीच बरसों पुराने पारिवारिक सम्बन्ध थे। एक समय में वे दोनों पड़ोसी रहे थे। उनका एक दूसरे के घर आना जाना था। सबसे पहले मैं सुनील के साथ ही उमेश के घर गया था। बाद में हमारा एक दूसरे के घर आना जाना शुरू हो गया और हमारी मित्रता घनिष्ठ होती गई।

बीए तक आते-आते हमारी तिकड़ी पूरे रजा कालिज में चर्चित और मशहूर हो गई थी। हम लोग अक्सर साथ देखे जाते। साथ कालिज आया जाया करते, पिक्चरें साथ में देखते, लड़कियों की ताकाझांकी साथ में करते और प्राध्यापकों या सहपाठियों के घर साथ जाते थे।

छठे दशक के अंत तक साड़ी एम्पोरियम महज एक पुरानी प्रतिष्ठित दुकान भर रह गई थी। कारोबार घट रहा था और उसकी आमदनी में निरन्तर कमी आ रही थी जबकि जगदीश चंद के दूसरे भाइयो की दुकानें अच्छी कमाई कर रही थीं।

काफी हद तक खुद जगदीश लाला, जिन्हें हम चाचाजी कहा करते थे, इसके लिए जिम्मेवार थे। वह अपना काफी वक्त सामाजिक कार्य कलापों में लगाते। लोगों के आपसी झगड़े सुलझाना, पारिवारिक विवादों में हस्तक्षेप करना, दुकान, मकान आदि के झंझटों में मध्यस्थता करना, अपने समाज के बच्चों के शादी ब्याह में गहरी दिलचस्पी और सक्रियता रखना वगैरह...। छोटी उम्र से ही उमेश को दुकान पर छोड़ कर वह इन सामाजिक कार्यों में डूबे रहते। निसंदेह इस नाते समाज में उनका बहुत सम्मान था लेकिन इससे उनकी दुकानदारी तो प्रभावित हो ही रही थी। उमेश अभी दुकान सम्हालने के लिए पूरी तरह परिपक्व नहीं था। उसकी इस काम में दिलचस्पी भी नहीं थी। बस पिताजी का हुकुम बजाने के लिए वह डर से दुकान पर बैठा रहता। इसका बिक्री पर खराब असर पड़ना लाजमी था।

चाचाजी ने समाज सेवा के क्षेत्र में खूब प्रतिष्ठा अर्जित की। उनकी समस्त सामाजिक गतिविधियाँ निष्काम और निस्वार्थ भाव से थीं। इन कामों में वह अपना वक्त और पैसा तो लगाते ही थे, अपनी आमदनी का भी नुकसान करते थे। अक्सर पैदल और कभी रिक्शे पर वह इन कामों के लिए दूर-दूर जाया करते और कभी पूरा-पूरा दिन इन्हीं में मशगूल रहते। इसका खामियाजा उनके कारोबार ही नहीं, परिवार को भी भुगतना पड़ता। घर में बीमारी हारी या कोई आकस्मिक जरूरत होने पर उनकी ढूंढ मच जाती।

उन दिनों सम्पर्क के साधन बहुत कम और दुलर्भ थे। मोबाइल तो दूर, फोन भी इने गिने लोगों के घर या दुकान पर होता था। कभी तो पूरे मुहल्ले में एक ही फोन होता था और लोग एमरजेंसी के लिए अपने इष्टमित्रों और रिश्तेदारों को वही नंबर दे देते थे। आपस में इतना मेलजोल था कि मुहल्लेवाले न तो वहाँ से फोन करने में संकोच करते थे और उस नंबर पर आस पास के लोगों के फोन आना बड़ी सामान्य बात थी। कई बार घर वालों से अधिक मुहल्लेवालों के फोन उस नंबर पर आते थे। उस परिवार का एक सदस्य इसी बुलावट में भाग दौड़ करता रहता था।

आज इस तरह के सामाजिक सौहार्द्र और समन्वय का नितान्त अभाव दिखलाई पड़ता है। सुविधाएं भी बढ़ी हैं पर यह भी सच है कि लोगों की अपनी दुनिया इतनी संकुचित और आत्मकेंद्रित हो गई है कि दूसरों के लिए कुछ करने की चाहत लगभग खत्म हो गयी है। पहले इन छोटे कामों को सामाजिकता का अंग माना जाता था जबकि अब इसे पड़ौसी का लीचड़पन समझा जाता है।

चाचाजी उम्र में बाऊजी से बड़े थे लेकिन सुनील के पिता से छोटे होने के कारण उसके साथ मैं भी उन्हें चाचाजी और अम्मा को चाचीजी कहकर पुकारता था। अंकल शब्द छोटे शहरों में प्रचलन में नहीं था। आज तो आपका सगा भी अंकल है और एकदम अजनबी बुजुर्ग भी जिससे दूर-दूर का कोई नाता न हो। चाचा कहने में जो इज्जत व अपनेपन का भाव था, वह अंकल में कहाँ। रामपुर में बूढ़े दुकानदारों, रिक्शेवालों और मुहल्ले वालों को चचा या मियाँ कहकर पुकारने की रवायत थी हालाँकि ये संबोधन केवल मुसलमान बुजुर्गों के लिए प्रयोग किया जाता।

समाजसेवा को समर्पित चाचाजी जैसे लोगों को बड़ी इज्जत से देखा जाता था क्योंकि लोग उनकी निस्वार्थ सेवाभावना से बखूबी परिचित थे। चाचाजी पर व्यापार मंडल का चुनाव लड़ने के लिए काफी दबाव डाला गया पर उन्होंने साफ इनकार कर दिया। मुहल्लेवालों का आग्रह था कि वह नगरपालिका सदस्य के लिए अपनी उम्मीदवारी घोषित करें जिसमें उनकी जीत लगभग तय थी। पर सबसे वह एक ही बात कहा करते,'भइया, ये सब काम तो मैं अपने हित में करता हूँ जिससे मरते दम

तक चलता फिरता रहूँ। दुकान पर बैठे-बैठे बदन पर सिर्फ चर्बी चढ़ती है और शरीर ठस्स हो जाता है।'

यह उनकी विनम्रता थी अथवा उनके अन्तर का आग्रह और विश्वास या शायद दोनों ही, मैं कह नहीं सकता। पर इतना मुझे जरूर लगता है कि यह आज के लोगों की सोच और नजरिये से एकदम अलग था। आज सामाजिक सेवा के नाम पर काम कर रहे ज्यादातर लोगों के अपने हित और स्वार्थ सर्वोपरि हैं। समाज सेवा के नाम पर किए जा रह कामों से आपको सियासत की बू भी आती है। सामाजिक सेवा अब पॉलिटिकल एजेण्डे व करियर का हिस्सा बन गई है क्योंकि राजनीति में दाखिल होने की पहली सीढ़ी अब ऐसी सामाजिक गतिविधियाँ हैं।

अब इन कामों का फलक और क्षेत्र अत्यन्त व्यापक और विस्तृत है। पहले ये काम महज आपसी सौहार्द्र बनाए रखने, सामाजिक रिश्तों में समरसता और सामन्जस्य बनाये रखने तक सीमित थे जिससे आपसी विवाद आसानी से सुलझाये जा सकें और कचहरी, थाने की फजीहत से हरमुमकिन बचा जा सके। आज सामाजिक कार्यों के मुद्दे परिवार, सम्पत्ति और रिश्तों से आगे बढ़ कर विभिन्न क्षेत्रों में अधिकार और उसकी प्रतियोगिता/प्रतिस्पर्द्धा को लेकर हैं। शिक्षा, नागरिक सुविधाएं, तमाम नये अधिकार, कुरीतियों, दलित, पिछड़ों और महिलाओं से जुड़े मुद्दे, राजनीतिक विचारधाराओं का टकराव व बेतहाशा महत्त्वाकांक्षाओं से जन्म लेते संघर्ष और विवाद...। अधिक्तर मुद्दों या विवादों के मूल में सियासत भी नजर आती है। अक्सर सामाजिक सेवा किसी खास समूह, जाति या तबके के हितों से जुड़ी होती हैं। उनमें सामूहिकता का अभाव नजर आता है। वे वृहत्तर समाज के हितों की पैरवी करते नहीं दिखलाई देते। हर पक्ष के साथ एक राजनीतिक दल खड़ा नजर आता है तथा दोनों पक्षकार और उनके पैरोकार मामले को सुलझाने के बजाए उसे उलझाने में अधिक रुचि लेते हैं। नवागत और छुटभइये नेताओं को अपनी सियासत चमकाने का इससे अच्छा मौका नहीं मिलता।

मौजूदा दौर में ज्यादातर लोग निजी लाभ की आशा से इस कथित सामाजिक सेवा में जुटे दिखलाई देते हैं। अधिकारियों से मिलाने, दरख्वास्त लिखने या देने, नेताओं से मुलाकात कराने तक के पैसे लिए जाते हैं। इन्हीं सामाजिक कार्यकर्ताओं में से दलाल निकल कर आते हैं जो सरकारी कर्मचारी और जनता के बीच सेतु बन कर लेनदेन का जरिया बनते हैं। जाहिर है कि इसमें उनकी अपनी हिस्सेदारी तो होती ही है। कई बार इस समाज सेवा के दौरान वे अफसर या नेता के नाम पर पैसा डकार जाते हैं और लाचार, असहाय पब्लिक कुछ जानते समझते हुए भी अपना काम कराने के लिए इससे बेखबर होने का ढोंग रचती है।

इतना ही नहीं, सामाजिक सेवा के नाम पर आज तमाम गैर सरकारी संस्थाएं हर क्षेत्र में कुकुरमुत्ते की तरह उग आयी हैं। काफी संस्थाएं सरकारी अफसरों के रिश्तेदारों या नेताओं द्वारा चलाई जा रही हैं। इन एनजीओज को भारी भरकम सरकारी अनुदान मिलता है और कईयों के पास विदेशी मुद्रा के अक्षुण्ण स्त्रोत हैं। उनके पास कहाँ से कितना पैसा आता है और उस धन का कैसे और क्या उपयोग किया जा रहा है, की जानकारी आम जनता को नहीं होती। कुछ के उद्देश्य बड़े महान और आदर्श बताए जाते हैं पर कार्यप्रणाली और व्यवहार में इसका नितान्त अभाव दिखलाई देता है।

चाचाजी को स्मरण करते हुए आज मैं सोचता हूँ कि समाज सेवा जो उस समय एक धर्म था, आज लूटखसोट, धोखाधड़ी, जालसाजी, प्रपंच, गबन, शोषण का कैसा स्वीकार्य और संस्थागत माध्यम बन गया है।

उन दिनों भी अपवाद रहे होंगे और शायद उसी अनुपात में आज भी अपवाद हैं। पर सामान्य परिदृश्य बड़ा दुखद और निराशाजनक है।

छोटे शहरों में रोमांस

नाहीद सिनेमा, उसके सामने स्थित आकाशवाणी केन्द्र तथा उसके थोडा आगे मुख्य डाकघर पार करते ही रामपुर शहर का बाजार शुरू हो जाता है। मेरे बचपन में न तो आकाशवाणी केन्द्र यहाँ था और न ही मुख्य डाकघर। आकाशवाणी केन्द्र रेलवे स्टेशन के आगे शहर से लगभग आठ किलोमीटर दूर बरेली रोड पर पनवड़िया गाँव के पास बना था। रात में बरेली की ओर से ट्रेन से आने पर उसका लाल बत्तियों लगा ऊँचा एन्टीना देखकर लोगों को पता चल जाता कि रामपुर आने वाला है। मुरादाबाद की ओर से यह संकेत कोसी नदी पर बना पुल देता था। तब रामपुर उतरने वाली सवारियाँ अपना सामान समेटने लगतीं और लोग दरवाजे के पास आकर डट जाते थे। छोटा शहर और अमहत्त्वपूर्ण स्टेशन होने के नाते रामपुर में गाड़ियों का ठहराव दो, तीन मिनट का होता था। बुजुर्गों और बच्चों वालों के लिए यह खासा तनावभरा वक्त होता था।

रामपुर में आकाशवाणी केन्द्र की स्थापना एक अहम परिघटना मानी जाती थी। लोग इसे देखने आते और स्कूली बच्चों का टूर वहाँ ले जाया जाता। वहाँ के स्टूडियो और उपकरण देखकर हमें बहुत रोमांच होता कि कैसे एक कमरे में बैठकर आप दूर तक सुने जा सकते हैं। उसका ऊँचा एन्टीना भी हमें चकित करता था क्योंकि तब तक रामपुर में ऐसी गगनचुंभी चीज नहीं थी। जिन दिनों रामपुर की सालाना नुमाइश होती जिसका मैदान इस केन्द्र के काफी नजदीक था, कई लोग नुमाइश के साथ बाहर से रेडियो स्टेशन देखना नहीं भूलते।

शहर से काफी दूर होने के कारण यहाँ कार्यक्रम आयोजित करने में कई दिक्कतों का सामना करना पड़ता था। रामपुर में आवागमन का साधन केवल रिक्शा ही था। हर रिक्शाचालक वहाँ जाने को तैयार नहीं होता क्योंकि उधर से वापसी में सवारी रेलवे स्टेशन पर ही मिलती जो वहाँ से करीब चार किलोमीटर दूर था। महिलाएं, विशेषकर मुस्लिम लड़कियाँ वहाँ जाने की सोच भी नहीं सकती थीं। इसलिए केन्द्र स्थानीय प्रतिभाओं की सहभागिता से वंचित रह जाता। बाद में नाहीद

के सामने इसके निर्माण से रामपुर की युवा पीढ़ी का इस केन्द्र से जुड़ाव हुआ। 'युववाणी' जैसे कार्यक्रमों में अनेक छात्र छात्राएं भाग लेने लगीं।

जहाँ तक मुख्य डाकघर का प्रश्न है, पहले यह किले के मध्य गेट के सामने एक पुराने भवन में स्थित था। यहीं तारघर भी था। सन 59-61 में जब हम किले की महलसराय में रहते थे, यह डाकखाना हमारे घर से महज एक फर्लांग की दूरी पर था और इस नाते बाजार आते जाते अक्सर इसे देखते थे। नया गंज और सिविल लाइन बसने से पहले यह रामपुर नगर का केन्द्र समझा जाता था और रामपुर से अन्य स्थानों की दूरी यहीं से मापी जाती थी।

उन दिनों डाकखाने में खूब भीड़ रहती थी। खबर और खैरियत भेजने का यह एकमात्र जरिया था। कुरियर सेवा का तब जन्म नहीं हुआ था जिसका जाल आज सभी नगरों और कस्बों में फैला है और जिसने डाकघरों की आमदनी में गहरी सेंध लगाई है। लोगों का यकीन सभी सरकारी महकमों की तरह डाकघरों से भी उठ गया है।

पर उन दिनों तो जनता इसी सेवा पर पूरी तरह आश्रित थी। टेलीफोन की दुर्लभता के बारे में ऊपर लिखा ही जा चुका है। उनमें भी केवल लोकल बात करने की सहूलियत थी। दूसरे शहर बात करने के लिए आपको ट्रंककाल बुक करनी पड़ती थी जिसको मिलने में कभी घंटों लग जाते थे। ट्रंककाल बुक करने का मतलब था कि आप फोन से बंध गये। पता नहीं कब एक्सचेंज की लम्बी घंटी आ जाए। दिन और रात के रेट में अन्तर होता था इसलिए अक्सर लोग व्यक्तिगत कॉल रात में करते थे हालाँकि उस वक्त एक्सचेंज कर्मियों के सो जाने का भय रहता था। नींद में खलल पड़ने की वजह से वे कभी फोन मिलाने में आनाकानी करते थे या लाइन खराब होने अथवा पीपी (पर्टीकुलर परसन जिससे बात करने के लिए आपने फोन लगाया है) के मौजूद न होने का बहाना करके फोन पटक देते थे।

हाँ, काफी युवा साथियों को यह जानना भी रोचक होगा कि आज से लगभग तीस साल पहले तक भारत के अधिकांश शहरों में डायल सेवा उपलब्ध नहीं थी यानी आप खुद फोन नहीं मिला सकते थे। लोकल बात करने के लिए भी आपको एक्सचेंज की मदद लेनी पड़ती थी। फोन का चोगा उठाने पर 'नंबर प्लीज' का स्वर कानों में आता था और वही आपरेटर आपकी बात कराता था।

आज संचार व्यवस्था कैसी है, टेलीफोन और मोबाइल का कैसा जाल बिछ गया है, के बारे में कुछ लिखने की जरूरत नहीं है। सचमुच यह एक ऐसा क्षेत्र है जिसमें देश ने अभूतपूर्व और विस्मयकारी प्रगति की है। स्वातंत्र्योत्तर भारत में हरित और श्वेत क्रांति के बाद संचार क्रांति ही सबसे महत्त्वपूर्ण उपलब्धि कही जा सकती है। इसके लिए संचार क्रांति के जनक सैम पित्रोदा को सम्मानपूर्वक स्मरण करना जरूरी

लगता है मुझे। सी-डॉट प्रणाली से आरम्भ करके भारत के गाँव-गाँव में टेलीफोन के संजाल को विस्तीर्ण करने का श्रेय निस्संदेह रूप से उन्हें दिया जाना चाहिए।

उन दिनों तारघर मुझे बड़ी मनहूस जगह लगती थी क्योंकि आम आदमी के लिए यह अशुभ और दुखद सूचनाओं का केन्द्र था। बड़े बदरंग से चेहरे लिए लोग वहाँ दिखलाई पड़ते। कोई रोता हुआ वहाँ आता तो किसी का चेहरा व बाल उजड़े हुए और आँखें बुझी हुई होतीं। दरअसल तुरन्त खबर भेजने का यह इकलौता जरिया था और अधिक्तर इसका उपयोग आकस्मिकताओं की सूचना देने के लिए किया जाता था। तार का आना लोगों के दिल में घबराहट पैदा कर जाता। दिल की धड़कनें तेज हो जातीं और चेहरे पर हवाइयाँ उड़ने लगतीं। तरह-तरह के खराब ख्याल मन में आने लगते। लोग अपने बूढ़े माँ बाप, बीमार भाई बहन या किसी करीबी की खैरियत के लिए मन ही मन दुआ करने लगते।

अपने बचपन में दो बार ही तार का आना मुझे याद है। एक नाना के निधन के बारे में था जिसके बाद अम्मा रात भर कलपती रही थीं और सुबह बाऊजी के साथ अलीगढ़ के लिए प्रस्थान कर गई थीं। उसके काफी समय बाद जब एक रात बाहर से 'तार ले लो' की आवाज आयी तो अम्मा को नानी की याद आने लगी और उनकी आँखें भर आयीं। हमारे खानदान में वही बुजुर्ग थीं क्योंकि हमारे बाबा दादी का देहान्त तो अम्मा बाऊजी के ब्याह से पहले ही हो गया था।

घबराहट बाऊजी के चेहरे पर भी थी हालाँकि वह सामान्य दिखने की भरसक कोशिश कर रहे थे। कांपते हाथों से तार लेकर सांस रोककर बाऊजी ने उसे पढ़ा, एक गहरी सांस ली और फिर धीरे से मुस्करा दिए।

'किसका तार है जी?' पास खड़ी कंपकंपाती अम्मा को बाऊजी का मुस्कराना बड़ा नागवार गुजरा और उन्होंने चिढ़ कर पूछा।

'सक्सेना का। कल आ रहा है।' बाऊजी ने सहज होकर कहा।

'तो इस वक्त तार देकर खून सुखाना था भाई साहब को...। कैसे-कैसे गलत विचार मन में आने लगे थे।' राहत की सांस लेते हुए अम्मा बड़बड़ाते हुए कमरे में चली गयीं।

सक्सेना बाऊजी के किशोरावस्था के मित्र थे। बचपन में हम उनकी याद महज उनके शरीर पर रीछ की तरह उगे बालों को लेकर करते थे और हैरान होते थे कि किसी आदमी के बदन पर इतने बाल भी हो सकते हैं। इसके बरक्स बाऊजी के शरीर पर नाममात्र के बाल भी नहीं थे। सक्सेनाजी को लेकर कई मजेदार बातें भी हमें सुनाई जाती थीं जैसे कोई नाई उनके बाल काटने को तैयार नहीं होता था क्योंकि

वह सिर के साथ पूरे शरीर को सामने खोल देते थे।

उन दिनों तार द्वारा शुभकामनाएं भेजे जाने का चलन कम था हालाँकि कुछ लोग इसका इस मकसद से जरूर इस्तेमाल करते होंगे। पर छोटे शहरों के रहने वालों में यह कम देखने को मिलता था। शायद तब ऐसी औपचारिकताओं का रिवाज भी कम ही था। होली, दीवाली, ईद या नये साल पर हम आपस में शुभकामनाएं देते थे पर शायद बड़े लोग भी दूसरे शहरों में रह रहे अपने मित्रों और सम्बंधियों को पत्र या तार से बधाई नहीं देते थे। अब तो कुछ लोग हर रोज किसी डे या त्योहार पर मुबारकबाद देने का मौका तलाशते हैं जिसके लिए टेलीफोन की जबरदस्त सुविधा है। आज हर दिन किसी रिश्ते या त्योहार से जुड़ा हुआ है, मदर्स डे, फादर्स डे, वेलेन्टाइन डे, सिस्टर्स डे, फ्रेन्डस डे और अनगिनत तीज त्योहार। इन अवसरों पर एसएमएस या मेल द्वारा आपको सैकड़ों की संख्या में बधाई संदेश मिलते हैं।

दूसरों को छोड़िये, घर के कई सदस्यों को अपनी असली पैदाइशी तारीख की जानकारी भी कम होती थी। जाहिर है कि दूसरों के जन्मदिन के बारे में बहुत कम लोगों को पता रहता था। बर्थडे मनाने का रिवाज कम ही परिवारों में था। रामपुर जैसे शहर में केक नहीं मिलते थे तो उन्हें काटने का सवाल ही नहीं था। नतीजतन जन्मदिन भी ऐसा अवसर नहीं था जब बधाई देने की जरूरत हो। मुझे अपने दोनों जिगरी यार उमेश और सुनील की जन्मतिथि की आज तक जानकारी नहीं है। अपने परिवार के सात सदस्यों में हमें सिर्फ तीन की सही पैदाइशी तारीख पता थी, मेरी, दादा और छोटी बहन की। बाकी के बारे में हिन्दी केलेण्डर के हिसाब से अम्मा तिथि बतलाया करती थीं। बाऊजी और अम्मा को भी शायद अपनी सही जन्म तिथि ज्ञात नहीं थी। बाऊजी के मैट्रिक और अम्मा के जूनियर हाई स्कूल प्रमाणपत्रों में जो तारीख लिखी है, उसे ही आज हम जानते हैं। तब हमें उसकी भी जानकारी नहीं थी। बहरहाल हमारे घर में किसी का बर्थडे नहीं मनाया जाता था।

इसमें कोई संदेह नहीं कि तार एक उपयोगी सुविधा थी और इसलिए वहाँ भीड़ लगी रहती थी। आज काफी लोगों को पता ही नहीं होगा कि तारघर कहाँ है। फोन, एसएमएस, ईमेल, फेसबुक, ट्विटर के युग में तारों की उपयोगिता खत्म हो चुकी है और इसलिए अब तारघरों में सन्नाटा पसरा रहता है।

राजद्वारा गेट के सामने से गुजरा हूँ तो सुनील की याद आना लाजमी है। आखिर बरसों पुराना दोस्त है और वह भी किशोरावस्था के दिनों का जब आप जवानी की दहलीज पर तमाम ख्वाब लिए कदम रखते हैं। एक ओर आपका भविष्य आपको ललकारता और प्रेरित करता है और दूसरी ओर तमाम उमंगें, कामनाएँ, लालसाएँ,

वासनाएँ आपको रात दिन उद्वेलित किए रहती हैं। अक्सर आप सही गलत की कशमकश में भी झूलते रहते हैं। कभी बचपन से डाले गये संस्कार आपको नैतिकता के बंधन में जकड़ते हैं तो कभी अतृप्त कामनाएँ इन बंधनों से मुक्ति के लिए आपके अन्दर छटपटाहट पैदा करती हैं। ऐसे में अच्छे दोस्त एक अहम भूमिका निभाते हैं। वही दोस्त आपके सलाहकार और मार्गदर्शक का काम भी करते हैं।

जैसा मैंने लिखा है, हमारी मित्रता ग्यारहवीं क्लास में हुई थी। इंटर से एमए तक हम साथ रहे हालाँकि एमए में उसका विषय भिन्न था। वह और उसके परिवार वाले मानते थे कि जब से मुझसे उसकी दोस्ती हुई, उसके फेल होने का सिलसिला बन्द हो गया और वह हर क्लास एक साल में ही पार कर गया। अध्ययन के प्रति उसमें कुछ रुचि पैदा हो गई थी और वह परिश्रम करता। पर परीक्षा में उसके अच्छे नंबर तब भी नहीं आते जिसकी एक खास वजह उसकी अपठनीय हैंडराइटिंग थी। हमारे एक प्राध्यापक कहते थे कि वह अक्षरों को जलेबी की तरह छानता है जिसमें एक पैटर्न तो होता है पर उसे समझना परीक्षक के लिए टेढ़ी खीर था। उसके हस्तलेख को समझना एक बड़ी चुनौती था। मनोविज्ञान के एक प्राध्यापक कहते थे कि वह उसे पेज के हिसाब से नंबर दे देते हैं। उसके लिखे को पढ़ना उन्हें बड़ा तकलीफदेह लगता और आजिज आकर उसे कामचलाऊ नम्बर मिल जाते।

बहरहाल मुझे लगता है कि मेरा कुछ न कुछ असर उस पर जरूर था। मैं अपने अध्ययन को लेकर गम्भीर था। बाऊजी के असामयिक निधन के बाद हमारा परिवार घोर आर्थिक संकटों से जूझ रहा था। अम्मा उस दिन का इंतजार कर रही थीं जब मैं अपना पढ़ाई पूरी करके ठीकठाक नौकरी पाऊँ और अपने परिवार को इस संकट से किसी हद तक उबार सकूं। इसलिए मुझे तो जी तोड़ परिश्रम करना ही था।

सुनील की पारिवारिक स्थिति एकदम अलग थी। पिता जाने माने नेता थे और उनकी माली हालत मजबूत थी। शहर में बड़ी कोठी थी और आसपास काफी खेतीबाड़ी थी। सुनील की नौकरी को लेकर वह कभी संजीदा नहीं थे वरना उसे कहीं लगा देना उनके लिए कोई बड़ी बात नहीं थी। उन दिनों ज्यादातर विभागों में नियुक्ति का अधिकार स्थानीय अधिकारी को होता था। टेस्ट, साक्षात्कार आदि के झमेले कम थे और थे भी तो महज औपचारिकता पूरी करने के लिए। लोगों में अपने हकों के प्रति वैसी जागरूकता नहीं थी जैसी आज देखने को मिलती है। प्रशासन में पारदर्शिता के सूत्र का ईजाद नहीं हुआ था और आला अफसरों के फैसलों पर उंगली उठाने का जोखिम कम ही लोग उठाते थे। यह न्यायिक सक्रियता का वक्त भी नहीं था। शायद नौकरियों में रिश्वत का इतना बोलबाला भी नहीं था। इसलिए अधिकारी अपने फैसले लेने में पूरी आजादी महसूस करते।

अब तो किसी महकमे में चौथे दर्जे की नौकरी पाना भी आसान नहीं है। उम्मीदवारों को चयन की लम्बी प्रक्रिया से गुजरना पड़ता है। तकनीक के प्रयोग से पूरी भर्ती प्रक्रिया को पारदर्शी बनाने की कोशिश की जा रही है। इसके बावजूद भ्रष्टाचार का बोलबाला है। चपरासी, प्राइमरी अध्यापक या सिपाही की भर्ती का रेट लाखों में है। दिलचस्प बात यह है कि भर्ती की ये दरें सार्वजनिक हैं। मास्टर या सिपाही बनने के लिए लोग अपनी जमीन, मकान तक बेच डालते हैं। राजनीतिक हस्तक्षेप तो है ही, अदालतें भी खासी दखलअन्दाजी करती हैं। नतीजतन कभी-कभी भर्ती प्रक्रिया को पूरी होने में सालों लग जाते हैं।

सुनील सौम्य, सुदर्शन, मधुर स्वभाव का व्यवहार कुशल लड़का था। सबसे अच्छे ताल्लुकात बनाकर रखता था। आपसी बातचीत का कौशल उसमें था और वह दूसरे पर अपना प्रभाव आसानी से छोड़ देता था। शायद हमारी यारी का भी यही राज था।

पिताजी चाहते थे कि वह राजनीति में आकर उनकी विरासत सम्हाले। अपने तीन लड़कों में वह उसी को इस काबिल समझते भी थे। बड़ा काफी पहले ही नौकरी के सिलसिले में बाहर था और छोटे से उन्हें कुछ खास उम्मीद नहीं थी। रामपुर में उनका सियासी कद सचमुच ऐसा था कि उनका लड़का आसानी से अपने पैर जमाकर कुछ हासिल कर सकता था। आगाज भी बुरा नहीं हुआ। बीए के दौरान सुनील रजा कालिज के छात्र संघ का अध्यक्ष निर्वाचित हुआ और जिस साल हम लोगों ने एमए पास किया, उसी साल वह नगरपालिका के सदस्य के रूप में भी चुना गया। उसकी टक्कर कई दिग्गजों से हुई। राजनीतिक दलों ने भले ही टिकट न दिए हों, वे किसी न किसी उम्मीदवार का समर्थन तो कर ही रहे थे। जिस वार्ड से सुनील चुनाव में खड़ा हुआ था, वहाँ दुकानदारों, लालाओं, पंजाबियों की आबादी थी और उनमें से अधिकांश भाजपा समर्थक थे। ज्यादातर के घरों के ऊपर भगवा झंडा लहराता था जबकि सुनील का परिवार पुराना कांग्रेसी था।

सुनील के चुनाव में हमारी पूरी मित्र मंडली और रजा कालिज के छात्र छात्राएं जी जान से जुटे थे। उसका सद्व्यवहार उसके पक्ष में था हालाँकि पिता की राजनीतिक पृष्ठभूमि के आधार पर उसके खिलाफ खूब दुष्प्रचार किया गया। पर हम सब साथी घर-घर जाकर महिलाओं और युवाओं से मिलते थे। इसका प्रभाव यह हुआ कि क्षेत्र के भाजपा समर्थित पुरुष मतदाता तो सुनील के विरोध में रहे किन्तु महिलाओं और युवाओं ने उनकी इच्छा के खिलाफ सुनील के पक्ष में मतदान किया और वह भारी मतों से विजयी रहा।

रामपुर के इतिहास में शायद वह सबसे युवा पार्षद था।

पर एक अच्छे ब्रेक के बावजूद सुनील राजनीति में आगे नहीं बढ़ सका। वह युवक कांग्रेस का पदाधिकारी भी रहा पर उसमें उस जुझारूपन का अभाव था जो सियासत की जरूरी शर्त है। उसमें जनसभाओं में भाषण देने की क्षमता नहीं थी और न ही लोगों के साथ घूमकर उनका कामकाज कराने या उनका दुख सुख बांटने में उसने दिलचस्पी दिखलाई। वह अपने जीवन के राग विराग में इस तरह डूबा रहता कि उसे इन कामों के लिए फुर्सत ही नहीं मिलती। धीरे-धीरे वह राजनीति से पूरी तरह कट गया और उसके सियासी करियर का जल्दी ही पटाक्षेप हो गया।

इस बीच उसने दादा के साथ मुरादाबाद से एलएलबी किया क्योंकि मुरादाबाद उसका मक्का मदीना था। उसके जीवन का सारा रस वहीं केंद्रित था। दादा के साथ काला कोट पहन कर उसने कुछ साल कचहरी में घुमक्कड़ी की पर यहाँ भी उसके जीवन का रोमांस उसपर हावी रहा। कुछेक साल की टहलकदमी के बाद उसने कचहरी जाना भी छोड़ दिया।

सुनील चिर रोमांटिक नौजवान था। उसके सहज, सरल और सुदर्शन व्यक्तित्व के पीछे जीवन का रस थिरकता नजर आता था। जब 1967 में हम बीए कर रहे थे, बबीता की फिल्म 'फर्ज' आयी थी और सुनील उसपर दिलोजान से फिदा था। जिन पत्रिकाओं में बबीता की फोटो छपती, वह उसे सहेज कर रखता। बीए के दौरान वह दो, तीन कॉपी लेकर कालिज जाता था और उसमें वह फोटो भी रखी रहती। बबीता की एक बड़ी फोटो उसने हमारे घर पर किताबों की अल्मारी में रख रखी थी। जब भी वह घर आता, उसे निकाल कर जरूर देखता, धीरे धीरे मुग्ध भाव से मुस्कराता और फिर सहेज कर महफूज जगह पर रख देता। मुझे और दादा को उसकी आँखों की चमक देखकर बड़ा रोमांच होता। इसे लेकर हम उसकी खूब खिंचाई भी करते। पर सुनील के व्यक्तित्व की एक बड़ी खूबी यह थी कि वह अपने ऊपर किए गये उपहासों और तानों को बड़ी सहजता से लेता था। अपनी और पिता की आलोचना पर वह कोई तीखी प्रतिक्रिया जाहिर नहीं करता था। एकाध अवसरों पर तो मेरे घर पर ही कुछ लोगों ने, जो उसे पहचानते नहीं थे, उसके पिता की घनघोर आलोचना की पर वह सहज ही बना रहा। इस माने में वह बड़ा सहनशील और धैर्यवान इनसान था।

फिल्मी हीरोइन पर फिदा होने के किस्से उन दिनों बहुत आम थे। कई युवा इन चहकते, चमकते चेहरों पर बुरी तरह मर मिटते थे। दरअस्ल जिस समाज में हम रहते थे, वो तमाम वर्जनाओं का संसार था। उन दिनों लड़के लड़कियों के बीच मेलजोल लगभग शून्य था। इसलिए ख्वाबों की दुनिया किशोरों और युवाओं का बड़ा संबल थी। मेरे एक परिचित ने रेखा को सालों साल रोजाना पत्र लिखे और उसी

पूर्वाग्रह के चलते एक सांवली सलोनी से ब्याह भी कर डाला क्योंकि उसमें उसे रेखा की छवि नजर आती थी।

शायद आज भी ऐसे दीवानों की कमी न हो हालाँकि मौजूदा वक्त में समाज का नजरिया बदला है। स्त्री पुरुष रिश्तों को लेकर लोगों के रुख में बदलाव आया है। युवाओं के पास अपनी भावनाओं को जाहिर करने के तमाम जरिये हैं। वे अधिक परिपक्व और यथार्थ के करीब हैं। जिन्दगी की सच्चाईयों को वह बेहतर ढंग से समझते हैं और उसके छलावों में न भटक कर अपने इर्द गिर्द जिन्दगी का सत व रस तलाशते हैं। दूरियाँ अब सिमट गई हैं। फिल्मी हीरोइन पर वह फिदा हो सकता है पर फेसबुक, चैटिंग या फोन फ्रेंड के जरिये वह अपने दिल के गुबारों को निकाल पाता है।

छोटे शहरों में रोमांस का स्वरूप कुछ अलग ही होता था। अक्सर 'खोदा पहाड़ निकली चुहिया' वाली कहावत चरितार्थ होती थी यानी हो हल्ला बला का पर हकीकत में कुछ नहीं। कालिज के दिनों में कुछ लड़के लड़कियों के नाम जुड़ जाते थे। उसे लेकर खूब बातें होती थीं, यार दोस्त और साथ पढ़ने वाले उनकी खूब खिंचाई करते थे। वे भी ऐसे शर्माते जैसे उनकी जिन्दगी के किसी गहरे राज का पर्दाफाश किया जा रहा हो याकि जो कुछ कहा जा रहा है, वह सौ फीसदी सच है। अक्सर न तो वे रिश्ते का इकबाल करते थे और न ही उससे इनकार करते थे। हालाँकि ज्यादा इमकानात इस बात के थे कि उन दोनों ने कभी अकेले में बात भी नहीं की होती थी। कहीं मिलने या साथ घूमने की तो रामपुर जैसे शहर में कोई कल्पना भी नहीं कर सकता था। सभी लोग इस सच्चाई को अच्छी तरह जानते थे पर उन दोनों के बीच कुछ ऐसी कैमिस्ट्री उन्हें नजर आने लगती कि हर किसी की जुबान पर उनके नाम होते।

कालिज के दिनों में सारा रोमांस नजरों से होता था और अक्सर वहीं सिमट कर रह जाता था। कभी किसी लड़की ने मुस्करा कर बात कर ली या माँगने पर कोई किताब या नोट्स दे दिए तो यह उनका नाम जोड़ने के लिए काफी था। बस इसके बाद अन्य सहपाठियों से तो फिर भी बात हो जाती पर वे दोनों आपस में बात करने से बुरी तरह कतराते। चाहत मन ही मन में दबी रहती। बस एक दूसरे को देखकर ही चहकते रहते और ख्वाबों की दुनिया में खोए रहते। दिन में एक बार भी वो लड़की उस लड़के से नजरें मिला लेती तो मन चहक उठता। कालिज आना सार्थक और सफल प्रतीत होता।

कालिज के दिनों में सुनील भी एक लड़की से ऐसे ही दूर दूर के रोमांस में

मुब्तिला था। रात दिन वो नाम उसकी जुबान पर रहता। उसके कपड़े, उसके बाल, उसकी अदाएँ हर वक्त सुनील के दिलोदिमाग पर हावी रहतीं। दिन में एक बार भी वह उसे मुस्कराकर देख लेती तो वह निहाल हो जाता और हम पर दस, पन्द्रह रुपए खर्च कर देता जो उन दिनों छोटी रकम नहीं थी। महीनों ऐसा चलता रहा और पूरे कालिज में उनके एफैयर की अफवाह गूँजती रही। पर सच यह है कि मिलना तो दूर, सुनील कभी उससे ठीक तरह बात भी नहीं कर पाया था।

इतवार या जिस दिन वह लड़की कालिज से गैरहाजिर रहती, मैं, उमेश और सुनील उस लड़की के घर की गली के दो, तीन चक्कर इस उम्मीद से लगाते कि कभी आते जाते या छत से झाँकते उसके दीदार हो जाएं। और जिस दिन यह सुयोग हो जाता, हमारी प्रसन्नता सातवें आसमान पर होती। सुनील कहता कि उसका आज का दिन शुभ और सुफल हो गया।

रामपुर में रोमांसों का यही नमूना था। कालिज में उस रास्तों से गुजरना जहाँ से आपकी चहेती जा रही हो या जाने की सम्भावना है, रिक्शे में जाती लड़की के पीछे साइकिल चलाना, सड़क पर किसी दुकान पर खड़े होकर किसी लड़की को महीनों ताकना या उसके मुहल्ले से बार-बार गुजरना।

अपने घर के करीब सुनील को एक लड़की से ऐसा ही लगाव था जो अक्सर छत पर खड़ी दिखलाई देती थी। उन दिनों उसने अपने घर आने जाने का रास्ता बदल लिया था। उसके साथ हम भी उस गंदी और संकरी गली से गुजरना पसन्द करते थे जहाँ उस लड़की का घर पड़ता था। हम देखते कि दोनों की आँखें मिलतीं, कुछ हया, कुछ शर्म, कुछ चाहत, कुछ मुहब्बत और न जाने क्या कुछ-कुछ उनमें संप्रेषित होता, दिल चहक उठता, मन में उमंगें उमड़ने लगतीं और दो-चार घंटे उसे सराबोर रखतीं। महीनों क्या सालों यह सिलसिला चला और बस टांय-टांय फिस्स...। सुनील ने कभी उसे रूबरू आमने सामने देखा तक नहीं था। उसका सारा वजूद हमारे लिए कमर से ऊपर तक था जो छत से दिखलाई देता था।

मुझे लगता है कि तब शायद लड़कियों के लिए छत पर आना, देर तक खड़े रहना प्रकृति, मनुष्य व जीवन से साक्षात करना होता था। काम काज से निवृत्त होकर ये लड़कियाँ छत पर चली आतीं और दीन दुनिया का नजारा देखतीं। शायद यही उनकी आउटिंग और दिल बहलाने का जरिया था।

पता नहीं उन दिनों यह रिश्तों की पवित्रता थी, नैतिक मूल्यों का वर्चस्व, सोच की संकीर्णता, साहस का अभाव अथवा बेचारगी कहना कठिन है। पर इतना तो मैं दावे से कह सकता हूँ कि बहुत खराब विचार हमारे मन में नहीं आते थे। कालिज में जो लड़कियाँ हमारे साथ पढ़ती थीं, उनमें से दो एक से हमारा जिस तरह का

मैत्रीभाव था, वह आज सोचा भी नहीं जा सकता। एकाध के घर हम जाते भी थे, उनके परिजन हमपर पूरा यकीन और भरोसा करते थे पर कभी हमने एक दूसरे का हाथ भी नहीं छुआ। न ही ऐसा कोई ख्याल कभी मन में आया।

आज की युवा पीढ़ी को यह कितना बचकाना और हास्यास्पद प्रतीत होगा, सहज अनुमान लगाया जा सकता है। छोटे शहरों में भी आज लड़के लड़कियाँ खुले आम घूमते देखे जा सकते हैं। उन्हें लेकर किसी को कुछ आपत्तिजनक नहीं लगता। माँ बाप का नजरिया भी बदला है। वे अपने बच्चों को ज्यादा आजादी देने में यकीन करते हैं। लड़के लड़कियाँ साथ में फिल्म देखते हैं, पार्टी या ट्रीट में शामिल होते हैं, डिस्क में शॉट्स लेकर झूमते हैं, लॉन्ग ड्राइव पर जाते हैं और किसी की नजर उन पर टेढ़ी नहीं होती।

महानगरों की स्थिति तो बिलकुल ही बदली हुई है। काफी स्कूल व कालिजों में सहशिक्षा है। कामकाजी महिलाओं की संख्या में भारी इजाफा हुआ है। पुरुष सहकर्मियों के साथ उनका रोजमर्रा का आपसी व्यवहार और संवाद है। दोनों का काम एक दूसरे के बिना नहीं चलता है। यह मेलजोल उनके जीवन की जरूरत भी है। इसलिए मॉल्स, बाजार, थिएटर्स, डिस्क, पब वगैरह में अब जोड़े ही अधिक नजर आते हैं, हाथ थामे और एक दूसरे में खोए हुए। और कोई उन पर गौर भी नहीं करता।

हाँ, इससे यह मतलब निकालना भ्रामक होगा कि इसे नैतिक मूल्यों की गिरावट से जोड़ा जाना चाहिए। मूल्यों के विचलन और विघटन के इस दौर में स्थितियाँ बदली हैं पर ये भी सच है कि युवा पीढ़ी की मानसिकता बदली ही नहीं है, अधिक परिपक्व भी हुई है। हमारी तुलना में उनकी सोच अधिक व्यापक और आधुनिक है। वे अपना बुरा भला हमसे बेहतर ढँग से सोच सकते हैं। जिन्दगी के प्रति उनका नजरिया बदला है। वे डिस्क और पब में नाचते या शराब पीते हैं पर अपने अध्ययन या काम के प्रति भी उतने ही गम्भीर हो सकते हैं। उनके खानपान, वेशभूषा या अल्हड़पन से आप उनकी प्रतिभा और क्षमता का अन्दाजा नहीं लगा सकते जैसी सोच हमारे समय में थी। उन दिनों जो लड़का फैशन करता था, यह मान लिया जाता था कि उसका पढ़ने लिखने से कोई सरोकार नहीं है। तंग मोरी की पैंट या रंग बिरंगे कपड़े पहनने वालों, बालों का स्टाइल बनाने वालों या पर्फ्यूम लगाने वाले लड़कों को अच्छी नजर से नहीं देखा जाता था।

अब हालात और सोच एकदम बदल गये हैं। जहाँ एक ओर अपने भविष्य, काम और कॅरियर के प्रति उनमें पूरी संजीदगी है, वहीं दूसरी तरफ जिन्दगी का पूरा लुत्फ़ उठाने में भी वे यकीन रखते है।

जुनून त्योहारों का

इतने अरसे बाद रामपुर आने के बावजूद मुझे यहाँ का बाजार, दुकानें, उमेश की गली, बदबू से बजबजाती नाली, वही घुप्प अँधेरा या उसके घर में कोई बदलाव नजर नहीं आया है। ऐसा लगा कि इस जगह पर वक्त कहीं थम सा गया है। जो जैसा था, वो वहीं स्थिर और जड़ सा मौजूद है। उमेश की गली के बाहर की दुकानें तकरीबन वहीं हैं– परचून, किराने, पान सिगरेट, चाट पकौड़ी, दूध दही, समोसा जलेबी की वो छोटी-छोटी दुकानें। इनमें कोई खास रद्दोबदल नहीं है। हाँ, कोयले की अंगीठी के बजाए गैस के चूल्हे जल रहे हैं। दुकानदार भी लगभग वही थे। फर्क महज इतना था कि उनके चेहरे झुर्रियों से घिर आये थे, बालों में सफेदी चमक रही थी और कुछ की आँखों पर चश्मा चढ़ गया था। ज्यादातर जिन्दगी की चोटों से टूटे हुए दिख रहे थे मानो जीने का सारा जोश चुक गया हो और उम्र और वक्त काटने की कवायद में लीन हों।

गली के मुहाने पर एक ओर पहले की तरह सेन्ट्रल बैंक और दूसरी तरफ हकीम सुन्दर लाल की दुकान है जिसके बरामदे में सुबह से ही मरीज बैठे रहते थे। उन दिनों हकीमों का बड़ा बोलबाला था। एमबीबीएस डाक्टर गिने चुने होते थे। एक तो अंग्रेजी दवाइयाँ लोगों की हैसियत से बाहर होतीं और दूसरे उन पर काफी लोगों का भरोसा भी नहीं था। गाँव और शहर के ज्यादातर लोग हकीम और वैद्य के पास अपना इलाज कराने जाते थे। इस नाते समाज में उनका काफी सम्मान भी था।

गली के अँधेरे को नाली की बदबू ने लपेट रखा है। दो, चार लोग पैदल और कुछेक साइकिल वाले 'हटो, बचो' की आवाज करते गुजर रहे हैं। हाँ, दो मोटरसाइकिल भी वहाँ से निकली हैं जिसके तेज रोशनी में गली के वही पुराने मकान दिखलाई दे रहे हैं। बड़े शहरों में बदलाव की ब्यार बहुत तेजी से बहती दिखलाई देती है और दसेक साल में उस इलाके का हुलिया काफी कुछ बदल जाता है। काफी अरसे से बड़े शहरों में रहने के कारण मुझे लगता था कि परिवर्तन और सुधार की यह हवा देश के छोटे शहरों और कस्बों में भी चल निकली होगी। पर रामपुर की इस गली को देखकर मैं

सचमुच निराश हूँ। नागरिक सुविधाओं के नाम पर यहाँ शायद ही कुछ किया गया है। यहाँ के निवासियों ने भी इसे अपनी नियति स्वीकार कर लिया है।

उमेश ने बातचीत के दौरान इसे माना भी था,'यार, बड़े शहरों को तो चमकाया जाता है क्योंकि सब बड़े अफसर और नेता वहीं रहते हैं। बाहर से आने वाले लोग भी इन्हीं कुछ शहरों को देखकर सरकार के कामकाज और शासन के बारे में अपनी राय बनाते हैं और देश विदेश में प्रचारित करते हैं। फिर रामपुर जैसे छोटे शहरों पर ध्यान देने की क्या जरूरत है। रामपुर तो फिर भी पुराना शहर और डिस्ट्रिक्ट हैडक्वाटर है। नवाबी की वजह से कुछ अच्छी इमारतें भी हैं, चौड़ी सड़कें और ठीक ठाक बाजार हैं। और शहरों को जाकर देखो...।'

'हाँ यार, तू ठीक कहता है।'

'यार, कस्बों और गाँवों की हालत तो और भी खराब है। कोई सोच भी नहीं सकता कि आजादी के चौंसठ साल बाद भी वहाँ इतनी दुर्दशा है। लोग इतनी बदहाल स्थिति में जी रहे हैं। न वहाँ पीने का पानी है, न बिजली। साफ सफाई जैसी कोई चीज नहीं है। चारों तरफ गन्दगी का साम्राज्य है। खेती चौपट हो रही है। कर्ज में डूबे किसान आत्महत्याएँ कर रहे हैं। अपने खेतीबाड़ी के सम्मानजनक काम को छोड़ कर दूर शहरों में मजदूरी करने या रिक्शा चलाने के लिए मजबूर हैं।'

'हाँ, शहर में मेहनत मजदूरी करने वाले, घरों में काम करने वाले यही देहात के लोग ही तो हैं। न उनके पास रहने का ठौर ठिकाना है, न ही सोने की जगह। मुम्बई में सड़कों के किनारे कितने लोग सोते मिल जाएँगे। यही लोग गाड़ियों से कुचले भी जाते हैं।'

'हाँ, इसके बावजूद वे गाँव वापिस जाने को तैयार नहीं हैं क्योंकि वहाँ जिन्दगी की मामूली सुविधाओं का कतई अभाव है। कुछेक अस्पताल खुले हैं पर न तो वहाँ डाक्टर हैं और न दवाइयाँ मिलती हैं। जो सरकारी डाक्टर हैं भी, उनका पूरा ध्यान प्राइवेट प्रेक्टिस पर है। वे अपने घर पर ही मरीज का सही इलाज करते हैं और मोटी फीस लेते हैं। शिक्षा के नाम पर हजारों करोड़ रुपए खर्च किए जा रहे हैं पर अस्सी फीसदी स्कूलों के न तो भवन हैं और न ही वहाँ पढ़ाने को मास्टर। काफी स्कूल एक टीचर के हवाले हैं जो अपने निजी कामकाज और खेती में ज्यादा दिलचस्पी लेता है। मोटी रिश्वत देकर नौकरी पाता है और अपने गाँव या करीब का स्कूल पाने के लिए अलग पैसा देता है जिससे उसका निजी धन्धा चलता रहे।'

'हाँ, ये सब तो अखबारों से पता चलता ही है। सर्व शिक्षा अभियान के नाम पर कैसी लूट मची है, सोच कर भी हैरानी होती है। इस विभाग में आजकल कमाई का एक नया जरिया मिडडे मील बन गया है। तभी न प्राइमरी में मास्टर बनने के

लिए लोग पाँच लाख तक की रिश्वत देने को तैयार हो जाते हैं।' मैंने जोड़ा।

'हाँ यार,' उमेश ने लम्बी सांस ली,'अपने उन गरीब मास्टरों की याद आती है। हमेशा धोती या पजामा में रहते थे। एकाध पर तो पहनने को दो कपड़े ही होते थे। पढ़ाने के अलावा जैसे उन्हें कोई और काम ही नहीं था। शायद इसीलिए समाज में उनकी बहुत इज्जत भी थी।'

कुछ देर तक हम दोनों खामोश थे। बचपन की स्मृतियाँ हमें कुरेद रही थीं। अपने विद्यालय और अध्यापक याद आ रहे थे।

'तुझे याद है वो पंडितजी, 'अचानक उमेश ने कहा, 'वो प्राइमरी के हेडमास्साब...।'

'हाँ, यार...।'

'जब तक जिन्दा रहे, सड़क पर भी लोग उनके पैर छूते ही मिले।'

'हाँ यार, पता नहीं उन टीचरर्स में क्या था कि अपने आप सम्मान और श्रद्धा उमड़ पड़ती थी।' मैंने कहा।

रात का खाना खाकर हम सड़क पर मटरगश्ती करने निकल पड़े। एक बार फिर उसी गली से गुजरना हुआ तो मैंने पूछ डाला,'यार, यहाँ की सड़कों और गलियों में कोई सुधार नहीं हुआ है, सिवाय राहे रजा के।'

'थोड़ा बहुत सुधार तो हुआ है। पहले यहाँ खरंजा बिछा रहता था, अब डामर की हैं। यार, सड़क, पुल तो बनते रहते हैं क्योंकि उनका निर्माण और रखरखाव नेताओं और सरकारी नौकरों की आमदनी का बड़ा जरिया है। आज बनाओ, अगले साल उसकी मरम्मत के लिए पैसे माँगो और तीन साल में उसे दोबारा बनाने का बजट मंजूर। फिर तुझे तो पता ही है कि इन कामों के लिए अब न जाने कहाँ कहाँ से पैसा मिलता है। वर्ल्ड बैंक, यूएनडीपी, आई एम एफ। पर जो मिलता है, उसका तीस फीसदी भी इन कामों पर खर्च नहीं होता। बाकी सारी रकम नेता और अफसर डकार जाते हैं।'

'भ्रष्टाचार पर तो बात करना ही बेमानी सा लगने लगा है। यह व्यवस्था का अभिन्न हिस्सा सा बन गया है और लोगों ने भी इसे स्वीकार कर लिया है।'

'तुझे नहीं लगता कि हमने अपने बचपन में करप्शन के बारे में इतना कभी नहीं सुना था। आज तो बच्चे-बच्चे की जुबान पर है यह। हर काम में पैसे की माँग है, चाहे किसी दफ्तर में काम कराना हो, स्कूल में दाखिला हो, अस्पताल में दिखाना हो या अपना कोई बिल जमा करना हो।' उमेश ने कहा।

'पहले यह शुकराना था, अब तो जबराना है।'

'और इसका रेट भी कितना बढ़ गया है। पहले जो काम लोग दो, चार रुपए में कर देते थे, उसकी अब हजारों में रिश्वत माँगी जाती है।'

'पर कब तक, यार? एक न एक दिन तो इस पाप के घड़े का भंडाभोड़ होना ही है। अब अन्ना हज़ारे जैसे लोग सामने आये हैं तो लोगों की आँखें खुल रही हैं। बिना किसी आव्हान के लोग आंदोलन के लिए सड़कों पर उतर रहे हैं। जब सरकार घुटने टेक रही है तो उसके कर्मचारी भी रास्ते पर आयेंगे। मुझे पूरा यकीन है कि यह अभियान सफल होगा।'

'काश ऐसा हो। पर फिल्हाल तो देश की हालत बदहाल है। भारत की नव्वे फीसदी आबादी की जिन्दगी में कोई बदलाव नहीं आया है, उल्टे हालत और बदतर हुई है। लोगों की ख्वाहिशें व जरूरतें बेपनाह बढ़ा दी गई हैं। मीडिया ने इसमें बड़ी अहम भूमिका अदा की है। उसने गरीबों के दिमाग में कूट-कूट कर भर दिया है कि अगर ऊँचे तबके के लोग फ्रिज, टीवी ले सकते हैं तो यह तुम्हारी भी जरूरत है। और ऐसी जरूरतों की फेहरिस्त बहुत लम्बी हो गई है। भूमंडलीकरण और खुले बाजार का सबसे ज्यादा असर आम आदमी पर हुआ है। उनकी आमदनी में उस अनुपात में इजाफा नहीं हुआ है। किसी भी तरह वह अपनी इन नई जरूरतों को पूरा नहीं कर सकता क्योंकि हर दिन एक नई जरूरत पैदा कर दी जाती है। नतीजा यह है कि लोगों में हताशा है, जीवन में तकलीफें है, खुशियाँ बड़ी अस्थाई हैं क्योंकि नई-नई इच्छाएँ आदमी को परेशान करने लगती हैं। वह दुखी और परेशान होता है, अवसाद का शिकार होता है, जुर्म करता है और आखिर अपनी जिन्दगी से खिलवाड़ करने तक पर उतारू हो जाता है।'

इस गम्भीर चर्चा से हमारे बीच कुछ देर के लिए चुप्पी पसर गई थी। एक अजब सी उद्विग्नता ने हम दोनों को जकड़ लिया था। क्या सचमुच पहले जीवन इतना त्रस्त और विचलनभरा था? क्या आम आदमी पहले इतना ही दुखी और वंचित था? शायद नहीं। लोगों की ख्वाहिशें और जरूरतें सीमित थीं। छोटी-छोटी जरूरतें पूरी कर लोग सन्तुष्ट और प्रसन्न रहते थे और उसके बाद उन्हें कुछ भी ललचाता नहीं था।

रास्ते में हलवाई की दुकान पर मोटी मलाई लगा दूध भरा कड़ाव देखकर हम वहाँ रुक गये और रबड़ी मिलवा कर हमने कुल्हड़ में दूध पिया। बड़े शहरों में अब कुल्हड़ लगभग गायब हो गये हैं। मुझे अन्दर तक तृप्ति का आभास हुआ और मन भी कुछ अच्छा हुआ।

'यार, हालत खराब तो है पर इतनी भी नहीं कि हम अपनी शाम ही खराब कर लें।' मैंने हंस कर कहा।

'बिलकुल...।' उमेश ने हामी भरी, 'कुछ क्षेत्रों में तो गजब का परिवर्तन आया है। गाँव के लोग भी अब अपने बच्चों को पढ़ाना चाहते हैं और कई बार इसीलिए गाँव छोड़कर शहर में आकर रहने लगते हैं। जमीन बेचकर, बैंक से कर्ज लेकर वे

अपने बच्चों को पढ़ा रहे हैं। इसीलिए अब गरीब और निचले तबके के लोग नौकरियों में आ रहे हैं। डाक्टर, इंजीनियर बन रहे हैं। लोग यह अच्छी तरह समझ गये हैं कि गाँव में रहकर वे अपनी जिन्दगी को बेहतर नहीं कर सकते। खेती अब छोटे किसानों के लिए फायदे का काम नहीं है। इसके अलावा गाँव में और काम ही क्या है।'

'पर उमेश, यह सुखद स्थिति नहीं कही जा सकती। देश की आबादी का बड़ा हिस्सा अभी गाँव में ही रहता है। इसलिए गाँवों की जिन्दगी में बदलाव तो लाना ही होगा। जीने के लिए जरूरी सुविधाएँ वहाँ मुहैया करानी होंगी। आखिर सभी क्षेत्रों के विकास से ही तो देश की प्रोग्रेस हो सकती है। विकसित देशों को देखो, वहाँ के गाँव देखकर लगता ही नहीं कि वहाँ किसी चीज की कमी है। अस्पताल, स्कूल, बाजार, आने जाने के साधन जैसी सब सुविधाएँ वहाँ मौजूद हैं जो एक आम आदमी की रोजमर्रा की जरूरतें हैं। इसलिए लोग वहाँ खुश हैं।'

'यहाँ भी कुछ क्षेत्रों में अच्छा काम हुआ है। सड़कों का जाल बिछ गया है। आने जाने के साधन बढ़े हैं। गाँव-गाँव में बिजली पहुँची है चाहे आती चार, छह घंटे हो। टेलीफोन का नेटवर्क तो पूरे देश में बिछ गया है।'

'हाँ यार, पर अभी काफी कुछ करने की जरूरत है। लोगों में भी इसकी जागरूकता आनी चाहिए। अच्छा यह बता, यहाँ के लोग इस गन्दगी, पानी बिजली की गड़बड़ी का विरोध नहीं करते?'

'क्यों नहीं, पर ज्यादातर लोगों ने अपने को इसका आदी बना लिया है। बिजली, पानी अस्पताल वगैरह को लेकर आन्दोलन और प्रदर्शन होते हैं पर हमारे अपने नेता उन्हें फेल कर देते हैं क्योंकि ये महकमे ही तो उनकी आमदनी का जरिया हैं। लाखों रुपए देकर एक-एक इंजीनियर और डाक्टर अपनी मनमाफिक पोस्टिंग कराता है। और लेने वाले ये नेता और बड़े अफसर ही तो हैं। इसलिए उन्हें सपोर्ट करना इनकी मजबूरी है।'

'और मीडिया...?'

'मीडिया तो सबसे ज्यादा बिकाऊ है। लोकतन्त्र का यह चौथा खंभा कितना खोखला है, इसकी जानकारी अब आम जनता को बखूबी है। ऊपर से शेर दिखने वाले पत्रकार चारा मिलने पर बकरी की तरह कैसे मिमियाने लगते हैं, किसी से छिपा नहीं है। और यार, इन छोटे शहरों में पत्रकार के नाम पर कौन लोग काम करते हैं? पत्रकारिता जैसी कोई योग्यता उनमें नहीं है। बस विज्ञापन जमा करना उनका पेशा है। जो विज्ञप्ति मिलती है, उसे अखबार तक पहुँचा कर उनका काम खत्म हो जाता है।'

'यार कभी लगता है कि देश की पब्लिक कितनी मजबूर और लाचार हो गई

है। चारों तरफ गड़बड़ियाँ, हर चीज में भ्रष्टाचार, मनमानीपन, भाई भतीजावाद...। कपट और बेइमानी के साथ आम आदमी जीने को मजबूर है। कोई आवाज उठाता भी है तो उसे सत्ता या पैसे के दम पर दबा दिया जाता है। दमन की राजनीति अपने चरम पर है। आजादी और लोकतन्त्र का ये रूप तो किसी ने सोचा भी नहीं होगा।'

हम दोनों ही जीवन, समाज और देश की विडम्बनाओं और त्रासदियों के भंवर में झूलने लगे हैं। ऐसा लगा जैसे हम लोकतन्त्र और स्वतन्त्रता की मरीचिका में भटक रहे हैं। जाहिर है कि हम सन्न और खामोश हैं। शायद यही भारतीय जनमानस की दशा और मन:स्थिति भी है।

'यार', कुछ देर बाद मैंने लम्बी सांस लेते हुए कहा, 'बदलाव तो लाना ही होगा। नैतिकता और मूल्यों में दिनोंदिन आ रही गिरावट को थामना होगा। जनता में अपने अधिकारों के लिए जागरूकता आयी है। उसे संगठित करने की जरूरत है। मिश्र और लीबिया जैसे देशों की क्रांति कहीं उम्मीद और भरोसा जगाती है। जिस तरह लोगों ने वहाँ की तानाशाही सरकारों का तख्तापलट किया है, उसी तरह हमारे देश का भ्रष्ट शासन भी एक न एक दिन जनाक्रोश और विद्रोह को जन्म देगा, एक नये युग का आगाज होगा और लोगों को राहत मिलेगी।'

'हाँ यार, यह होना ही चाहिए। तभी सही मायने में बदलाव आयेगा। और इसके संकेत मिलने लगे हैं।'

रामपुर प्रवास के दौरान मेरी आँख सहर की अजान या पास के शिवमन्दिर में बजती घंटियों से खुली। लम्बे अरसे बाद हुआ यह अनुभव भी कुछ नवीनता और कौतुक के साथ लौटा है। इतने सालों से बड़े शहरों में रहने के बाद मुझे लगता ही नहीं था कि इक्कीसवीं सदी में भी अल्लसुबह लाउडस्पीकर पर नमाज की अजान दी जाती होगी या सुबहोसुबह मन्दिरों में घंटे घड़ियाल पीटे जाते होंगे। शायद ये सब बड़े शहरों में भी होता होगा पर उनका शोर एक क्षेत्र विशेष तक सीमित रह जाता होगा। महानगरों का भीमकाय फैलाव, जिन्दगी में रोजी रोटी की आपाधापी, सामूहिकता का ह्रास और निजता का बढ़ता प्रभाव शायद काफी आबादी को ऐसी धार्मिक मतान्धता व उन्माद से दूर रखता है। कम से कम रोजमर्रा की जिन्दगी पर उसका कोई खास असर नजर नहीं आता। मुझे लगता है कि आधुनिक जीवन और समाज की यही स्थिति लोगों की विचारधारा को अधिक व्यापक और उदार बनाती है और मैट्रो संस्कृति के विकास में सहायक होती है। विभिन्न धार्मिक पर्वों पर जो उत्साहातिरेक दिखलाई देता है, उसमें श्रद्धा और आस्था कम, उत्सवधर्मिता अधिक होती है। कभी इसके पीछे राजनीतिक निहितार्थ देखे जा सकते हैं तो कभी सामाजिक

सेवा का ढोंग जिसके बारे में मैं ऊपर लिख चुका हूँ। आम लोगों के लिए यह छुट्टियाँ मनाने, घूमने फिरने, शॉपिंग करने, अच्छा खाने पीने और मिलने जुलने का अवसर होता है जिससे लोगों को अपने तनावग्रस्त, अतिव्यस्त और भागदौड़ वाले जीवन में राहत और सुख का अहसास हो।

त्योहारों को लेकर अपने बचपन और किशोरावस्था की अनेक स्मृतियाँ आज भी मेरे अन्दर सचित्र, सजीव मौजूद हैं। हमारा परिवार पारम्परिक अर्थों में धार्मिक नहीं था। दीपावली को छोड़कर बाऊजी को मैंने कभी पूजा करते नहीं देखा। न ही वह मन्दिर जाया करते थे। हालाँकि वह नास्तिक नहीं थे पर धार्मिक कर्मकाण्डों में उनका कतई यकीन नहीं था। दीपावली पर वह हमारे साथ पूजा के लिए जरूर बैठते थे और शायद वही हमारे परिवार की सामूहिक पूजा का इकलौता दिन होता था। अम्मा जरूर स्नानादि से निवृत्त होकर बरामदे की अलमारी के एक खाने में बने पूजाघर के सामने पटरे पर बैठकर या कभी खड़े-खड़े हाथ जोड़तीं और हनुमान चालीसा का पाठ करतीं। अम्मा बतलाती थीं कि नाना ने अपने सब बच्चों को बहुत छोटी उम्र में ही हनुमान चालीसा कंठस्थ कराई थी। इस पूजा पाठ में उन्हें लगभग पाँच मिनट लगते। मन्दिर जाने में उनकी भी कोई विशेष रुचि नहीं थी। इसीलिए बचपन में हम बहुत कम मन्दिर जाते थे। व्रत के नाम पर अम्मा जन्माष्ठमी, करवा चौथ और अगोही आँठें पर उपवास रखतीं जिसमें जन्माष्ठमी तो मेवे, गिरी, खीर, खोए की मिठाइयाँ और फल खाने का रोमांचक दिन होता था जिसका हम भी पूरे उत्साह से प्रतीक्षा करते थे।

आज सोचता हूँ कि जिस परिवार में महीने में एक या दो फिल्में नियमित तौर से देखी जाती थीं, वहाँ मन्दिर जाए सालों बीत जाते थे। इस मायने में हमारा परिवार एक अपवाद ही था। हमारे मित्रों, पड़ोसियों और परिचितों के यहाँ पूजा पाठ का विस्तृत और गहरा चलन था। उमेश के माता पिता प्रतिदिन मन्दिर जाते, जल व प्रसाद चढ़ाते और घर में भी एकाध घंटा पूजा में लगाते। संध्या को दीप जलाया जाता। चाचाजी की पूजा के दौरान घर में सन्नाटा छाया रहता। उनके जाप-पाठ का स्वर पूरे घर में गूंजता। सब लोग फुसफुसा कर बतियाते, मुँह बन्द कर हंसते और या सब अपने कार्यों में डूबे नजर आते। घर में घुसते ही मुझे पता चल जाता कि चाचाजी पूजा में बैठे हैं।

शुरुआत में मुझे काफी अटपटा सा लगता पर जल्दी ही मैंने देखा कि हमारे ज्यादातर दोस्तों के यहाँ कमोबेश यही हालत है।

हमारे घर में ऐसी खामोशी बाऊजी के लेखन के दौरान होती थी। वैसे भी उनकी मौजूदगी में हम बच्चों को साँप सूंघा रहता पर तले ऊपर के पाँच बच्चे देर तक

खामोश और बिना झगड़े के रह सकें, ये भी तो मुमकिन नहीं था। बाऊजी के नाम पर धमका कर अम्मा हमें चुप करा देतीं पर कभी न कभी मुकदमा उन तक पहुँच ही जाता था। तब अक्सर दोनों पक्षों को समान दंड का भागीदार बनना पड़ता।

हिन्दुओं में पर्वों की एक लम्बी शृंखला है और प्रायः हर दिन ही किसी न किसी त्योहार से जुड़ा है। इसी प्रकार उपवासों की सूची भी खासी लम्बी है। एकादशी, प्रदोष व्रत, सोमवारी व्रत, आरोग्य व्रत, चतुर्दशी व्रत, पूर्णिमा व्रत, शिवरात्रि व्रत, श्रीदुर्गाष्टमी व्रत, कालाष्टमी व्रत, श्री सीताष्टमी व्रत, दशमाता व्रत, नवमी, श्री गणेश चतुर्दशी व्रत, अशून्यशयन व्रत, पंचमी व्रत आदि आदि....। इसके अलावा कई परिवारों में सोम, मंगल, ब्रहस्पति और शुक्रवारों में से दो एक दिन स्थाई उपवास के होते थे।

हमारा परिवार इन व्रतों से पूरी तरह दूर था।

हमारे यहाँ साल की शुरुआत वसंत पंचमी से होती थी। जब छोटे थे तो हमारी कमीजें पीले रंग से रंगी जातीं और वही पहनकर हम स्कूल जाते। दसवीं के बाद हमें पीली कमीज के बदले बाऊजी की तरह पीला रूमाल दिया जाने लगा हालाँकि उन दिनों हम रूमाल कहाँ रखते थे। खाने में मटर, गोभी की पीली तहरी बनती जो हमें बेहद पसन्द थी। पानी गर्म करने वाले बड़े भगोने में तहरी बनती थी। पर पाँच बच्चों द्वारा चट करने के बाद अम्मा के लिए कुछ बच जाए, यह अजूबा ही था। कुछ घरों में उस दिन सरस्वती पूजन भी होता था पर हम इस कवायद से बचे हुए थे।

आज के बच्चों अथवा किशोरों को इस पर्व के बारे में शायद ही कुछ पता है। अपनी पाठ्य पुस्तकों में वसंत पंचमी पर लेख या कविता पढ़कर कुछ बच्चे तो यह मानते हैं कि यह गर्मी सर्दी का मिला जुला मौसम है। वैसे भी वो त्योहार ही क्या जिसमें स्कूल की छुट्टी न हो। उनके लिए त्योहारों की अहमियत उससे जुड़े अवकाश की संख्या से तय होती है। होली, दीवाली इसलिए बड़े और खास त्योहार हैं क्योंकि उसमें स्कूल दो या तीन दिन के लिए बन्द रहता है।

होली का पर्व उत्तर भारत में सदैव विशिष्ट रहा है और आज भी है। रंगों के इस त्योहार में जितनी उमंग, चहक और उल्लास दिखलाई देता है, वह अनूठा और अप्रतिम है। यह त्योहार आज भी हिन्दू समाज को उसी तरह आह्लादित और रोमांचित करता है जैसे पहले किया करता था। यह उत्साह आज की युवा पीढ़ी में भी देखा जाता है। गाँव, कस्बे, नगर, महानगर गरज यह कि सभी इलाकों में होली की धूम रहती है।

वक्त के साथ जहाँ एक ओर इसमें अनेक विकृतियाँ आयी हैं, वहीं दूसरी ओर

इससे जुड़े अनेक रीति रिवाज, परम्पराएँ व कर्मकाण्ड प्रायः लुप्त हो चले हैं। होली अकेला ऐसा त्योहार है जिसकी अनगूंज पन्द्रह, बीस दिन पहले से महसूस होती है। वसंत पंचमी के दिन जब होलिका दहन के लिए चौराहों और मुहल्ले में होलिका सजाई जाती है, गाँव और कस्बों में लोग होली की तैयारी में जुट जाते हैं। आज की तरह पहले भी होलिकादहन के लिए चंदा किया जाता था पर बच्चे और किशोर इससे कहाँ संतुष्ट होते थे। बाहर पड़ी बांस की चारपाइयाँ, पुराने दरवाजे, लकड़ी के गट्ठर, टाल की लकड़ी, गरज यह कि होलिका दहन में कुछ भी स्वाह कर दिया जाता और एतराज करने पर 'बुरा न मानो होली है' का उद्घोष गूंजता रहता।

हमारे घर में हफ्ते, दस दिन पहले अम्मा गुजियाँ, अनरसे, मीठे नमकीन सेव, दो तीन तरह की दालें तैयार करने में जुट जातीं। गुजियाँ बनाने का काम खासा दिलचस्प होता क्योंकि इसमें हम सब भाई बहनों की भागीदारी होती। दोपहर और रात का खाना बनाने के बाद अम्मा गुजियाँ बनाने बैठ जातीं। हम दोपहर में स्कूल से लौटते तो अम्मा के साथ गुजियाँ बनाने में सहयोग करते। बीच-बीच में अम्मा की नजर बचाकर गुजियाँ के अन्दर भरने वाला खोये और सूजी का मिश्रण फाँकते रहते। भाई, बहन एक दूसरे की शिकायत करते और एक दूसरे के काम में दोष निकालते। हमारा काम गुजियाँ भरना या उसे गुठनियाँ से तराशना होता था जिसमें हमें बहुत मजा आता। अक्सर हम बच्चों का हाथ हिल जाता और गुठनियाँ किनारे से हट कर भरे वाले हिस्से पर चली जाती। तब हम अम्मा से एक दूसरे की चुगली करते। अम्मा नाराज होतीं, उस गुजियाँ को नष्ट किया जाता क्योंकि तलने पर वह पूरे कढ़ाई के घी को गन्दा कर देती और साथ तली जा रहीं गुजियों पर काले निशान पड़ जाते। अक्सर उन्हें सेंकने का काम रात के खाने के बाद होता। पूरे दिन हम उस वक्त का इंतजार करते क्योंकि गर्म-गर्म गुजियाँ खाने में कुछ और ही स्वाद व रस आता था। कम से कम टीन के दो बड़े कनस्तर भर कर गुजियाँ तैयार की जातीं जिन्हें होली के दिन तक बचाना मुश्किल हो जाता। होली के अगले दिन शाम तक अक्सर उनकी तलहटी नजर आने लगती।

तीन, चार दिन पहले बेसन के मोटे पतले नमकीन, गुड़ चीनी के सेव तैयार किए जाते। चावल को भिगो और पीस कर अनरसे बनाये जाते और मूँग, चने और काली मसूर की दालें तली जातीं। दो दिन पहले लाल गाजर व राई की कांजी तैयार की जाती जिससे होली के दिन तक उसमें खटास आ जाए। होली के दिन सुबह दहीबड़े बनते। इस तरह लगभग दस दिन घर खाने पीने की चीजों से भरा रहता जिससे हमारा मन बड़ा प्रफुल्लित और तृप्त अनुभव करता।

आज भी उन दिनों के बारे में सोचकर मुझे बड़ा रोमांच होता है। वर्तमान में

परिदृश्य पूरी तरह बदला हुआ है। बड़े शहरों में बहुत कम घरों में ये सब बनाया जाता है। न किसी के पास इतना धैर्य व समय है और न इतना झमेला करने की चाहत। अब ये चीजें बाजार में मिठाई की दुकानों पर उपलब्ध हैं जबकि मेरे बचपन में गुजियाँ वगैरह बाजार में नहीं मिलती थीं। जैसे दीवाली पर बाजार से मिठाई मंगाई जाती है, वैसे ही होली पर अपने पसन्द की चीजें मंगा ली जाती हैं। जाहिर है कि आज की पीढ़ी उस रोमांच से वंचित है जो हमें उद्वेलित और उल्लसित करती थी।

इस खाने पीने के बीच हम बच्चों को एक और काम भी सुपुर्द किया ज़ाता जो मुझे बड़ा अप्रिय और घिनौना लगता था। घर में होलिका पूजन के लिए गोबर की गुलहरियाँ बनानी होती थीं। गोल, बीच में छेद वाली गोबर की गुलहरियां बनाना हम बच्चों का काम होता और इससे भी ज्यादा गंदा काम होता गोबर को जमा करके लाना। मुहल्ले में अगर किसी के घर गाय या भैंस होती तो उसके यहाँ गोबर लेने वालों की लाइन लग जाती और उस घरवाले के तेवर बदले हुए होते। घर के आदमी, औरतें बच्चों को झिड़कते, कभी ताने भी मारते, 'वैसे तो तेरी अम्मा सीधे मुँह बात नहीं करती और गोबर लेने चला आया।' या 'उस दिन शकर लेने गई थी तो पेशकारनी ने कैसा मुँहफट मना किया था और आज यहाँ भेजते हुए सरम न आयी।' और न जाने क्या-क्या...। और हम बच्चे टूटी बाल्टी या कोई डिब्बा लिए आँगन में पड़े गोबर को याचक मुद्रा में बड़ी ललचाई नजरों से देखते।

उन दिनों स्कूल से लौटते हुए आसपास कहीं गोबर पड़ा दिख जाता तो भागे-भागे घर आकर अम्मा को बतलाते और उस पर काबिज होने के मिशन पर निकल जाते जिससे उसे कोई और न हथिया ले। इसी उत्साहिरेक में एक बार दादा गोबर की जगह मल जैसा कुछ ले आया था।

किसी ने ठीक कहा है कि घूरे के भाग भी पलटते हैं।

गुलहरियाँ धूप में सुखाई जातीं और फिर सुतली में पिरो कर उनकी मालायें बनाई जातीं। धुल्हेड़ी से एक दिन पहले रात में होली की पूजा होती। दरअसल यही मुख्य पर्व भी होता जिसकी जानकारी अब अधिकांश युवाओं को नहीं है। घर के आँगन में आटे से रंगोली सजाई जाती और उस पर गुलहरियाँ सजाकर होलिका तैयार की जाती। गन्ने और जौ की बालियाँ मंगाई जाती। होलिका दहन का समय पंडितजी द्वारा तय किया जाता। कभी यह शाम के सात, आठ बजे होता तो कभी मध्यरात्रि में होलिका दहन सम्पन्न होता। बाऊजी और हम तीन भाई गन्ने में जौ बांधकर और अग्नि के लिए लम्बे हेंडिल वाला पौना लेकर होलिका दहन के लिए जाते।

गलियाँ संकरी होतीं और उसमें उठती होलिका दहन की लपटें विशाल और भयावह। होलिका मैया के सात चक्कर हमें लगाने होते जो हम दौड़-दौड़ कर बचते

बचाते पूरा करते। बदन में तेज जलन होती और कई बार तो हमारे हाथों के रोएं तक झुलस जाते। बाऊजी के निधन के बाद तो हम तीनों भाई मिल बांट कर सात चक्कर पूरा करते। जाहिर है कि सबमें छोटे गगन को तीन चक्कर लगाने पड़ते।

जौ भूनकर सबसे पहले हम बाऊजी को देते और उनके पैर छूते। फिर मुहल्ले के अन्य बुजुर्गों से आर्शीवाद लेते। हमउम्रों से गले मिलते। सूखे रंगों का प्रयोग आरम्भ हो जाता और होली के हुड़दंग की लगभग शुरुआत हो जाती। बच्चे इधर उधर भागते, दौड़ते और खूब शोर मचाते। रात भर लाउडस्पीकर पर होली के गीत व फिल्मी गाने बजते। लोग जमकर नाचते। 'होली है' और 'होलिका मैया की जय' के नारे पूरे माहौल में गूंजते रहते।

पौने में होलिका दहन के अंगारे लेकर हम घर आते और तब घर में सजी होलिका प्रज्जवलित की जाती। वहाँ भी जौ आग में भूने जाते और हम अम्मा बाऊजी का आर्शीवाद लेते। जबरदस्ती हम भाइयों को छोटी बहनों के पैर छूने को कहा जाता और बड़े बेमन से हम यह फर्ज अंजाम देते।

इस उमंग, उत्साह और रोमांच में हमारी नींद उड़ जाती और हम अगले दिन की योजना बनाने में जुट जाते। अपने रंगों का जायजा लेते, टब में भीगे टेसू के फूलों को जाकर देखते और सोचते रहते कि होली की शुरुआत कैसी की जानी है, किसको ज्यादा रगड़ना है, पिछले साल किसने हमारे कपड़े ज्यादा फाड़े थे, किस-किस से मिलना है वगैरह। इसी बीच कब हमारी आँखें लग जातीं, पता ही नहीं चलता।

अगली सुबह उठते तो अम्मा सबसे पहले हमें पुराने कपड़े पहनने को देतीं। शौचादि से निवृत्त होकर हम पुराना नेकर या पाजामा, कमीज या कुर्ता पहनकर होली की तैयारी शुरू कर देते। रात के भीगे टेसुओं को छानकर उसमें चूना मिलाते जिससे उसका रंग निखर जाता। रंगों की छोटी-छोटी पुड़ियाँ तैयार करते। छोटे गुब्बारों में पानी भरके तैयार करते और बड़े आलू बीच में काट कर उसके छापे तैयार करते जिनपर गधा, उल्लू जैसे शब्द चाकू से तराशे जाते।

करीब नौ बजे होली का हुड़दंग शुरू हो जाता। 'होली है' के नारे चारों तरफ गूंजने लगते। लाउडस्पीकर पर होली के गीत पूरे माहौल को बड़ा ओजस्वी व रोमांचक बना देते। होली की टोलियाँ मुहल्ले से गुजरने लगतीं और छत पर खड़ी लड़कियाँ उन पर बाल्टी से पानी फेकतीं। पहले पानी और रंगों की होली होती। हमारे बचपन में वार्निश, सफेदा और हानिकारक रसायनिक रंगों का चलन कम था जो किशोरावस्था तक प्रयोग में आने लगे थे।

उमेश और सुनील के साथ मिलकर हम अपने दोस्तों के घर जाते और सबको

बटोरते हुए 'होली है' का शोर मचाते हम गलियों और मुहल्ले से गुजर कर मिस्टन गंज चौराहे पर आकर जमा हो जाते। वहाँ भारी जमघट लगा रहता। रंग और पानी फेंकने के बड़े पंप प्रयोग में लाए जाते। जो नया वहाँ आ जाता, उसे पहले रंगों से सराबोर कर हवा में उछाला जाता। खूब शोर शराबा होता। भांग की ठंडाई पिलाई जाती। कुछ लोग इधर उधर छिप कर दारू भी पीते। बाद में सड़क पर खाली बोतलें छिटकी नजर आतीं। और इसके बाद कपड़े फाड़ होली शुरू होती। बमुश्किल नेकर के कुछ अंश या पाजामा फाड़ कर बना घुट्टना और ऊपर चिथड़ी बनियान के कुछ अवशेष पहने हम घर लौटते।

कई घरों में होली के दिन खुलकर शराब पी जाती थी जो एक परम्परा का हिस्सा था। कुछ लोग इसे शुभ भी मानते थे और औरतें तक दो, चार बूँदों का पान करती थीं। हमारे घर में भी बाऊजी माल्टा जैसी देसी बोतलें लाकर रखते थे। शायद यह एकमात्र ऐसा अवसर था जब घर के आँगन में बैठकर बाऊजी अपने मित्रों के साथ शराब पीते थे और अम्मा कोई आपत्ति नहीं करतीं।

आज होली को लेकर ऐसा उत्साह और उन्माद कहाँ। उस तरह की सामुदायिकता का नितान्त अभाव है और न ही वैसा मेलजोल दिखलाई पड़ता है। रिश्ते बड़े सीमित और संकीर्ण हैं। इन पर्वों से पूजा पाठ और संस्कारों का पूरी तरह लोप हो चुका है। मेरे बच्चे आज तक होलिका दहन के लिए कभी नहीं गये हैं। न ही ज्यादातर घरों में इस दिन कोई पूजा होती है। पर हाँ, होली आज भी पूरे जोर शोर से मनाई जाती है। अलबत्ता उसमें ज्यादा भौंडापन है और उसका दायरा सीमित हो गया है।

जैसा मैंने ऊपर लिखा है कि हमारा परिवार विशुद्ध धार्मिक नहीं था इसलिए इने गिने त्योहार ही मनाये जाते थे। हम बच्चों को सकट, अष्टमी, नौमी, अमावस्या जैसे दिनों की कोई जानकारी नहीं थी। मेरे कुछ मित्र ऐसे भी थे जिनके यहाँ सप्ताह में दो, तीन दिन किसी न किसी पर्व से सम्बंधित कोई अनुष्ठान होता था। कभी हवन, कभी सुन्दर कांड, कभी ब्राहम्ण भोज, तो कभी दान दक्षिणा या उपवास। गृह प्रवेश के अलावा मुझे अपने घर में कभी हवन किए जाने की कोई याद नहीं है जबकि उमेश के यहाँ तो शायद हफ्ते में दो, तीन बार हवन सम्पन्न होता था।

वैसे भी हम बच्चों का सारा ध्यान खाने पीने पर था। जिस त्योहार में जितना ज्यादा और कई दिनों तक पूड़ी कचौड़ी, खीर, मिठाई खाने को मिलती, हमारे लिए वही त्योहार बड़ा और खास था। अब त्योहार से जुड़ी छुट्टियाँ उसकी अहमियत का पैमाना हैं। आज के बच्चे और किशोर वैसे भी पूड़ी, कचौड़ी, खीर से मुँह सिकोड़ते हैं। पिज्जा, बर्गर, पास्ता, सैंडविच, मोमोज वगैरह उनके पसन्दीदा खाद्य हैं।

सावन के दिनों में सोमवार की शाम को अम्मा चीनी भरके पराठें बनातीं। क्यों, हमें तब समझ में नहीं आता था पर अब लगता है कि शायद उन दिनों सोमवार का व्रत रखती हों जिसका कोई आभास हमें नहीं हो पाता था। दिनभर वह सामान्य ढंग से काम काज करतीं, हम सब के लिए खाना तैयार करतीं, कपड़े धोतीं और आम दिनों की तरह सक्रिय नजर आतीं।

अक्सर सोचता हूँ कि तब अम्मा और उन जैसी तमाम स्त्रियों में कितनी ऊर्जा थी। लगभग सभी घरों में पाँच, छह बच्चे होते थे। सबका खाना, कपड़ा, स्कूल, खेल, झगड़े, मारपीट, मुकदमे में औरतें दिन भर खटती रहती थीं। उनकी मदद के लिए एक महरी जरूर थी जो झाडू लगाने और बर्तन साफ करने का काम करती थी। महीने में दो, तीन दिन वह भी नागा करती। पर अम्मा कैसे इन सारे कामों को निबटाती थीं, आज सोचकर हैरान होता हूँ।

अब तो ज्यादातर घरों में दो बच्चे हैं और कई बार माँ बाप उनसे ही बुरी तरह त्रस्त हो जाते हैं। अब तो गर बीवी का व्रत है तो पूरे घर का माहौल बड़ा बोझिल बन जाता है। अक्सर बाहर से खाना मंगाया जाता है जिससे पत्नी को खाना बनाने की जहमत न हो। करवाचौथ के निर्जले व्रत में तो बच्चे और पति सहमे से रहते हैं, कुछ सम्मान भाव से ग्रस्त मानो गाँधी जी का आजादी के लिए किया गया उपवास हो। कई घरों में तो पत्नी के साथ पति के खाने की भी छुट्टी कर दी जाती हैं और पत्नियाँ पूरे नाज से बतलाती हैं कि उनके पति भी करवाचौथ पर उपवास रखते हैं। शिष्टाचार और कर्तव्यबोध से दबे बेचारे पति...! जब घर में खाना बनना ही नहीं है तो कम से कम पत्नी को दिखाने के लिए घर के अन्दर उपवास का नाटक करना जरूरी समझते हैं वे।

होली के बाद हमारे लिए दूसरा खास त्योहार रक्षाबंधन था जिसे रामपुर में 'सलूनो' कह कर पुकारा जाता था। क्यों, मुझे जानकारी नहीं है पर हमारे मुसलमान दोस्त इसे इसी नाम से बुलाते थे। हमारे परिवार के लिए इस दिन का कोई धार्मिक महत्त्व नहीं था। न ही कोई पूजा पाठ किया जाता था। रामपुर के बच्चों, किशोरों व युवाओं में रक्षाबंधन पर पतंगबाजी को लेकर खासा जोश रहता था। जबर्दस्त पतंगबाजी होती थी और इसकी शुरुआत अल्लसुबह हो जाती थी। पूरा आसमान रंग बिरंगी पतंगों से पटा रहता था। लाल, हरी, नीली, बैंगनी, बहुरंगी पतंगें। चौकोर, षटकोणी, गोल, लम्बी पतली, हवाई जहाजनुमा, मानव आकृतिनुमा पतंगें।

हमारे घर में दादा को पतंगबाजी का शौक था। दो, चार दिन पहले से ही इसकी तैयारी शुरू हो जाती। पतंगें, सद्दी, माँझा खरीदकर रखा जाता और सावन की चुभती

धूप में बच्चे, बड़े छतों पर खड़े पेंच लड़ाते या पतंगबाजी का लुत्फ उठाते। शर्तें लगाई जातीं, बंधे पेंच होते। कुछ शौकीन अपनी टोली के साथ शहर के मैदानों में जाते। वहाँ पेंच लड़ाते, खाना पीना होता, कभी झगड़े भी होते, नौबत चाकू निकलने तक आ जाती।

शायद कुछ लोगों को यह जानकर हैरानी होगी कि पतंगबाजी के बंधे पेंच लगाने का शौक आम आदमी की हैसियत के बाहर था। कुछ रईसों के बारे में सुना जाता था कि वे पतंगबाजी में सैकड़ों रुपए खर्च कर देते हैं। कुछ लोग इस शौक में बरबाद भी हुए और बदहाली के कगार पर आ गये।

बहरहाल उस दिन शाम तक काफी लड़कों की आँखें सूजकर लाल हो जातीं जिसमें दादा भी शामिल था।

पतंगबाजी के बीच अम्मा राखी बंधवाने के लिए पुकार लगातीं। जब उनका क्रोध चरम पर पहुँच जाता तो हम बमुश्किल छत से उतरते। टेढ़े मेढ़े होकर बहनों, बेबी-गुड़िया से टीका लगवाते, राखी बंधवाते जैसे उन पर कोई बड़ा उपकार कर रहे हैं। आखिर राखी की एवज में अम्मा द्वारा दिए गये पैसे हम उन्हें देते थे। बड़े बेमन से उनके पैर छूते और फिर छत पर भाग जाते।

पतंगबाजी के कारण हमें खाने की सुध ही नहीं रहती थी। भूखे, प्यासे हम बेसुध से पतंगों में खोए रहते और जैसे-जैसे शाम ढलने लगती हमें इस बात का दुख होता कि अब हमें नीचे उतरना है।

रक्षाबंधन के कुछ दिनों बाद ही जन्माष्टमी आ जाती। घर में जन्माष्टमी की झाँकी सजाने के लिए भी पहले से तैयारी की जाती। छोटे-छोटे खिलौने जमा किए जाते, लकड़ी के बुरादे को पानी और घास के नीले और हरे रंगों से रंगा जाता, लकड़ी की खपच्चियाँ काट कर जेल तैयार किया जाता, कृष्ण का झूला और पालना तैयार होता और रंगीन पतले कागज की झंडियाँ और झालर बनाई जातीं। इन कामों में दादा और बेबी की अधिक दिलचस्पी रहती और वही सुबह से झांकी तैयार करने में जुट जाते।

यह अकेला ऐसा त्योहार था जिसमें पूरा परिवार व्रत रखता जो दरअसल व्रत कम, चरत अधिक था। इसके बावजूद इस उपवास का ऐसा आतंक हम पर छाया रहता कि हम सुबह से ही भूख-भूख का जाप करने लगते। उस दिन अम्मा रसोई से निकल ही नहीं पातीं। वहीं बैठकर वह मावे की खीर, गिरी और मींग की बर्फी, चौलाई के लड्डू, सेंदा नमक के आलू की सब्जी, सिंघाड़े के आटे की पकौड़ियाँ और कूटू के आटे की पूड़ियाँ तैयार करतीं। घर में केले, अमरूद और सेव लाकर रखे जाते। हम दिन भर भकोसते रहते और हर पल भूख से पीड़ित और अतृप्त महसूस

करते। ऐसा लगता कि हम न जाने कबके भूखे हैं। हमारी शक्लें दयनीय हो जातीं और हरदम कमजोरी का अहसास हमें घेरे रहता। रात के बारह बजने का बड़ी बेबसी से इन्तजार करते।

उस दिन हमारी पढ़ाई की छुट्टी होती। शाम को हम मन्दिरों और दूसरे घरों में सजी झाँकियाँ देखने जाते और हमारे मित्र हमारे घर आते। कुछ घरों में भजन और कीर्तन आयोजित किए जाते। कई बार इस लालच में हम वहाँ बैठे रहते कि वहाँ बर्फी और फल खाने को मिलेंगे।

ठीक बारह बजे खीरा काटकर कृष्ण का जन्म होता और तब हमारे भूख का दैत्य हाहाकार करने लगता। जी भरके पंजीरी खाते और फिर अम्मा की बनाई हुई पूड़ी सब्जी पर टूट पड़ते। ऐसा लगता जाने कितने दिनों बाद खाना मिला है। तब कहीं हमें नींद आ पाती।

रक्षा बन्धन आज भी घरों में पूरे उत्साह से मनाया जाता है क्योंकि यह भाई बहन के रिश्ते से जुड़ा उत्सव है। हाँ, मुद्रास्फीति का प्रभाव इस माने में जरूर हुआ है कि आज की बहनें पाँच, दस रुपए तो क्या पाँच सौ लेकर भी सन्तुष्ट नहीं होतीं।

आज की पीढ़ी को जन्माष्टमी के बारे में इतना भर पता है कि यह कृष्ण का जन्मदिन है और स्कूल से मुक्ति रहती है। फिल्मों और सीरियलों के माध्यम से उन्हें राधा-कृष्ण की प्रेमकहानी की भी जानकारी है जो कई किशोरों के लिए अत्यन्त प्रेरणादायक है। कुछ युवा यह सोच कर बहुत खुश होते हैं कि उन दिनों भी अफैयर हुआ करते थे। शायद इसीलिए कई युवतियाँ कृष्ण को अपना आदर्श मानकर पूजती हैं।

ज्यादातर हिन्दुओं के लिए साल का अंतिम और दूसरा महत्त्वपूर्ण पर्व दीपावली है हालाँकि त्योहारों का सिलसिला वर्ष के अंत तक चलता रहता है। दीपावली आज भी पूरे उत्साह, भव्यता और चकाचौंध के साथ मनाया जाता है। यह त्योहार हमारे परिवार के लिए इसलिए विशिष्ट था क्योंकि यह एकमात्र अवसर था जब हमारे घर के सभी सदस्य बैठकर पूजा करते थे। घर की सफाई धुलाई की जाती। कई घरों में इस मौके पर रंगरोगन किया जाता। कड़की के उन दिनों में हम बच्चे बाजार से पेंट लाकर दरवाजे, खिड़कियाँ खुद रंग लेते। हम यह काम पूरे उत्साह से करते थे। हमें कभी नहीं लगा कि यह काम हमारे स्तर का नहीं है।

आज कितने घरों में बच्चों से ऐसे शारीरिक श्रम की उम्मीद की जा सकती है !

दीपावली की यादें जगमग करता घर, फुलझड़ियाँ, पटाखे, खाने को खूब मिठाई और ताश खेलने से जुड़ी हैं। वैसे दीवाली की तैयारी घर के अन्दर कंडील

बनाकर की जाती थी। बाँस की पतली खपच्चियाँ तराश कर उन्हें षटकोणी आकार में बांधा जाता और उसपर रंग बिरंगे पतंगी कागज चिपकाए जाते। हमारे घर में यह काम भी दादा के जिम्मे था। छोटी दीवाली के दिन उसके नीचे दीपक जलाकर छत पर बांस या किसी खंभे से लटकाया जाता। साठ के दशक में कंडील रामपुर के बाजार में नहीं मिलते थे और हर कोई उन्हें घर में तैयार करता। बाद में ये बाजार में आसानी से उपलब्ध होने लगे और घरों में कंडील बनाने की परम्परा लगभग समाप्त हो गई।दीवाली के मौके पर मिट्टी के छोटे-छोटे बर्तनों की पूजा की जाती। मिट्टी के गणेश लक्ष्मी और दीपक, खील, बताशे, चीनी के खिलौने खरीदे जाते। मिट्टी के दियों में तेल जलाकर घरों को सजाया जाता था। धीरे-धीरे मोमबत्ती का चलन आरम्भ हो गया और अब तो अधिकांश घर बिजली की झालरों से जगमगाते हैं।

छोटी दीवाली को नरकाचौदस मनाया जाता और घी का एक बड़ा दीपक जलाकर उसे घर के बाहर नाली के पास रखा जाता। ऐसी मान्यता है कि ऐसा करने से घर का सारा नरक नष्ट हो जाता है। दीपावली के दिन खूब मिठाइयाँ मँगाई जातीं। दिनभर पटाखे खरीदने के लिए हम बाजार में भटकते रहते। रात को लक्ष्मी पूजन होता। सब लोग जमीन पर चादर बिछाकर बैठते, घी का बड़ा दीपक जलाया जाता और अम्मा बाऊजी लक्ष्मी चालीसा का पाठ करते। हनुमान चालीसा भी पढ़ी जाती। फिर सभी लोग गणेश लक्ष्मी की मूर्तियों का टीका करते, गणेश लक्ष्मी के चाँदी के सिक्के पर अक्षत चावल लगाते। खील, बताशे, चीनी के खिलौने और मिठाई का भोग लगाया जाता। फिर ये सब चीजें हमें खाने को मिलतीं। दियों में तेल डालकर हम पूरे घर में रखते हालाँकि हमारा दिमाग पटाखों में खोया रहता। उन्हें चलाने के लिए हम बेताब रहते। कभी छत पर तो कभी गली में हम पटाखे चलाते। बम, लड़ियाँ, अनार, फुलझड़ी, मशाल, राकेट, चरखी, टिक्कियाँ जिन्हें जलाने से सांप जैसी आकृतियाँ बन जाती थीं और न जाने क्या कुछ। पूरा माहौल पटाखों की तेज आवाज से गूंजता रहता। आसमान में बार-बार तेज रोशनी कौंधती। तीन, चार घंटों तक इतना शोर शराबा होता कि कुछ सुनना नामुमकिन था।

बीस, पच्चीस रुपयों में हमारा पटाखों का शौक पूरा हो जाता था। और आज से पाँच, छह साल पहले तक मेरा बेटा तीन, चार हजार रुपये खर्च करके भी हमेशा दुखी व असन्तुष्ट रहता था।

रात में बाऊजी हमें पैसे देते और हमारे साथ ताश खेलते। हमें लगता था कि यह भी दीवाली से जुड़ी किसी रस्म का एक हिस्सा है। दीपावली से तकरीबन पन्द्रह दिन पहले बाऊजी ताश खेलना शुरू कर देते। उनके दस, बारह दोस्त शाम ढले

हमारे घर आ जाते और प्रायः अगले दिन सुबह तक फड़ जमी रहती। छुट्टी के दिनों में तो ताश का दौर दो-दो दिन तक लगातार चलता। लोग आते जाते रहते, कुछ बीच में नींद भी ले लेते और खाना पीना चलता रहता। आठ, नौ साल की उम्र से ही बाजार से सामान लाने की जिम्मेवारी हम दोनों भाइयो की होती। थोक में समोसे, इमरती, बालूशाई, केले लाने में हमें बड़ा मजा आता। इनाम के तौर पर हमें दो, चार रुपए मिल जाते जिनसे हम खुद दीवाली के दिन ताश खेलते थे।

दूसरे दिन गोवर्धन की पूजा होती जिसमें फिर गोबर की जरूरत होती। गोबर से घर के आँगन में गोवर्धन बनाया जाता और देर शाम उसकी पूजा की जाती।

अगले दिन भैया दूज पर बहनें हमारी टीका करतीं और सरस्वती पूजन होता। कागज पर अम्मा हमसे लिखवातीं–

सरसुत सरसुत तुम जग देनी
हँस चढ़े लटकाये बेनी।
तुमरी चुटिया लख सौ साठ
विद्या माँगे हाथ पसार।
खेती करें न बंजी जायें
विद्या के बल बैठे खायें।

नीचे अपना नाम और क्लास अंकित करने को कहा जाता। अम्मा उसपर चावल, रोली से छींटा मारतीं।

तीन दिनों तक लगातार घर में पूड़ी कचौड़ी बनतीं।

गोवर्धन जैसे कई पर्वों की कोई जानकारी आज की नयी पीढ़ी को नहीं है। उनके लिए छोटे त्योहारों का कोई महत्त्व भी नहीं है। जैसे-जैसे धार्मिक आस्था और उससे जुड़े तमाम कर्मकाण्डों का जीवन से लोप हो रहा है, ऐसे कई त्योहार अपनी अहमियत खोते जा रहे हैं। मुझे इसमें कुछ बुराई भी नहीं दीखती। कभी ये आस्थाएं अनावश्यक अंधविश्वास और रूढ़ियों को संरक्षण देती हैं और मुझे लगता है कि हम अधोगति की ओर बढ़ रहे हैं। हाँ, यह जरूर गौरतलब है कि इसका समाज के नैतिक मूल्यों से कोई नकारात्मक सम्बन्ध तो नहीं है। नैतिकता समय व काल सापेक्ष हो सकती है पर उसके कुछ मूल्य तो शाश्वत हैं हीं।

आज भी होली और दीपावली के त्योहार पूरे उत्साह से मनाए जाते हैं। भले ही आज की पीढ़ी का होलिकादहन में यकीन न हो या लक्ष्मीपूजन को लेकर उनमें श्रद्धा का अभाव हो पर इनकी भव्यता में कोई कमी नहीं आयी है, उल्टे इनकी चमक दमक में और इजाफा हुआ है। इसका सबसे सटीक उदाहरण दीपावली है जिसमें लोग अपनी आर्थिक सम्पन्नता और वैभव का प्रदर्शन करने में कोई कोर कसर नहीं

छोड़ते। घरों की सजावट पर लोग लाखों रुपये खर्च कर देते हैं। होली पर पन्द्रह हजार रुपये किलो तक की गुजियाँ बाजार में बिकती हैं। लाखों रुपये का जुआ खेला जाता है। रंगों और आतिशबाजी पर हजारों रुपये उड़ा दिए जाते हैं। शॉपिंग तो मध्यवर्ग के मन बहलाने का अहम जरिया बन ही गया है। इन अवसरों पर लगी सेल में जमकर खरीददारी की जाती है।

और खर्च की इस होड़ में समाज का कोई तबका पीछे नहीं रहना चाहता।

स्कूल, कालिज और शिक्षा

नहा धोकर हम जल्दी तैयार हो गये। रात में ही हमने तय कर लिया था अपने पुराने स्कूलों का बदला हुआ नजारा देखकर आयेंगे।

देर रात तक अपने किशोरावस्था की तमाम यादें मुझे और उमेश को उत्तेजित और गुदगुदाती रही थीं। चाचा और चाची की भी खूब याद आयी मुझे। जहाँ एक ओर चाचा के आतंक से हम भयभीत रहते, चाची के साथ पूरी आजादी महसूस करते। उनके साथ हँसी मजाक करते। उनका 'पानी के हवाई जहाज' वाला किस्सा आज भी मुझे गुदगुदाता है जिस पर सुनील उनकी खूब खिंचाई करता था। पर हाँ, सबसे ज्यादा याद आता है उनका अप्रतिम स्नेह और अपनत्व। हमें लगता ही नहीं था कि हम किसी पराये घर में हैं या हमारे आने जाने पर कोई पाबन्दी है। हम कहीं बैठ जाते, कहीं लेट जाते और जब चाहे रसोई में बैठ कर खाने लगते।

मुझे मालूम नहीं कि आज के बच्चों की मानसिकता भिन्न है या बुजुर्गों के व्यवहार में बदलाव आया है कि एक परिवार के बच्चे दूसरे घर में वैसा सुकून और अपनापन महसूस नहीं करते जैसा हम करते थे, चाहे वे मित्र का घर हो या किसी करीबी रिश्तेदार का। कुछ सम्बन्ध आज भी गहरे हैं पर अधिक्तर वे बाहरी दुनिया तक सीमित है। निजी जिन्दगी में न तो कोई किसी को जगह देना चाहता है और न ही कोई लेना चाहता है।

भाभी ने नाश्ता तैयार कर दिया था जिसमें नयापन था। पोहा, ब्रेड और दूध के साथ ओट्स। मेरे बचपन में रामपुर में ब्रेड जिसे हम डबलरोटी कहते थे, नहीं मिला करती थी। ओट्स क्या, कार्नफ्लेक्स जैसी चीजों के नाम तक हमने नहीं सुने थे। हालाँकि ओट्स को हम दलिया के रूप में जानते थे जो हमारे लिए बीमारों का खाना था। जब हमें बुखार आता तो खाने में मीठा दलिया ही दिया जाता। आज भी ओट्स खाते वक्त मुझे वही याद आता है।

उन दिनों नाश्ते का कोई चलन नहीं था। दस बजे तक दफ्तर या स्कूल जाने वाले सभी बच्चे/बड़े खाना खाकर ही जाते थे। जो बच्चे सुबह स्कूल जाते उनके लिए

रात के खाने के साथ परांठे बनाकर रख दिये जाते और वही बासी परांठे खाकर हम स्कूल जाते। दरअसल नाश्ते में बासी परांठे खाना उन दिनों फैशन में था। दोपहर बाद स्कूल से लौटने पर हम खाना खा लेते। बच्चों के द्वारा लंचबॉक्स या टिफिन लेकर जाने का कोई रिवाज नहीं था। मुझे याद नहीं कि मेरे बचपन में कोई बच्चा घर से कुछ खाने को लेकर आता था। पानी लेकर आने की तो किसी ने कल्पना भी नहीं की होगी। अब तो हर कोई अपने साथ लंचबॉक्स और पानी की बोतल लेकर चलता है।

पॉकिट मनी के नाम पर स्कूल जाने के लिए हमें दस, बीस पैसे मिलते थे। इंटरवल में बाहर खेड़े ठेलों से कचालू की चाट, अमरूद, उबली मटर जैसी चीजें लेकर खाते थे। प्यास लगने पर नल की टोंटी से मुँह लगाकर पानी गटक जाते थे। मुझे नहीं लगता कि उन दिनों पानी आज की मुकाबले ज्यादा शुद्ध होता था पर हम सबके अन्दर इतनी जबरदस्त प्रतिरोधक क्षमता थी कि मक्खियों से भिनभिनाते ठेलों से चाट खाकर और चुंगी के बहते पानी को पीकर भी स्वस्थ रहते थे। धूल, मिट्टी में खेलते थे। गिरते, चोट लगती, खून बहता तो उसपर ईंट का टुकड़ा लगाकर उसे सुखा लेते पर कभी एटीएस इंजेक्शन का नाम हमने नहीं सुना था।

उन दिनों ज्यादातर लोग डाक्टरों से कम ही वास्ता रखते थे। शिशुओं और बच्चों की अधिक्तर बीमारियाँ का इलाज घरेलू नुस्खों और दवाइयों से कर लिया जाता था। बुखार में तुलसी के पत्ते काली मिर्च से उबाल कर दे दिए जाते थे, पेटदर्द का इलाज हींग के पानी को घोलकर उसका फाया पेट पर रखकर किया जाता था, दस्त होने पर बेल का मुरब्बा खिलाया जाता था और कान दर्द होने पर सरसों के तेल को लौंग या हल्दी में उबाल कर कानों में डाल दिया जाता था।

उन दिनों ज्यादातर प्रसव घर के अन्दर ही होते थे। गाँव व शहर में कुछ दाइयाँ इस कार्य में निपुण मानी जातीं और वे ही सब काम करतीं। शहरों में स्त्री रोग विशेषज्ञ दुर्लभ थे। पूरे रामपुर में हम बचपन से सिर्फ लेडी डाक्टर मिश्रा का नाम सुनते आये थे। पर उनकी फीस देने की हैसियत तब कितने लोगों में थी। लिहाजा बच्चे घरों में ही पैदा होते और जब केस बिगड़ जाता तो लोग भागे-भागे डाक्टर मिश्रा के पास जाते। जाहिर था कि उनका दिमाग सातवें आसमान पर होता था। घर के आदमियों और बड़े बूढ़ों को खूब खरी खोटी सुनने को मिलतीं, जेब ढीली अलग होती थी।

रामपुर शहर में एमबीबीएम पास डाक्टर भी इने गिने थे। वही समस्त रोगों का इलाज करते। शहर में किसी रोग का विशेषज्ञ तो था ही नहीं। शायद अन्य छोटे शहरों की भी यही स्थिति थी। उन दिनों बीमारियाँ और उनके प्रकार भी कम थे। लगभग सभी आकस्मिक मृत्यु को 'हार्टफेल' समझा जाता था। डायबिटीस और

रक्तचाप के रोगी भी कम ही सुनने में आते थे। मेरे अपने किसी जानकार बुजुर्ग को इनमें से कोई बीमारी नहीं थी और वे खान पान में कोई खास परहेज नहीं करते थे। कैंसर जैसी घातक बीमारी का नाम हम लोगों ने नहीं सुना था। हाँ, साठ के दशक में 'गुप्त ज्ञान' जैसी फिल्मों से गुप्त रोग, जिन्हें वीडी कहा जाता था, का खूब प्रचार प्रसार हो गया था। उनके भयावह परिणाम से लोग रूबरू हो रहे थे। शायद उन्हीं दिनों भारत में पहला गर्भनिरोधक कंडोम सरकार द्वारा 'निरोध' नाम से लाया गया और लोग उसे दबे छिपे खरीदने व प्रयोग करने लगे। जिस संकोच और शर्म से लोग दुकानदार से इसकी माँग करते वह देखते ही बनता था। और आज सामान्य खरीदारी करने पर रेजगारी के बदले सेल्स गर्ल द्वारा कंडोम देने में कोई झिझक नहीं है।

उन दिनों बुखार भी सिर्फ न्यूमोनिया, टॉयफायड के नाम से जाने जाते थे। अब तो बुखारों के बड़े रहस्यपूर्ण और आकर्षक नाम सुनने में आते हैं। स्वाइन फ्लू, एन्सीफलाइटिस, स्प्रिंग फीवर, स्कारलेट फीवर, चिकनगुनिया वगैरह...।

हमारी जीवन शैली और खानपान का हमारे स्वास्थ्य पर खासा खराब असर पड़ा है। आज हमारे नौजवानों का पसन्दीदा भोजन फास्ट फूड और उसमें भी जन्क फूड है जो सहज रूप से उपलब्ध भी है। मैट्रो में रहने वाले युवक युवतियों को दाल, रोटी चावल जैसा पौष्टिक और सादा खाना न तो आसानी से मिलता है और न ही उनके पास इसके लिए समय है। अधिक्तर वे चलते फिरते, काम करते, फोन पर बतियाते या फिर ड्रायविंग करते अपनी भूख मिटा लेते हैं।

हमारे बचपन में घरों में खाने की मेज नहीं होती थी। हम रसोई में पटरे पर बैठ कर खाना खाते थे। अम्मा लकड़ी के चूल्हे से गर्म-गर्म रोटियाँ सेंककर परोसती जातीं। कभी हम बाँध या मूंज से बुनी चारपाई पर बैठकर भी भोजन करते थे पर उसमें बार-बार खाना लाने की दिक्कत होती थी। इसलिए तहरी जिसे अब पुलाव कहा जाता है, हम चारपाई पर बैठ कर खाना पसन्द करते थे।

अब तो रसोई में बैठकर खाने का चलन पूरी तरह खत्म हो गया है। नन्हे बच्चे टीवी पर नजरें गड़ाये बिना दूध तक नहीं पीते। अलबत्ता काफी घरों में एक सुखद परिवर्तन यह जरूर आया है कि परिवार के सभी सदस्य एक साथ बैठकर भोजन करते हैं। गर्म रोटियाँ खाने का रिवाज भी लगभग खत्म हो चुका है। काफी घरों में माएँ और लड़कियाँ साथ में बैठकर खाना खाने लगी हैं।

मुझे याद नहीं कि अम्मा ने कभी हमारे साथ बैठ कर खाना खाया हो।

रामपुर में कुछ डाक्टरों की ख्याति पूरे शहर में थी। बचपन में हमारे परिवार के चिकित्सक डाक्टर मुरारी लाल थे जो इलाज कम बातें ज्यादा करते थे। बच्चे की

जीभ बाहर निकलवा कर वह किसी किस्से में खो जाते और याद दिलाने पर ही उसे अन्दर करने का हुकुम देते। पर उनमें बेहद आत्मीयता छलकती थी और कराहता हुआ मरीज भी मुस्करा कर वहाँ से निकलता। उन दिनों तो हम उनसे बहुत चिढ़ते थे पर आज लगता है कि रोगी का विश्वास जीतना और उसमें इलाज के लिए उत्साह पैदा करना भी इलाज का अहम हिस्सा है।

इन डाक्टरों के अलावा कुछ हकीमों, वैद्यों और झोलाछाप डाक्टरों की प्रेक्टिस भी खूब चलती थी। उन दिनों परामर्श शुल्क लिए जाने की कोई व्यवस्था रामपुर में नहीं थी। आज तो दो सौ रुपये से लेकर दो हजार रुपये तक डाक्टर की फीस के नाम पर झटक लिए जाते हैं। जिस डाक्टर के पास हम दिखाने जाते थे, उसी की डिस्पेंसरी से दवाइयाँ मिलती थीं और हम महज उन दवाइयों का भुगतान करते थे। एक, डेढ़ रुपये में तीन दिन की दवाई आ जाती थी जिसमें एक, दो गोलियाँ होतीं और मिक्चर (पीने का दवा) जिसकी शीशी पर कागज की चिप्पी लगा कर खुराक का संकेत बना होता था। ज्यादा खर्च करने की हैसियत भी लोगों में नहीं थी। तमाम तरह के टेस्ट का चलन कम ही था। मेरी जानकारी में तब रामपुर में कोई पैथोलोजिकल लैब नहीं थी। सरकारी अस्पताल में खून, मलमूत्र की जांच व एक्सरे की सुविधा जरूर मौजूद थी।

आज मामूली बीमारी का इलाज कराना कितना मँहगा है, किसी से छिपा नहीं है। हर इलाज से पहले कई टेस्ट कराने पड़ते हैं। कई बार ये टेस्ट मरीज के शोषण का जरिया बन जाते हैं जिसकी साजिश में डाक्टर और पैथालोजिकल लैब शामिल होते हैं।

डाक्टर की फीस, तरह-तरह के टेस्ट, मँहगे कैप्सूल-दवाइयाँ और इंजेक्शन एक गरीब आदमी तो क्या, खाते पीते परिवार की कमर तोड डालते हैं।

नया गंज, सर्राफा बाजार और किले के उत्तरी द्वार से गुजरते हम दक्षिण सिरे पर स्थित अपने पुराने प्राइमरी स्कूल पहुँचे हैं। नये गंज की दुकानें लगभग पुरानी ही हैं। उनमें कोई खास बदलाव नजर नहीं आया है। हाँ, उनकी साज सज्जा पहले से बेहतर हो गयी है। दुकानें भरी-भरी दिखलाई दे रही हैं। ब्रांडेड हॉजरी, तेल, साबुन, शैम्पू, कॉस्मेटिक्स, टॉफी, चॉकलेट वगैरह...। यह इस बात का सुबूत तो है ही कि लोगों की क्रय शक्ति में इजाफा हुआ है। उन दिनों काफी लोग नीम की दातून करके दांत साफ करना पसन्द करते थे। हमारे घर में बरसों आगरा का सरीन दंत मंजन इस्तेमाल हुआ इसलिए टूथब्रश और टूथपेस्ट से दूर रहे। पहले शैम्पू तो छोड़िये, साबुन भी हर घर में इस्तेमाल नहीं होता था। शौच के बाद हाथ मिट्टी से धोए जाते थे और लोग उसे ही शुद्ध मानते थे। जिस साबुन से हम नहाते थे, वही बाल धोने

के लिए प्रयोग किया जाता था। अम्मा और बहनें जरूर रीठे के घोल से अपने बाल धोती थीं। नहाने वाले दो-चार साबुन बाजार में मिलते थे– हमाम, सनलाइट, रेक्सोना, लायफबॉय। ऐसा भी वक्त आता था जब बाजार से साबुन ही गायब हो जाते थे और उनकी कालाबाजारी होती थी। जानने पहचानने वाले दुकानदार बमुश्किल एक, दो टिकियाँ दिया करते थे।

उन दिनों भारतीय समाज तरह तरह के अभावों और कमियों का अभ्यस्त था। कभी बाजार से साबुन गायब होता तो कभी शकर। कभी तेल, घी की कालाबाजारी होने लगती तो कभी लोगों को अच्छा गेहूँ बाजार में नहीं मिलता। रोजमर्रा की जिन्दगी को किसी न किसी अभाव का मनहूस साया त्रस्त किए रहता और आम आदमी जिन्दगी की मूलभूत जरूरतों से भी महरूम हो जाता। लोगों की आमदनी और उसके जरिये बहुत कम थे। गरीब आदमी चाहे वह रिक्शा, ठेला चलाने वाला हो, खोंमचे वाला या मिस्त्री-मजदूर, दिन भर की बदनतोड़ मेहनत के बाद बमुश्किल दो, तीन रुपये कमा पाता था। और उसमें से उसे किसी चीज पर ब्लैक में कुछेक पैसे देने पड़ते तो उसकी कमर टूट जाती। तब गैरजरूरी चीजें घरों से गायब हो जातीं जिसमें साबुन भी था। चिकनी मिट्टी से तब काम चला लिया जाता था। कपड़े धोने के डिटर्जेंट तब कम इस्तेमाल होते थे और लोग स्थानीय बने या घर में तैयार साबुन से कपड़े धोते थे। गर्म कपड़े धोने के लिए रीठे का घोल तैयार कर लिया जाता था।

जिस तरह बाऊजी और अम्मा आजादी के इर्द गिर्द डालडा घी के प्रचार प्रसार के किस्से सुनाते थे जब मेरठ और दूसरे बड़े शहरों में चौराहों पर ठेले लगाकर डालडा की पूड़ियाँ लोगों को खिलाई जाती थीं, ठीक उसी तरह मुझे भी 1960 के आसपास सर्फ डिटर्जेंट के प्रचार प्रसार की याद है। तब हम किले की महलसराय में रहते थे और मेरे पड़ोस में रहने वाली सविता दीदी यह काम करती थीं। कई बार वह मुझे भी अपने साथ घरों-घरों में घुमाती थीं। लोग विस्मय और हैरत से उस नीले पाउडर को देखते थे जिसके घुलते ही पानी में झाग उफनने लगते थे। उन दिनों औरतें साबुन की पत्थरनुमा बट्टियाँ घिस कर कपड़े धोती थीं जिसमें खासी मशक्कत होती थी। दीदी उन्हें सर्फ में कपड़े धोकर दिखातीं। अविश्वास से जकड़ी स्त्रियाँ सोचतीं कि जरूर इसमें तेजाब मिला हुआ है। इससे कपड़ों के रंग और मजबूती पर जरूर खराब असर पड़ेगा। दीदी की बात पर लोग आसानी से यकीन नहीं करते।

सर्फ के घरों में दाखिले में खासा वक्त लगा था।

रास्ते में हम कई दुकानों पर रुके थे जहाँ आज भी हमारे पुराने जानकार दुकानदार बैठे हैं। कुछ पर उनकी नयी पौध मौजूद है। इनमें से न जाने कितनी

दुकानों पर हम बीए एमए के दौरान बेवजह जाकर खड़े होते थे। अक्सर वही हमारी तफरीह और आराम का जरिया बन जाता था। पढ़ाई से थककर या ऊब होने पर हम बाजार में आकर अपने दोस्त रफीक की ड्रायक्लीनिंग की दुकान या असलम पानवाले या पंकज होटल पर जाकर गपियाते थे। कई बार उमेश और सुनील भी वहीं आ जाते और गप्पों और किस्सों का अंतहीन सिलसिला शुरू हो जाता।

रफीक की दुकान पर इस्त्री करने वाले बुजुर्ग चचा हमारा खासा मनोरंजन करते थे। अपनी जवानी के ऐसे किस्से सुनाते थे जो हमें उत्तेजित तो करते ही थे, अन्दर तक हुलसा भी जाते। तब तक हम लड़कियों के बारे में बहुत कम जानते थे। न ऐसी पत्रिकाएँ हमारी जानकारी में थीं और न ही कोई दूसरा जरिया था जिससे हम सेक्स सम्बन्धित कोई जानकारी हासिल कर पाते। घर में रहने की वजह से मस्तराम की किताबें भी हमारी पहुँच से बाहर थीं जिनसे इलाहाबाद विश्वविद्यालय के हॉस्टल रससिक्त रहते थे।

चचा की बातें हमें बहुत दिलचस्प और मजेदार लगतीं। उनके इन्हीं अनुभवों और साफगोई की वजह से हम उनकी इज्जत भी करते। उनके कुछ तजुर्बे हमें उत्तेजित और रोमांचित कर देते मसलन चलते रिक्शे में पर्दे के पीछे रतिक्रिया...।

कभी वहाँ बैठ कर चाय समोसा खाते तो कभी अमरूद या भुट्टा। आते जाते लड़कियों को ताका भी करते। पर इससे ज्यादा कुछ नहीं। शायद हमारी वक्त के किशोरों में शुचिताबोध कुछ ज्यादा ही था जो आज के दौर में मूढ़ता और अज्ञानता समझी जाती है।

सड़क पर खड़े होकर खाने में कुछ अलग मजा आता था जैसे खुली जगह में मूतने का लुत्फ कुछ और ही है। खड़े-खड़े हम चाय पीते तो कभी इमरती समोसा खाते। ऐसा करने में हमें कुछ भी अटपटा नहीं लगता था। आज तो यह संस्कृति महानगरों में भी आ गई है। कबाव, बिरयानी, चाट, चाउमीन, पावभाजी आदि के ऐसे अनेक ज्वायंट शहर में प्रसिद्ध हैं जहाँ लोग कार पार्क कर सपरिवार खाते नजर आते हैं।

दुकानों पर आयी नयी पीढ़ी ने बाजार की जरूरत का सही आकलन कर अपनी दुकानों को सुसस्जित किया है। नतीजतन आज रामपुर जैसे छोटे शहर में वे सारी चीजें मिलती हैं जो किसी बड़े शहर में देखी जाती हैं। टीवी, इंटरनेट ने वस्तुओं के प्रचार को इतना आक्रामक बना दिया है कि समाज के हर वर्ग के लोग उसकी गिरफ्त में आकर उन्हें खरीदने के लिए होड़ सी लगाए रहते हैं। वर्गीय चेतना धीरे-धीरे लुप्त हो रही है। लोगों की लालसायें और आकांक्षाएँ असीमित हैं और उसमें उनका तबका आड़े नहीं आता।

उन दिनों निर्धन, निम्न मध्यवर्ग, मध्यवर्ग, उच्च मध्यवर्ग और उच्च वर्ग की जीवन शैली व रहन सहन में स्पष्ट अन्तर देखा जा सकता था। निम्न मध्यवर्ग के लोग साइकिल तक सीमित थे। बाइक या स्कूटर उच्च मध्यवर्ग के पास नजर आते थे और चार पहिया वाहन तो रामपुर में उंगलियों पर गिने जा सकते थे। सन पैंसठ तक हमें लगभग पता था कि रामपुर में किसके पास कार है। घर में फ्रिज भी उच्च जीवन शैली का परिचायक था जो न तो रामपुर में मेरे किसी दोस्त के घर में था और न ही हमारे अलीगढ़ और दिल्ली में रह रहे किसी रिश्तेदार के यहाँ। शायद साठ के दशक के अन्त में बड़े ताऊजी ने परिवार में पहला फ्रिज खरीदा था। घरों में एसी तो दुर्लभ था ही, कूलर भी नजर नहीं आता था। ये जिन्दगी की जरूरतें नहीं बल्कि ऐशोआराम की वस्तुएँ समझी जाती थीं। लोग अपनी सीमाओं और वर्गीय विभाजन को अच्छी तरह समझते थे। इन कथित विलासिताओं से अपने को दूर रखते थे और इनके लिए उनके मन में कुछ वितृष्णा जैसा भाव था। शायद इसीलिए कुछेक अमीरों को इसका प्रयोग करते देखकर उनके अन्दर न तो कोई ग्रंथि या कुंठा पैदा होती थी और न ही कोई हीनभाव।

इंटर तक हम पैदल ही कालिज जाते थे हालाँकि रजा इंटर कालिज हमारे घर से करीब तीन किलो मीटर की दूरी पर था। कुछ सम्पन्न परिवारों के बच्चे साइकिल पर कालिज आते थे जिनकी तादाद बहुत कम थी। मोटरसाइकिल या स्कूटर पर आने वाले लड़के तो चार, पाँच ही रहे होंगे। इन लड़कों से हम दूरी बनाकर रखते थे।

अधिकांश लोगों की यह मानसिकता थी कि सुविधाभोगी जीवन मनुष्य को बरबाद करता है। ज्यादातर माँ बाप मानते थे कि उनके बच्चे जीवन में जितना कष्ट सहेंगे और संघर्ष करेंगे, उतने ही सफल होंगे। जिन्दगी की तकलीफें उन्हें मजबूत बनने और आगे बढ़ने के लिए प्रेरित करेंगी। माँ बाप ऐसी कहानियाँ बच्चों को सुनाया करते थे जब अभावों में पला बढ़ा बालक महान पुरुष के रूप में जाना गया।

आज की सोच एकदम अलग है। हालात भी एकदम बदल गये हैं। हर व्यक्ति सुविधाभोगी है और जिन्दगी में ज्यादा से ज्यादा सहूलियतें पाना चाहता है। शहरों और कस्बों में स्कूटर या बाइक तो तकरीबन हर घर में है चाहे वह खोंमचे वाला हो, चौथे दर्जे का मुलाजिम याकि मजदूर, दूधवाला। प्रायः हर घर में टीवी और फ्रिज हैं और तीसरी श्रेणी के सरकारी कर्मचारी, छोटे मोटे दुकानदार, ठेकेदार, अध्यापक के घरों में एसी हैं और वे कारों में चलते हैं। सभी वर्गों में आर्थिक सम्पन्नता की एक होड़ सी मची है। अगर क्लास वन अफसर कार रख सकता है तो एक बाबू क्यों नहीं? अगर कप्तान की बीवी रेलगाड़ी के एसी में सफर करती है तो दरोगा की क्यों

नहीं। आज मँहगे और अच्छे स्कूलों में बच्चों को दाखिला दिलाने की होड़ की एक वजह यह भी है।

कोई अपना व अपने परिवार का जीवनस्तर किसी दूसरे से कम न मानता है और न ही दिखलाना चाहता है। भौतिक समृद्धि की ख्वाहिशें अपने चरम पर हैं। फिर उन्हें पाने के लिए कोई भी साधन क्यों न अपनाना पड़ें।

शायद समाज में फैलते भ्रष्टाचार, कदाचार और अनैतिकता का यही कारण है। चादर के अनुसार पाँव पसारने की कहावत अब नितांत अप्रासंगिक और हास्यास्पद हो गई है। 'अधिक चाहो अधिक कमाओ' का फलसफा सबने स्वीकार कर लिया है। और इसके लिए तमाम रास्ते निकाल लिए हैं। सरकारी कर्मचारी खुलकर रिश्वत लेते हैं, व्यापारी जमकर कालाबाजारी और मुनाफाखोरी करते हैं और नेता करोड़ों में खेल रहे हैं। सबका लक्ष्य सिर्फ ज्यादा से ज्यादा पैसा कमाना है।

पुरानी पीढ़ी भविष्योन्मुखी थी। आज लोगों का ध्यान भविष्य की अपेक्षा वर्तमान पर है। वे अपना वर्तमान सुखी और सम्पन्न देखना चाहते हैं। बाजार और उदारीकरण ने उनकी इच्छाओं और सपनों को पंख लगा दिए हैं। तमाम सुविधाओं का उपभोग करने के लिए कर्ज की अनेक लुभावनी योजनाएँ बाजार में हैं। कर्ज जो कभी परिवार के लिए कलंक या अभिशाप समझा जाता था, आज जीवन के बेहतर प्रबंधन का पैमाना समझा जाता है। नतीजतन आज की युवा पीढ़ी की सारी अर्थव्यवस्था ईएमआई आश्रित है।

मैं यह स्वीकार करता हूँ कि अपने प्राइमरी स्कूल को देखकर मुझे दुख भी हुआ और शर्मन्दिगी का अहसास भी। शायद अपने बच्चों को मैं बतलाने में संकोच करूं कि मैं जीर्ण क्षीर्ण भवन के इस विद्यालय में पढ़ा हूँ क्योंकि उन्होंने जिन भव्य इमारतों वाले स्कूलों में अध्ययन किया है, से इसकी तुलना उनके जेहन में जरूर उभरेगी।

लगभग साठ वर्ष पुराने इस स्कूल में आज एक के स्थान पर तीन विद्यालय चल रहे हैं क्योंकि एक तो सरकार द्वारा पुराने और जर्जर विद्यालयों के नये भवनों का निर्माण नहीं कराया जा रहा है और दूसरे इन स्कूलों में छात्रों की संख्या में लगातार कमी आ रही है। एक अध्ययन के अनुसार देश में लगभग दो हजार स्कूल तंबू और पेड़ के नीचे चल रहे हैं और तकरीबन पच्चीस हजार स्कूलों के पक्के भवन नहीं हैं। और जो पक्के भवन हैं, उसका नमूना मेरे सामने है। मेरे बचपन में इस स्कूल में दो, ढाई सौ छात्र थे जबकि आज यहाँ प्रत्येक विद्यालय में महज पचास, साठ बच्चे पढ़ते हैं। यह तब है जब बच्चों को शिक्षा की ओर आकर्षित करने के लिए मध्यान्ह भोज जैसी योजना लागू है। फिर भी स्कूलों से विधार्थियों के ड्रापआउट रेट में लगातार

वृद्धि हो रही है। तीन विद्यालयों को एक भवन में लाने का एक कारण शायद यही रहा हो। जाहिर है कि इससे स्थानीय लोगों को भारी असुविधा होती होगी क्योंकि उन्हें अपने नन्हे मुन्नों को अपने घरों से दूर पढ़ने भेजना पड़ता है।

स्कूल के बच्चों का पहनावा, चाल ढाल देखकर यह साफ है कि यहाँ अब मजदूरों, रिक्शाचालकों, बीड़ी बनाने वालों, कारचोबी करने वालों कामगारों जैसे तबकों के बच्चे ही पढ़ रहे हैं जो स्वयं अनपढ़ हैं लेकिन अपने बच्चों को थोड़ा बहुत पढ़ाना चाहते हैं। आज के दौर में तालीम की अहमियत का अहसास उन्हें है किन्तु उनके पास इतने साधन नहीं हैं कि वे अपने बच्चों को अच्छे स्कूलों में पढ़ने भेज सकें। यहाँ शिक्षा निःशुल्क है, दोपहर में बच्चों को खाना मिलता है जो माँ बाप के लिए एक अतिरिक्त प्रोत्साहन है।

हमारे समय में न तो शिक्षा मुफ्त थी और न ही मिडडे मील जैसी कोई योजना थी। हालाँकि फीस के नाम पर दो पैसे ही लिए जाते थे जो पाँचवीं तक एक आना हो गया था। पर शहर के लगभग सभी परिवारों के बच्चे इन्हीं विद्यालयों में पढ़ते थे। शायद विकल्प का भी अभाव था। आज की तरह गली-गली में अंग्रेजी माध्यम स्कूलों की बाढ़ तब नहीं आयी थी। मेरे बचपन में पूरे रामपुर में अंग्रेजी माध्यम का एक भी स्कूल नहीं था। कुछ सालों बाद किले में एक मोन्टेसरी स्कूल खुला था जहाँ तीसरी क्लास से अंग्रेजी सिखलाई जाती थी जबकि हमारे स्कूल का अंग्रेजी से कोई लेना देना नहीं था।

इस प्राइमरी स्कूल में कक्षा पाँच तक की कक्षाओं के लिए केवल दो अध्यापक हैं। यही स्थिति अन्य सभी प्राइमरी विद्यालयों की है। इन शिक्षकों की अध्यापन में कोई रुचि नहीं है और अधिक्तर दूसरे काम धन्धे या ट्यूशन में लगे रहते हैं। अक्सर केवल एक मास्टर ही स्कूल में मौजूद रहता है। छात्रों की गैरहाजिरी का औसत भी बहुत ज्यादा है। अपनी मर्जी से वे स्कूल आते हैं और अक्सर दोपहर का भोजन करके वापिस चले जाते हैं।

कक्षाओं में शोरशराबा है। लगता ही नहीं कि वहाँ कुछ पढ़ा लिखा जा रहा है। चारों ओर गंदगी फैली है। बच्चे जमीन पर बैठे हैं। कुछ के बस्ते खुले हैं और उनके सामने खड़ा एक छात्र कुछ बोल रहा है।

अतीत की स्मृतियाँ मुझे कुरेदने लगी हैं। मेरे साथ नगर के अनेक सभ्रांत परिवारों के बच्चे इस विद्यालय में पढ़ते थे। उमेश और सुनील भी नगरपालिका के ऐसे ही स्कूलों में पढ़े हैं जबकि सुनील के पिता शहर की जानी मानी हस्ती थे। कुछेक मुसलमान रईस जरूर अपने बच्चों को पढ़ने नैनीताल या अलीगढ़ भेजने की हैसियत रखते थे।

हमारे इस स्कूल में अध्ययन और अनुशासन का स्तर बहुत अच्छा था। हमारी मामूली शैतानियों या हरकतों या क्लास से गैरहाजिरी पर कड़ी सजा दी जाती थी। हर क्लास के लिए अलग मास्टर थे और वे नियमित अध्यापन करते थे। बहुत सख्ती से परीक्षाएँ होती थीं और काफी बच्चे उसमें अनुतीर्ण भी हो जाते थे।

आज इस सरकारी स्कूल की दशा देखकर मेरा मन बहुत दुखी है। यह जिला मुख्यालय स्थित विद्यालय की दशा है। देहाती इलाकों में सरकारी स्कूलों की क्या दुर्दशा होगी, का सहज अनुमान लगाया जा सकता है। और वो तब जब सर्व शिक्षा अभियान के नाम पर सरकार द्वारा अरबों रुपये खर्च किए जा रहे हैं।

नगरपालिका, जिला पंचायत और सरकार द्वारा संचालित इन विद्यालयों पर किसी का ध्यान नहीं है हालाँकि इनकी निगरानी के लिए अधिकारियों की फौज तैनात है। उनका सारा ध्यान शिक्षा के नाम पर आबंटित भारी भरकम बजट को ज्यादा से ज्यादा हड़पना है। उनकी निगाह स्कूल और छात्रों के विकास और शिक्षा के स्तर पर न होकर उन श्रोतों पर है जहाँ से ज्यादा से ज्यादा पैसा कमाया जा सकता है। चाहे वह स्कूल भवन के लिए आबंटित धन हो या बच्चों के लिए लेखन सामग्री, पाठ्य पुस्तकों का चयन और खरीद हो। और अब पिछले कुछ वर्षों से चल रही मध्यान्ह भोज योजना उनके काली आमदनी का एक बड़ा जरिया बन गयी है जिसमें ग्राम प्रधान की भी हिस्सेदारी है। शिक्षकों के चयन, उनकी तैनाती, तबादले, अवकाश, विभिन्न देयकों का भुगतान आदि में विभागीय भ्रष्टाचार चरम पर है। ऐसे में शिक्षा के इन मन्दिरों में सुधार की आशा भले कैसे की जा सकती है।

यही वजह है कि आज गली-गली में प्राइवेट स्कूल खुल गये हैं। यह एक बड़े कमाऊ धन्धे के रूप में चल रहा है। अधिकांश नगरों में शिक्षा माफिया सक्रिय हैं जिन्होंने विद्यालयों का जाल सा फैला लिया है। ऊँची फीस, दान और कई बार घूस लेकर वहाँ दाखिले किए जाते हैं और अध्यापकों विशेषकर महिलाओं का हर तरह से दुरुपयोग। तन्ख्वाह के नाम पर हजार, पन्द्रह सौ रुपये और दैहिक शोषण अलग से।

आजाद भारत में तालीम की यह तस्वीर कितनी तकलीफदेह और अफसोसनाक है।

अपने इस प्राइमरी स्कूल जहाँ मैंने ककहेरा सीखा और पढ़ाई की नींव पड़ी, की शोचनीय दशा देखकर मेरा हृदय घोर संताप, पीड़ा और अवसाद से घिर आया है। शिक्षा के मन्दिर जैसी कोई भावना यहाँ पैदा नहीं होती। क्या इन स्कूलों में पढ़ने वाले बच्चे भारत के नागरिक नहीं हैं जिन्हें स्तरीय शिक्षा व मूलभूत सुविधाओं का मौलिक अधिकार है जिसकी गारंटी हमारा संविधान देता है? क्या इन स्कूलों के छात्र भारत का भविष्य नहीं हैं जिनका तिरस्कार जहाँ एक उनके जीवन के साथ खिलवाड़ है, वहीं दूसरी ओर

यह देश की खुशहाली और तरक्की के लिए भी शुभ संकेत नहीं है?

गाँवों में रहने वाली भारत की सत्तर फीसदी आबादी बच्चों की शिक्षा के लिए इन्हीं सरकारी स्कूलों पर निर्भर है। यही स्कूल देश के आम आदमी के भविष्य के लिए जिम्मेवार हैं। पर जो भौतिक व मानव संसाधन इन्हें मुहैया कराए गये हैं, उनसे किसी बेहतर नतीजे की उम्मीद करना बेमानी लगता है। हमारे सियासी आकाओं, जनता के रहनुमाओं और मुल्क के कथित अलमबरदारों को इसका अहसास जरूर है लेकिन सत्ता और भ्रष्टाचार के नशे में चूर होकर वे महज लूटखसोट में लिप्त हैं।

मुर्तजा स्कूल और रजा इंटर कालिज, जहाँ से मैंने दसवीं और इंटर पास किया, का उल्लेख मैं ऊपर कर चुका हूँ। प्राइमरी स्कूल देखने के बाद हम इन कालिजों में भी गये। यहाँ की हालत भी बदतर ही दीख पड़ती है। शहर में खुल गये इंग्लिश मीडियम स्कूलों का दुष्प्रभाव इन पर भी साफ-साफ नजर आता है। शिक्षा के माध्यम ने इन स्कूलों को पछाड़ दिया है क्योंकि आज सभी माँ बाप अपने बच्चों को अंग्रेजी माध्यम से पढ़ाना चाहते हैं। लगभग सभी सरकारी कर्मचारी, छोटे मोटे दुकानदार और काम धंधे वाले लोग अपने बच्चों को इन निजी स्कूलों में भेजना पसन्द करते हैं जबकि उन दिनों सरकारी विद्यालयों का पूरा वर्चस्व था। अमीर-गरीब, छोटे बड़े कर्मचारी, छोटे दुकानदार या बड़े व्यवसायी सभी के बच्चे इन्हीं स्कूलों में पढ़ते थे। यह सच है कि तब कोई और विकल्प नहीं था, पर यह भी हकीकत है कि उन दिनों यहाँ की शिक्षा का स्तर बहुत अच्छा था, सख्त अनुशासन का पहरा था और हम गर्व से बतलाते थे कि हम मुर्तजा स्कूल या रजा इंटर कालिज में पढ़ते हैं। जाहिर है कि हमारे व्यक्तित्व के विकास में इस भावना की अहम भूमिका रही।

आज इन स्कूलों में अमूमन निचले तबके के गरीब बच्चे पढ़ते हैं जो निजी स्कूलों की मोटी फीस देने में असमर्थ हैं। तमाम वजहों से यहाँ की पढ़ाई के स्तर में लगातार गिरावट आ रही है हालाँकि मेरा मानना है कि यहाँ योग्य शिक्षकों की कोई कमी नहीं है। हाँ, उनमें प्रेरणा व इच्छाशक्ति की अभाव जरूर दिखलाई देता है। दरअसल यहाँ पढ़ने पढ़ाने का वो माहौल नहीं है जो शिक्षक या छात्र को अपना उत्कृष्ट देने के लिए प्रेरित करे। न अच्छे भवन हैं और न ही वे न्यूनतम सुविधाएँ हैं जिनकी अपेक्षा आज के समय में कोई भी कर सकता है। न पीने के लिए साफ पानी है और न ही साफ सुथरे शौचालय। क्लास रूम में न ठीक ठाक फर्नीचर है और न ही रोशनी का माकूल इंतजाम। पन्द्रह बाई बीस फिट के कमरे में एक पंखा भी चल रहा हो तो बड़ी गनीमत है। अक्सर फ्यूज रॉड और बल्ब क्लासरूम में लगे रहते हैं और कालिज के पास इतना पैसा नहीं है कि उन्हें बदल सकें।

जहाँ तक शिक्षा के माध्यम का प्रश्न है, इसे देश और देशवासियों का दुर्भाग्य कहा जाएगा कि अंग्रेजी ने सभी भारतीय भाषाओं को पछाड़ कर पीछे धकेल दिया है। उनमें भी हिन्दी की दशा सबसे अधिक दयनीय है। अन्य भाषियों को फिर भी अपनी भाषा पर कुछ गर्व है और समृद्ध, सम्पन्न व ऊँचे पदों पर बैठे लोग अक्सर अपनी मातृभाषा बोलते मिल जाएंगे। किन्तु हिन्दी पट्टी के लोग अपनी भाषा को प्रयोग करने में हीन और अपमानित महसूस करते हैं। जाहिर है कि वे अपने बच्चों को ऐसे स्कूलों में पढ़ाना चाहते हैं जहाँ वे अंग्रेजी का अच्छा ज्ञान हासिल कर सके।

क्या सरकार को अपने इन स्कूलों के प्रति आम नागरिकों में पैदा हुई उदासीनता, अरुचि व उत्साहहीनता को लेकर कुछ सोचने या करने की जरूरत नहीं है? शिक्षा नागरिकों का मौलिक अधिकार है और इसे पाने के लिए उन्हें पूरा हक है कि वे सरकार से यह अपेक्षा करें कि सरकारी स्कूलों/कालिजों में शिक्षा की उचित व्यवस्था की जाए जिससे देश का गरीब और सर्वहारा वर्ग अपने बच्चों को अच्छी तालीम मुहैया करा सके। साथ ही वे इन निजी स्कूलों के आर्थिक शोषण से मुक्त रहें। जो अपने बच्चे को पचास रुपये मासिक खर्च पर पढ़ा सकता है, उसे डेढ़, दो हजार रुपये क्यों खर्च करने पड़ें। क्या सरकार का यह संवैधानिक कर्तव्य और दायित्व नहीं है? सरकार सर्वसाधन सम्पन्न है। शिक्षा के क्षेत्र में भी वे ऐसे स्कूल, कालिज व संस्थान स्थापित कर सकती है जिसकी बराबरी करना किसी निजी व्यवसायी के लिए कतई मुमकिन न हो। आखिर उच्च शिक्षा के केन्द्र आईआईटी व आईआईएम सरकार द्वारा ही स्थापित किए गये हैं और तमाम प्रयास के बाद भी निजी क्षेत्र का कोई संस्थान उनकी बराबरी नहीं कर पाया है।

कहीं ऐसा तो नहीं कि यह तिरस्कार जानबूझ कर किया जा रहा है क्योंकि आज शिक्षा एक कमाऊ उद्योग के रूप में सामने आया है। इसमें सियासी लोगों का महज दखल ही नहीं, उनके निजी स्वार्थ भी हैं। स्कूलों की शृंखला खोलकर जहाँ वे अकूत पैसा कमा रहे हैं, वहीं दूसरी ओर अपनी अन्य लालसाओं और लिप्साओं की पूर्ति करने में भी सफल हैं जिसका इशारा मैं ऊपर कर चुका हूँ।

एक बात का उल्लेख करना और जरूरी लगता है। आज जिस तरह अध्यापकों के वेतन में बढ़ोत्तरी की गयी है, उससे योग्य, समर्पित व कर्तव्यनिष्ठ शिक्षक मिलने में कोई कठिनाई नहीं होनी चाहिए। आज प्राइमरी के टीचर को अट्ठारह, बीस हजार और सेकेण्डरी स्तर पर बाइस, पच्चीस हजार रुपए न्यूनतम वेतन मिलता है। इस तन्ख्वाह से आदमी अपनी बुनियादी जरूरतों को तो पूरा कर ही सकता है।

इसके बदले आज के टीचर छात्रों को कैसी शिक्षा दे रहे हैं? इस महकमे में तैनाती, तबादला, तरक्की और हर मुमकिन क्षेत्र में भ्रष्टाचार गहरी जड़ें जमाए है।

वही शिक्षा की इस दुर्गति के लिए पूरी तरह जिम्मेदार है। इसके साथ ही लोकतन्त्र के नाम पर जनप्रतिनिधियों द्वारा राजनीतिक हस्तक्षेप की भी इस पतनगाथा में कम भूमिका नहीं है।

पहले लिखा जा चुका है कि आजादी के बाद उत्तर प्रदेश सरकार द्वारा 1948 में मानक के तौर पर प्रदेश में तीन स्थानों पर आदर्श महाविद्यालयों की स्थापना की गयी। ये तीनों महाविद्यालय ऐसे स्थानों पर खोले गये थे जहाँ तब स्नातक व स्नातकोत्तर अध्ययन की कोई व्यवस्था नहीं थी और वहाँ के नवाब या राजा ने महाविद्यालय खोलने के लिए भवन मुहैया कराये थे या रियासत के विलय के बाद सरकार के पास भवन उपलब्ध थे। सरकार की नीति और नीयत की वजह से बहुत जल्दी ही इन महाविद्यालयों ने उच्च शिक्षा के उत्कृष्ट केन्द्र के रूप में ख्याति और प्रतिष्ठा अर्जित कर ली। खास तौर पर ज्ञानपुर और नैनीताल के कालिजों ने शिक्षा के क्षेत्र में अपनी धाक जमा ली थी। इसका एक कारण ज्ञानपुर का इलाहाबाद विश्वविद्यालय के निकट होना और नैनीताल में अनेक नामी पब्लिक स्कूलों का होना था जहाँ दूर-दूर से बच्चे पढ़ने आते थे और इंटर करने के बाद उनमें से कुछ वहीं आगे पढ़ने के इच्छुक थे। दूसरी ओर रजा महाविद्यालय के पिछड़ने का एक बड़ा कारण उसका स्नातक स्तर तक होना था। फिर भी अपने अनुशासन, शिक्षा के स्तर और रिजल्ट के लिए इस महाविद्यालय की आस पास के क्षेत्र में ख्याति थी।

रजा कालिज में दाखिले को लेकर मेरे अन्दर बहुत उत्साह और प्रसन्नता थी। रामपुर का सबसे बड़ा कालिज तो था ही यह, उन दिनों डिग्री कालिज में पढ़ रहे किशोरों को थोड़ा बहुत सम्मान की नजर से देखा जाता था। रामपुर में बीए, बीएससी, बीकॉम करने वालों की संख्या बहुत अधिक नहीं थी। गरीब और निचले तबके के मुस्लिम परिवारों के अधिकांश बच्चे थोड़ा बहुत पढ़कर किसी काम धंधे में लग जाते थे। मध्यवर्गीय मुस्लिम परिवारों के बच्चे जो पढ़ने में कुछ ठीक होते, अलीगढ़ मुस्लिम यूनीवर्सिटी का रुख ले लेते। इसलिए मुस्लिम बाहुल्य नगर होने के बावजूद रजा कालिज में मुसलमान छात्रों की संख्या कम ही रहती।

रजा कालिज में प्रवेश को लेकर मेरे उत्साह की वजहें कुछ और भी थीं। इंटर तक हम अक्सर नेकर और कभी पाजामा पहनकर स्कूल जाते थे। तब मेरे पास सिर्फ एक पैंट थी जो कुछ खास मौकों पर पहनी जाती थी। पर डिग्री कालिज में हमें पैंट शर्ट या बुशर्ट में जाना था। इसलिए हमारी दो पैंट और बनी– मक्खन जीन की पैंट और सूती कमीज। उन दिनों सूती कपड़े का वर्चस्व था। रामपुर में शायद 1964-65 में टेरीलीन का चलन आरम्भ हुआ था जिसका यह कहकर प्रचार किया जाता था

कि इस पर इस्त्री करने की जरूरत नहीं है जबकि सूती पैंटों को कलफ लगाकर प्रेस किया जाता था।

मेरे ताऊजी के लड़के जो एम्स में डाक्टर थे, इंग्लैंड से अध्ययन कर लौटे थे। सबसे पहले उन्होंने ही मुझे टेरीलीन की पहली कमीज दी जो चटख रंगों की शोख डिजायन वाली कमीज थी। सूती कपड़ों में ऐसे भड़कीले रंग और डिजायन तब देखने को नहीं मिलते थे। बाऊजी को मेरा वह कमीज पहनना कतई पसन्द नहीं था। उसे पहनकर कालिज जाने की तो मैं सोच भी नहीं सकता था। ज्यादातर लोगों की तरह बाऊजी भी सूती कपड़ों के घनघोर समर्थक थे। वह समझाते थे कि टेरीलीन के कपड़े पहनने से ज्यादा पसीना आता है, बाहर की ताजा हवा बदन को नहीं लगती और इसका सेहत पर खराब असर पड़ता है।

बीए की शुरुआत में हमारे बड़े मामा ने हमें (मुझे और दादा को) टेरीलीन की बुशर्ट सिलवा कर दी थी। शायद बीस, पच्चीस रुपये में हमारी बुशर्ट तैयार हो गई थी। कपड़ों की तरह हम जूते भी स्थानीय तौर पर बनवा कर पहना करते थे। बाटा की दुकानों का जाल तब शहरों में फैल चुका था पर उसके जूते हमारी हैसियत से बाहर थे। कहाँ बीस, पच्चीस रुपये में लोकल जूता और कहाँ चालीस, पचास का बाटा का जूता। वैसे भी उन दिनों किरमिच के पीटी शूज के अलावा सिर्फ चमड़े के जूते पहने जाते थे, काले और ब्राउन। स्पोर्ट्स शूज के बारे में हमें कोई जानकारी नहीं थी। आज की तरह जूतों के तमाम रंग और डिजायन नहीं होते थे। आज बाजार में तरह तरह के रंगों, डिजायन और मैटीरियल वाले जूते उपलब्ध हैं जो पाँच सौ रुपये से शुरू होकर पाँच, दस हजार तक कीमत के हो सकते हैं।

डिग्री कालिज जाने की एक अन्य उपलब्धि सायकिल थी। इंटर तक हम पैदल स्कूल जाते थे पर रजा कालिज शहर से लगभग पाँच किलो मीटर दूरी पर स्थित था और यहाँ पैदल जाना संभव नहीं था। लड़के सायकिल पर और लड़कियाँ रिक्शे से कालिज जाती थीं। उन दिनों कोई लड़की सायकिल अथवा स्कूटी से कालिज नहीं जाती थी। बमुश्किल दस, पन्द्रह लड़के स्कूटर या मोटर सायकिल से आते थे। ज्यादातर प्राध्यापक भी सायकिल से ही आते जाते थे। कुछेक के पास स्कूटर था और कार शायद किसी के पास नहीं।

यहाँ मुझे मनोविज्ञान के अपने योग्य प्राध्यापक डा. लाभ सिंह की याद आ रही है जो रामपुर में पहले सिख प्राध्यापक थे। सिविल लाइन्स में रहते थे और साथियों की सलाह पर उन्होंने स्कूटर ले लिया था। पर बेचारे सिर्फ आधे रास्ते ही उसे चला पाते। बाकी रास्ते भर वह पैदल चलकर अपने स्कूटर को ठेलते। उनका मानना था

कि बाजार नसरूल्ला खाँ, जहाँ से उन्हें गुजरना होता था, में आदमी पैदल चलकर ही महफूज रह सकता है।

ज्यादातर मुसलमान लड़कियाँ पर्दे से ढके रिक्शे में आती थीं। यह जानना मुश्किल होता कि उसमें कौन बैठा है। इसे लेकर कई बार बड़ी अटपटी और हास्यास्पद स्थिति पैदा हो जाती थी जब किसी लड़के ने चलती रिक्शा के पीछे सायकिल लगाकर छेड़खानी या बेजा हरकत कर डाली या अश्लील फिकरे कस दिये और बाद में पता चला कि उसमें उसकी बहन ही सवार थी।

उन दिनों काफी मुसलमान लड़कियाँ कालिज में बुर्का पहन कर आती थीं। उनमें से कुछ तो कालिज पहुँच कर अपना बुर्का कॉमन रूम में रख देतीं पर काफी लड़कियाँ बुर्का पहन कर ही क्लास में आती थीं। दो या चार साल तक साथ में पढ़ने के बाद भी हमने उनका चेहरा कभी नहीं देखा। कुछ कभी बात कर लेती थीं पर ज्यादातर मुसलमान लड़कियाँ लड़कों से दूर रहतीं। हम उनके हाथ की उंगलियाँ और पैर देखकर उनके रंग रूप का अनुमान लगाते थे। आपस में उसी पहचान के आधार पर बातें भी करते थे, 'वो पतली उंगलियों वाली लड़की', या 'वो जो तीन अंगूठियाँ पहनती है', 'जिसके पैर की उंगलियों के नाखून खूब लम्बे हैं' वगैरह...। शायद इसी पृष्ठभूमि का प्रभाव है कि आज भी मुझे लड़कियों की पतली, सुंदर उंगलियाँ बहुत आकर्षित करती हैं।

लड़कियाँ सलवार सूट पहनती थीं। चूड़ीदार पाजामा पहनकर कालिज आने का रिवाज कम ही था। ज्यादातर लड़के पैंट शर्ट पहनते थे। गाँव के कुछ लड़के पाजामा कमीज पहन कर भी आते थे। इसी तरह कुछ मुसलमान लड़के पठानी सूट भी पहनते थे। कुछ रामपुरी टोपी लगाकर भी कालिज आते थे। उन दिनों जीन्स की जानकारी भारत के छोटे शहरों में बिलकुल नहीं थी। सच तो यह है कि हम जीन्स नाम के किसी कपड़े को जानते ही नहीं थे। तंग मोहरी की पैंट फैशन में थी जिसे बुजुर्ग बहुत नापसन्द करते थे। कुछ पैंट तो इतनी तंग होती कि उन्हें पहनने, उतारने में खासी मशक्कत करनी पड़ती। जमीन पर बैठना तो दूर कुर्सी पर भी बैठने में असुविधा होती। ऐसे लड़के हर पल पहलू बदलते बेचैन से नजर आते।

फिल्मों में यह दौर धर्मेन्द्र, राजेश खन्ना, जीतेन्द्र की लोकप्रियता का था। उन्हीं को देखकर लड़के मैरून, हरी, पीली या गेरुआ रंगों की पैंट पहना करते थे। लड़कियों के स्लैक्स भी उपलब्ध थे किन्तु उन्हें पहनकर कालिज आने की कोई लड़की सोच भी नहीं सकती थी।

मेरा और तकरीबन सभी छात्र छात्राओं का सहशिक्षा का यह पहला अनुभव था। लड़कियों के साथ में पढ़ने से उत्तेजना की एक लहर सी हमारे अन्दर प्रवाहित रहती।

अपने कपड़ों और बालों को लेकर हम पहली बार सचेत अनुभव करने लगे थे। क्लास में लड़के लड़कियाँ अलग-अलग बैठते। उनके बीच संवाद न के बराबर था। लड़कियों के लिए अलग कॉमन रूम था और क्लास के बाद सभी लड़कियाँ वहीं बैठी रहतीं। क्लास में उनके आने जाने का अलग रास्ता मुकर्रर था जिसपर लड़कों की आवाजाही प्रतिबंधित थी। शुरू के दिनों में वहाँ से गुजरते कई लड़कों को अर्थदंड तक झेलना पड़ा।

1967 में जब मैंने बीए में प्रवेश लिया था, रजा कालिज केवल स्नातक महाविद्यालय था। 1969 में जब मैंने बीए पास किया, उसी साल कुछ विषयों में एमए की कक्षाएं आरम्भ की गई थीं। यह रामपुरवासियों के लिए एक अहम सौगात थी क्योंकि अब तक रामपुर के छात्र एमए, एमएससी करने अक्सर मुरादाबाद जाया करते थे जहाँ केजीके, गोकुलदास और हिन्दू कालिज जैसे पुराने स्नातकोत्तर महाविद्यालय थे। इन दो शहरों के बीच महज सत्ताइस किलो मीटर की दूरी थी किन्तु रास्ते में रामगंगा का सड़क और रेल का साझा पुल कभी इस रास्ते को खासा लम्बा बना देता था। नतीजतन मुरादाबाद जाने में दो, ढाई घंटे तक लग जाते थे। अलबत्ता नई फिल्में देखने के शौकीन तकरीबन हर शुक्रवार को साइकिल से मुरादाबाद जाया करते थे।

बहरहाल रजा कालिज की संस्कृति बन्द डिब्बे जैसी थी जहाँ आधुनिकता का कोई प्रभाव नहीं था। लड़के लड़कियों के बीच मेलजोल लगभग शून्य था। लोगों की मानसिकता भी ऐसी थी कि किसी लड़के लड़की का बात करना लोगों को बुरी तरह चुभता। सदाचार की दुहाई दी जाती और नैतिक मूल्यों पर संकट का ढोल पीटा जाता। तरह-तरह की अफवाहें फैलने लगतीं जो छोटा शहर होने के कारण कालिज की सीमा लाँघ कर घरों के अन्दर तक पहुँच जातीं।

1968 में यहाँ नैनीताल से तबादला होकर डा. उपाध्याय प्रिंसिपल बनकर आये थे। नैनीताल महाविद्यालय पर आधुनिकता का प्रभाव था। अच्छे पब्लिक स्कूलों के बच्चे वहाँ पढ़ते थे, इसलिए वहाँ का माहौल काफी स्वछंद और उदार था। इसका कुछ असर रजा कालिज में इन नये प्राचार्य के प्रशासन में नजर आया। लड़कियों के लिए आरक्षित रास्ते पर लड़के घूमते नजर आने लगे। लड़कियाँ कॉमनरूम से बाहर निकल कर ग्लास हाउस जिसे शीश महल कहते थे, की सीढ़ियों पर बैठने लगीं। चुनाव प्रचार में कुछ लड़कियाँ बढ़ चढ़ कर हिस्सा लेने लगीं और लड़के लड़कियों के मध्य संवादहीनता की मोटी पर्त दरकने लगी। लोगों के नजरिये में अलबत्ता कोई बदलाव नहीं आया था।

उन दिनों हमारे कालिज के चुनाव और आज विश्वविद्यालय या महाविद्यालय के छात्र संघ चुनाव में लगभग वही अन्तर है जो आज पंचायतों और विधान सभा

के चुनावों में है। तब व्यक्तिगत सम्पर्क करके ही वोट माँगे जाते थे। कोई बैनर नहीं लगते थे, न ही जुलूस निकलते थे हालाँकि छोटे पर्चे छपवाना शुरू हो गया था। अधिक्तर चुनाव प्रचार कालिज तक सीमित रहता। शहर और आसपास के क्षेत्र पर उसका कोई प्रभाव नहीं देखा जा सकता था। शहरवासियों को यह जानकारी तक नहीं होती थी कि कालिज में छात्र संघ का चुनाव हो रहा है। बीए प्रथम वर्ष में जब मैंने अंग्रेजी एसोसिएशन का चुनाव लड़ा, बाऊजी जीवित थे। पर उनको इसकी कानों कान खबर नहीं हुई। मुझे आशंका थी कि उनकी जानकारी में आने पर डांट डपट से लेकर धुनाई तक मुमकिन थी।

आजकल छात्रसंघ के चुनाव की अनगूंज पूरे शहर में महसूस की जाती है। पूरा शहर बैनर और पोस्टरों से पाट दिया जाता है। दीवारें, सरकारी बसें, टेम्पो सब रंग दिए जाते हैं। गाड़ियों पर जमकर प्रचार होता है। बड़े-बड़े जुलूस निकलते हैं। लाखों रुपये खर्च किए जाते हैं। राजनीतिक दलों की इनमें पूरी दिलचस्पी और उम्मीदवारों को परोक्ष समर्थन होता है।

रजा कालिज में प्राध्यापकों का बड़ा सम्मान था। हम उन्हें प्रोफेसर कहकर पुकारते थे। प्रोफेसर होने का सही मतलब तो हमें काफी बाद में पता चला। उन दिनों पीएचडी किए प्राध्यापक इने गिने थे। जिन प्रध्यापकों के नाम से पहले डाक्टर लिखा होता, उनका कालिज में बौद्धिक आतंक था। कुछेक के बारे में तरह-तरह की अफवाहें थीं। मसलन अंग्रेजी के एक प्राध्यापक गर्मियों में भी सूट, टाई पहन कर आते थे। कहा जाता था कि वह आक्सफोर्ड से पढ़े हैं जबकि वह गोरखपुर विश्वविद्यालय के छात्र रहे थे। राजनीतिशास्त्र के एक प्राध्यापक के बारे में सुना जाता था कि वह कई विषयों में एमए और दो या तीन विषयों में पीएचडी हैं। उनकी इज्जत के लिए इतना ही काफी था।

आज तो लगभग सभी प्राध्यापक पीएचडी किए हैं। यही नहीं, पीएचडी धारक अध्यापक आपको जूनियर हाई स्कूल तक में पढ़ाते मिल जायेंगे।

कालिज का वर्तमान परिदृश्य एकदम बदला हुआ है। यहाँ स्वछंद व खुला माहौल है। लड़के लड़कियाँ साथ में घूम रहे हैं। कालिज के लॉन में जो झुंड खड़े हैं, उनमें उनका अनुपात लगभग बराबर है। मुझे एक भी लड़की बुर्के में नहीं दिखलाई दी। न ही पर्दे लगे रिक्शे कहीं नजर आ रहे हैं।

यह बदलाव सचुमच स्वागत योग्य है।

रजा कालिज में बिताया समय मेरे लिए कई माने में अविस्मरणीय है। यह हमारे यौवन के उभार का भी वक्त था। उन दिनों काफी छात्र सोलह और कुछ उससे भी

कम उम्र में इंटर पास कर लेते थे। अधिक्तर छात्र छात्राएं बड़े नादान, कमसिन और भोले होते थे। अधिकांश लड़कों को लड़कियों के बारे में कोई जानकारी नहीं होती थी। ज्यादातर सभी छात्रों का सहशिक्षा का पहला अनुभव होता था क्योंकि इंटर तक के किसी कालिज में सहशिक्षा नहीं थी। कोई दूसरा डिग्री कालिज था ही नहीं। काफी अर्से बाद रामपुर में छात्राओं के लिए दूसरा महाविद्यालय किले के अन्दर खोला गया।

शुरुआत में हमें लड़कियों को क्लास में देखकर बड़ा अटपटा लगता था। हम बड़े सचेत और दबे-दबे से रहते। काफी लड़के ऐसे थे जो लड़कियों की ओर पूरी नजर उठाकर देखने का साहस भी नहीं कर पाते थे। पर उनकी मौजूदगी का प्रभाव हमारे पहनावे और आचरण पर अवश्य था। इसका कुछ असर हमारे अध्ययन पर भी था। कई बार हम क्लास में तैयारी करके जाते जिससे यदि प्राध्यापक कुछ पूछें तो हम नाज से अपना हाथ उठा सकें। कोई लड़की कभी हमसे कोई पुस्तक या नोट्स की कॉपी माँग लेती तो हम चहचहा उठते।

लड़कों लड़कियों के बीच मित्रता की कोई संकल्पना तब नहीं थी। बाद के सालों में हमारा कुछेक लड़कियों के घर आना जाना शुरू हुआ हालाँकि वह नितांत औपचारिक था। उसमें मित्रता जैसा कोई भाव शायद नहीं था। हम लोगों की सोच भी बड़ी निर्दोष थी। कभी कोई गलत विचार मन में नहीं आते थे।

आज के दौर में जब कक्षा आठ, नौ के बच्चों के अश्लील एमएमएस की खबरें कानों में पड़ती हैं तो लगता है कि हम सचमुच दूसरे युग में प्रवेश कर गये हैं। हर क्षेत्र में वक्त ने एक लम्बी छलाँग लगाई है। हमारी जीवन शैली, जीवन स्तर और हमारी पूरी दुनिया ही बदल गई है। स्त्री पुरुष सम्बन्ध भी अपवाद नहीं है। टीवी, इंटरनेट, फेसबुक, ट्विटर आदि ने आज की पीढ़ी को समय से पहले परिपक्व कर दिया है। इस परिपक्वता के साथ मूल्यों का क्षरण हुआ है। वर्जनाएँ चाहे वे सामाजिक हों अथवा व्यक्तिगत, चरमरा कर ध्वस्त हो गई हैं। संस्कार व परम्परा का पूरी तरह निषेध करते हुए आज का युवा अपने मूल्य और मानक स्वयं तय करता है। पश्चिमी सभ्यता और संस्कृति ने उसे पूरी तरह अपनी गिरफ्त में जकड़ लिया है। उसे लगता है कि काल और जीवन की होड़ में वही उसका साथ देंगे।

नई तकनीक और अविष्कारों का रोमांच

रामपुर प्रवास का दूसरा दिन अपने पुराने मुहल्ले लंगरखाना और वहाँ के बाशिंदों के नाम रहा जहाँ मेरे बचपन के कुछेक साल और पूरी किशोरावस्था गुजरी।

ऊपर मैं लंगरखाना के बारे में लिख चुका हूँ कि कैसे बाऊजी ने अम्मा के विरोध के बावजूद वहाँ घर बनाया था और फिर अम्मा ताउम्र उसी घर में रहीं। कुछ ही समय बाद अम्मा और हमें वहाँ रहना अच्छा भी लगने लगा क्योंकि जब बाऊजी ने खास रोड पर कारोनेशन सिनेमा के पास अपना दूसरा घर बनवाया जो दोमंजिला था और मौजूदा घर से काफी बड़ा था, अम्मा ने वहाँ जाने से इनकार कर दिया। इसका एक बड़ा कारण लंगरखाने वाले मकान की लोकेशन थी। यह शहर के बीचोबीच स्थित है और चहल पहल वाले मिस्टन गंज बाजार से लगा हुआ है। सब्जी मंडी, अनाज मंडी, परचून की बड़ी दुकानें, खाने पीने की दुकानें, बैंक, पोस्ट आफिस और कपड़ों का बाजार सफदर गंज इस घर के करीब हैं। जाहिर था कि हमें इस घर से गहरा लगाव था।

बाऊजी ने इस घर को काफी ठीक कराया था। पक्की दीवारें, सीमेंटेड फर्श, मेहमानों के लिए बैठक और वक्त के लिहाज से एक खूबसूरत संडास जिसमें बैठने की सीमेंट की सीट लाल रंग से बनवाई गई थी। उन दिनों मध्यवर्ग के बेहतर घरों में संडास बनाने का चलन था। फ्लश लैटरीन कुछ ही घरों में होती थी। उसे बनाने में बड़े झमेले भी थे क्योंकि मलमूत्र के निकास के लिए तब हमारे नगर में सीवेज की कोई व्यवस्था नहीं थी। फ्लश के लिए घर के आस पास एक पक्का गड्ढा बनाना पड़ता था जहाँ मल जमा होता था और दो, ढाई साल के अंतराल पर उसे खुलवाकर उसकी सफाई करनी पड़ती थी। यह घरवालों के साथ पूरे मुहल्ले वालों के लिए बड़ा घिनौना और वीभत्स अनुभव होता था। अधिक्तर निम्न मध्यवर्ग के घरों के शौचालय में खुड्डियाँ बनी होती थीं जिसकी सफाई जमादार, जिसे मेहतर कहकर पुकारा जाता था, घर के अन्दर आकर करता था। उसी व्यवस्था में सुधार के नजरिए से संडास बनाये जाने लगे जिसकी सफाई घर के बाहर से हो जाती थी।

जाहिर है कि जमादार प्रत्येक परिवार का एक अभिन्न कामवाला होता था। उसका कार्य अपरिहार्य समझा जाता था। जब वह छुट्टी पर जाता तो एवजी इंतजाम करना पड़ता था। उसके नाज नखरे भी सहने पड़ते थे। कुछ घरों में उसे रोज दो, चार रोटियाँ दी जातीं। तीज त्योहार पर खाना, मिठाई दी जाती थी। कुछेक पुराने कपड़े भी दिए जाते पर मेहनताना के नाम पर हर महीने पाँच, सात रुपये दिए जाते।

आजकल किसी भी घर में जमादार की जरूरत महसूस नहीं की जाती है। अब बाथरूम किसी घर का उतना ही जरूरी हिस्सा है जितना बैडरूम। बाथरूम के निर्माण पर जिस तरह पैसा खर्च किया जा रहा है वो बाऊजी और अम्मा की पीढ़ी को चकित कर सकता है। एक बाथरूम के निर्माण और साजसज्जा पर पचास हजार से पाँच लाख रुपये तक खर्च कर दिए जाते हैं। उसके टाइल्स, सैनेटरी और हार्ड वेयर पर जितनी माथापच्ची की जाती है, उतना ध्यान शायद घर के किसी अन्य भाग पर नहीं दिया जाता। उसकी वैसी ही गोपनीयता और निजता रखी जाती है जैसा पहले बैडरूम के बारे में सोचा जाता होगा। जाहिर है कि उसमें किसी बाहरी आदमी के जाने की कल्पना भी नहीं की जा सकती। अब मकानों के स्तर व गुणवत्ता नापने के दो महत्त्वपूर्ण पैमाने हैं– बाथरूम और किचिन। लोग घरों के बारे में बात करते हुए सबसे पहले इनके बारे में ही पूछताछ करते हैं जबकि पहले शौचालय घर का अहम हिस्सा होते हुए भी सबसे तिरस्कृत स्थान पर बनवाया जाता था।

हमारी गली करीब आठ फिट चौड़ी थी जिसके एक तरफ एक फिट चौड़ी नाली थी। इसलिए यहाँ से किसी चार पहिया गाड़ी का निकलना नामुमकिन था। न इसकी जरूरत महसूस की जाती थी। दो रिक्शे भी एक साथ नहीं निकल पाते थे और अक्सर गली के मोड़ों पर इंतजार करते दिखलाई देते थे। हमारे बचपन में नाली की सफाई करने रोज सरकारी जमादार आता था। आगे-आगे वह नाली की सफाई करता और उसके पीछे मश्क लिए दूसरा शख्स उस पर पानी डालता रहता। मश्क जानवरों की खाल से बनाए जाते थे जिसमें तीन-चार बाल्टी पानी आ जाता था। मैंने रामपुर के बाद कभी मश्क नहीं देखे।

मुहल्ले में कभीकभार डीडीटी का छिड़काव होता था। कूड़ा उठाने भैंसा गाड़ी आती थी।

पता नहीं क्यों, आज ये व्यवस्थाएँ पूरी तरह नदारद हो चली हैं। जानकारी करने पर पता चला कि अब कोई सरकारी जमादार मुहल्ले में सफाई करने नहीं आता और वहाँ रहने वाले निजी तौर पर अपने घरों के आगे सफाई कराते हैं।

लंगरखाना मिली जुली आबादी वाला मुहल्ला था। जब हम वहाँ रहने गये तब ज्यादातर घर मुसलमानों के थे पर धीरे-धीरे हिन्दुओं और पंजाबियों ने उनपर

अधिकार जमा लिया हालाँकि अभी भी मुसलमानों की तादाद ज्यादा थी।

हमारी गली की शुरुआत में ही कसाईयों की तीन दुकानें थीं जो हमारे मुहल्ले की पहचान भी थी। मिस्टन गंज की तरफ से उस पतली सी गली में कुछेक कदम चलने पर दोनों ओर तार से टंगे बकरे के गोश्त के बीच से गुजरने में हमें शुरू में उबकाई महसूस होती थी। हम वहाँ से दौड़ कर निकलते थे। अम्मा वैसे ही घर से कम निकलती थीं पर कभी गुजरने पर उनका विकृत चेहरा और बन्द आँखें बड़ा मजेदार नजारा पेश करती थीं। उन कसाईयों के घर भी मुहल्ले के दूसरे सिरे पर थे और अक्सर रिक्शे या ठेले पर गोश्त लादकर वे हमारे घर के सामने से निकलते थे। इनके अलावा हमारे मुहल्ले में ठेले, खोंमचे वाले, बर्तन-बक्से बेचने वाले, बैंक कर्मी, नर्स व अध्यापक से लेकर डाक्टर तक थे। गली के एक मुहाने पर पोस्ट आफिस था तो दूसरी ओर पंजाबियों की बन्नू आश्रम धर्मशाला जहाँ शादी ब्याह के साथ कथा, कीर्तन, सबद आदि होते रहते थे। उस तरफ ही एक पुरानी मस्जिद थी जहाँ रोजाना नमाज़ के साथ एक मदरसा भी चलता था और कभी मजलिस भी होती। उससे सटा एक मजार भी थी जहाँ जुम्मेरात और जुम्मे के दिन काफी भीड़ जमा होती। इसी मुहल्ले में रामपुर का प्रसिद्ध हब्शी हलुवा तैयार होता था जिसकी ख्याति दूर-दूर तक थी। भीगे हुए भुने गेंहू को पीसकर और मावे में भूनकर उसे तैयार किया जाता था। रामपुर से खाने के दो ही चीजें लेकर लोग जाया करते थे– हब्शी हलुवा या रेनबो के बिस्कुट। सुना जाता था कि पचास, साठ के दशक में दिल्ली और नैनीताल के बीच में रेनबो अकेली बेकरी थी और पर्यटक वहाँ के बिस्कुट लेना नहीं भूलते थे।

मुहल्ले में पूरा सामंजस्य और सद्भाव था। यद्यपि हिन्दू व मुस्लिम परिवारों में कोई विशेष मेलजोल या आना जाना नहीं था किन्तु परस्पर एक दूसरे के लिए पूरा सम्मान था। अधिक्तर मुस्लिम परिवारों के बच्चे मदरसे में आरम्भिक शिक्षा ग्रहण कर काम धंधे में लग जाते थे इसलिए हमें उनके साथ खेलने या मेलजोल बढ़ाने का इजाजत नहीं थी। मैंने ऊपर लिखा है कि उनके खेल हमसे अलग होते थे। हम पंजाबी बच्चों के साथ खेलते जो हाईस्कूल या इंटर करने के बाद आईटीआई से फिटर, इलेक्ट्रिशयन, मैकेनिक जैसा कोई कोर्स करके किसी न किसी काम में लग जाते। इसलिए मुहल्ले में पढ़नें वाले बच्चों की संख्या बहुत कम थी। इस नाते हमारा परिवार विशिष्ट था।

मुस्लिम परिवारों से मेलजोल न बढ़ने का एक बड़ा कारण उनकी पर्दा प्रथा थी। बरसों वहाँ रहने के बावजूद हमने अपने मुहल्ले की कई स्त्रियों के चेहरे कभी नहीं देखे। बारह, तेरह साल की लड़कियों से भी पर्दा कराया जाता था। इसी के चलते रामपुर में पुरुषों का छत पर जाना वर्जित था। कभी बिजली, टेलीफोन के मिस्त्री या

मजदूर किसी काम से खंभे या छत पर चढ़ते तो आवाज लगाकर जाते थे-'छत पर चढ़ते हैं, पर्दा कर लीजो।' जाहिर है कि दूसरे घरों के आदमियों को भी इस नियम से छूट नहीं थी।

मुस्लिम परिवेश को याद करते हुए मुझे दो बातों का और स्मरण हो रहा है जो बचपन में हमें बड़ी अटपटी और मजेदार लगती थीं।

रामपुर में नमाज़ी मुसलमान अपने पहनावे की शुचिता के बारे में बड़े सचेत रहते थे। इसे लेकर कई बार विवाद और झगड़े तक हो जाते थे जब किसी साइकिल से कोई छींट उनके कपड़े पर गिर गई या छत से फेंकी गई कोई गन्दगी उन्हें छू गई। जाती पाकीजगी का नमूना 'स्टंजा' की प्रथा थी। हमारी गली में कई स्थानों पर मिट्टी के डले बड़ी हिफाजत से रखे दिखलाई देते थे जिसको देखकर हमें हैरत होती थी। हमें उनके उपयोग के बारे में कोई जानकारी नहीं थी। पर अक्सर हम कई लोगों को पाजामा का नाड़ा खोले उसमें देर तक हाथ डाले देखते थे। कई बार वे गली में चलते फिरते यह काम करते और बातें करते-करते भी उनका एक हाथ पाजामा के अन्दर सक्रिय नजर आता। हमें बेहूदा तो लगता ही था, हँसी भी कम नहीं आती थी। बाद में हमें पता चला कि अपने कपड़ों को पाक रखने के मकसद से वे पेशाब करने के बाद अपने लिंग को मिट्टी के डले से पूरी तरह सुखाते हैं जिससे उसकी कोई बूंद उनकी पोशाक को नापाक न कर दे।

अब शायद इस संस्कार का पूरी तरह लोप हो चुका है। कम से कम खुलेआम इसका प्रदर्शन कहीं नहीं दिखलाई देता है।

दूसरी प्रथा जिसका मुस्लिम समाज और आस्था से बहुत गहरा सम्बन्ध है, के बारे में जानकर हमें पहलेपहल बड़ी हैरत हुई थी। ख़तना मुसलमानों की एक मजहबी प्रथा है और काफी हद तक उनकी अस्मिता की पहचान भी। रामपुर शहर में कई स्थानों पर छोटे से बोर्ड पर उर्दू में लिखा होता था 'यहाँ ख़तना कराये जाते हैं।' बचपन में हम अक्सर बाऊजी और अम्मा से इस बारे में पूछते थे और हमें कोई संतोषजनक उत्तर नहीं दिया जाता। शायद नवीं, दसवीं में आकर अपने साथ पढ़ने वाले मुसलमान लड़कों से हमें इस बारे में पता चला। तब हमें हिन्दू लड़कों द्वारा उनके लिए प्रयोग किए गये 'कटुए' शब्द का मतलब समझ में आया था।

भले ही हिन्दू मुसलमान परिवारों में विशेष मेलजोल का अभाव था और वे आपस में सुख की भागीदारी न करते हों पर दुख और विपदा के अवसर पर सब कन्धे से कन्धा मिला कर खड़े दिखलाई देते। तीज त्योहार पर तो आना जाना था ही। होली पर वे हमारी गुजियाँ खाने आते ओर ईद पर हमें सिवईं खिलाना नहीं भूलते। अक्सर

वे अपने एल्युनियम के कटोरों में सिवईयाँ हमारे घर पर आकर दे जाते। जब बाऊजी अपने किसी काम से शहर के बाहर जाते तो पड़ोस के शौकत भाई हम और हमारे घर की पूरी निगरानी करते। उन दिनों शहर में चोरी की खूब वारदातें होती थीं। कई बार हम चोरों के आतंक में रहते खासकर यदि हमारे मुहल्ले में कोई वारदात हो गई हो। कभी अफवाहें भी उड़ने लगतीं। तब आसपास के लोग लाठी लेकर पहरेदारी करते। शायद कुछ के पास चाकू भी होता था क्योंकि रामपुर में चाकू रखना बहुत आम बात थी।

यह घटना सन बासठ के बाद की है जब चीन के आक्रमण के बाद मँहगाई अपने चरम पर थी। बाजार से खाने की आवश्यक वस्तुएँ जैसे गेहूँ, डालडा घी, चीनी आदि गायब हो गई थीं और उनकी जमकर कालाबाजारी की जा रही है। सरकारी दुकान से मिलने वाला राशन निहायत नाकाफी था। राशन में अमेरिका से आयातित लाल रंग का पीएल 480 गेहूँ मिला करता था जिसे खाकर हमें उल्टी आती थी। चीनी का प्रयोग कम कर दिया गया था और हम चाय दूध गुड़ डाल कर पीने लगे थे। डालडा की जगह सरसों के तेल से काम चलाया जाता था। पर लोग उन्हें पाने के जुगाड़ में तो लगे ही रहते थे। उन दिनों जुर्म भी बढ़ गये थे और अक्सर लूटपाट की घटनाएँ सुनने में आती थीं।

बाऊजी दो, तीन दिन के लिए दिल्ली गये थे। बाऊजी के बाहर होने से हमें आजादी का अहसास होता था और हम देर तक खेलने के लिए मुक्त रहते। झुटपुटे का वक्त था। हम खेल कर घर लौट रहे थे कि एक आदमी ने हमें रोककर बाऊजी के बारे में पूछा। 'हैं नहीं' का मुख्तसर सा जवाब देकर हम अपने घर में घुस गये तो देखा कि वह अजनबी भी हमारे पीछे आँगन में आ गया और रसोई में काम कर रही अम्मा से 'नमस्ते भाभी जी' कहकर वहाँ पड़ी चारपाई पर बैठ गया।

अम्मा सकपका गयीं। उन्होंने हमारी ओर निगाह डाली क्योंकि बाऊजी के कई दोस्तों को हम पहचानते थे। पर वह हमारे लिए भी अजनबी शख्स था।

'पहचानी नहीं होंगी आप।' उसने बड़े अपनापे भरे लहजे में कहा,'सागर साहब से अक्सर कचहरी में मुलाकात होती है हालाँकि दो एक बार बैठक में आपकी चाय पी चुका हूँ।'

सन्देह से घिरी अम्मा सहज होने की नाकाम कोशिश करने लगीं। उसे पानी और चाय पिलाई, फिर अम्मा ने पूछा, 'ये तो आज हैं नहीं। कैसे आना हुआ?'

'अरे हाँ, मुझे याद आया। उन्होंने बतलाया था बाहर जाने के बारे में। पर क्या करूँ, उनका काम ही ऐसा था कि आज के बाद टाला नहीं जा सकता था।'

'ऐसा क्या काम...?' अम्मा ने हैरानी से पूछा।

'अरे सागर साहब ने दो बोरी गेहूँ, पचास किलो चीनी और दो डालडा के टिन का इंतजाम करने को कहा था। मेरी एक कैन्टीन में जान पहचान है। उस बन्दे ने आज वो सामान उठाने के लिए कहा है। उसे पैसे देकर सामान उठाना है। मैंने सोचा सागर साहब से पैसे लेकर सामान पहुँचवा दूँ।'

उस आदमी का तीर निशाने पर लगा था। गेहूँ, चीनी और डालडा की भारी किल्लत का अहसास अम्मा को था ही इसलिए उसे पाने का लालच भी शायद अम्मा को घेरने लगा। उन्हें लगा कि शायद बाऊजी ने ये सामान लेने के लिए कहा ही हो।

'मुझसे तो इन्होंने ऐसा कुछ कहा नहीं।' फिर भी अम्मा ने कहा।

'शायद न कहा हो। फिर इतनी आसानी से ये सामान आजकल मिलता कहाँ है। किसी तरह जुगाड़ हो गया है। अब क्या किया जाये। पचास-सौ रुपये की बात होती तो मैं खुद बन्दोबस्त कर लेता। पर करीब चार सौ रुपये का खर्च है। दूसरे उस सामान को यहाँ रखना भी पड़ेगा। हर कोई तो उसे अपने घर में रख नहीं सकता। गैरकानूनी मामला है और बहुत पकड़ धकड़ है। सागर साहब तो कचहरी में हैं। सब पुलिस वाले उन्हें जानते हैं। उनपे हाथ डालने की किसी की हिम्मत नहीं है। अब बताओ भाभी क्या करूँ। मैं तो यह काम करके अजीब उलझन में फँस गया हूँ।'

दरअसल असली उलझन तो उसने अम्मा के अन्दर पैदा कर दी थी। एक तरफ ये जरूरी सामान और दूसरी ओर पूर शक और गैरयकीनी। अम्मा के पास इतने रुपये भी कहाँ थे। सोचने लगीं कि यदि वाकई बाऊजी ने इसे सामान लाने को कहा था तब इसे न लेकर कितनी बड़ी भूल होगी। बाऊजी अलग नाराज होते।

अम्मा पशोपेश में थीं। करें भी तो क्या करें? उन दिनों बाहर गये व्यक्ति से सम्पर्क साधने का कोई जरिया नहीं था। संशय और भय दोनों उनके अन्दर कुलबुला रहे थे। अन्दर आकर उन्होंने मुझे भेजकर पड़ोस के शौकत मियाँ को बुलवा भेजा जिससे उस अजनबी को हमारे अकेलेपन का अहसास न हो। हमारे पंजाबी दोस्त भी आ गये।

पर वह पूरा शातिर था और उस पर किसी का कोई असर नहीं हुआ। वह अपनी बात पर डटा रहा और रुपये लेकर सामान दिलवाने का भरोसा देता रहा। शौकत भाई को उसकी बात में कुछ भी गैरवाजिब नहीं लगा। अम्मा पर इतने पैसे भी नहीं थे। कुछ शौकत भाई ने और सौ रुपये हमारे पंजाबी दोस्त लेकर आये। बाकी अपने बक्से को खंगाल कर अम्मा ने दिए। दादा और एक पंजाबी लड़के को सामान दिलवाने के लिए वह अपने साथ लेकर चल दिया। मुहल्ला नालापार के एक घर के सामने उसने इन दोनों को इस यकीन के साथ खड़ा कर दिया कि वह दूसरी तरफ से मकान का दरवाजा खुलवाकर सामान निकलवायेगा।

उसके बाद उसका कुछ अता पता नहीं चला। ये दोनों कुछ देर तक वहाँ इंतजार करते रहे और जब रात काफी गहरा गई तो डर के मारे वहाँ से भाग खड़े हुए। लौटकर उनकी रामकहानी सुनकर शौकत भाई भी वहाँ गये लेकिन उसका कुछ पता नहीं चला। जिस घर के सामने इन दोनों को खड़ा किया था, वे लोग उसके बारे में कुछ नहीं जानते थे।

बाद के दिनों में सुनने में आया कि कई अन्य परिवारों के साथ भी उसने इस तरह की धोखाधड़ी की थी। देहात के थाने में तैनात एक दरोगा जो अपना परिवार शहर में रखता था, के घर वह एक मरगिल्ला बछड़ा लेकर पहुँच गया और उसकी पत्नी से दरोगाजी द्वारा भैंस खरीदने के नाम पर हजार रुपये ऐंठ लाया।

पुलिस ने खूब तहकीकात की पर उसका कोई अतापता नहीं चला। हाँ, लोग दहशत से चौकन्ने जरूर हो गये थे।

बचपन की स्मृतियाँ कितनी सुखद और रोमांचकारी होती हैं। उन दिनों की तकलीफें और दुशवारियाँ भी आज मन को पीड़ा नहीं पहुँचातीं। ये यादें शीतल बयार की मानिंद जीवन में तरलता और स्निग्धता घोल जाती हैं।

हमारा बचपन बहुत समृद्ध और धनधान्य से परिपूर्ण नहीं था। कचहरी की मामूली अह्लमदी, थोड़ी बहुत ऊपरी आमदनी और बाऊजी का लेखन महज काम चलाने लायक पैसा देता था। तन्ख्वाह सौ, सवा सौ रुपये थी। ऊपरी आमदनी के नाम पर पाँच, दस रुपये मिलते थे क्योंकि उन दिनों शुकराने का रिवाज ज्यादा था जिसमें एक, दो रुपये देकर भी काम चल जाता था। लोगों के मुँह छोटे थे। वैसे भी रामपुर जैसे छोटे शहर में लोगों में आपसी जान पहचान होती और किसी से जबरन वसूली करना मुमकिन नहीं था। जो रेट या रिवाज था, उसे पाकर बाबू मुतमइन रहता।

इन दिनों तो कोई सरकारी कर्मचारी सौ में भी बात नहीं करता। जिस देश में पौने दो लाख करोड़ की हेराफेरी एक मन्त्री कर दे और खेल के आयोजन के नाम पर करोड़ों के वारे न्यारे हो जाएं वहाँ का आम नागरिक अगर हजारों और लाखों में रिश्वत माँगे तो कोई हैरानी की बात नहीं है।

हाँ, लेखन में न तब पैसा था और दुर्भाग्य से हिन्दी लेखकों की दशा में न अब सुधार हुआ है बल्कि हालत और बदतर हुई है। बाऊजी बताते थे कि उनके पहले जासूसी उपन्यास के लिए प्रकाशक ने 1952 में उन्हें पैंतीस रुपये दिए थे जो आज के पाँच हजार रुपये से कम नहीं हैं। आज कई नामी प्रकाशकों द्वारा लेखकों को रायल्टी के नाम पर इतना भी नहीं दिया जाता। बाऊजी का पहला ऐतिहासिक

उपन्यास 'वाजिद अली शाह' नेशनल पब्लिशिंग हाउस, नई दिल्ली से 1960 में छपा था और इसके लिए उन्हें रायल्टी के तौर पर एकमुश्त एक हजार रुपये दिए गये थे। उन हजार रुपयों से बाऊजी ने अपने लिए एक सैकेण्ड हेंड टाइपराइटर खरीदा, अम्मा की अँगूठी बनी, एक नई सायकिल आयी और हमारे कपड़े सिलवाये गये। आज रुपये का सौ गुना अवमूल्यन भी मान लिया जाये तो यह रकम एक लाख से कम नहीं है। आज हिन्दी के बड़े से बड़े लेखक को एक कृति से इतना धन मिलने की कल्पना भी नहीं की जा सकती।

बहरहाल जीवन में अभाव और कठिनाइयाँ तो थी हीं। हर खर्च नाप तोल कर किया जाता था। कभी दूध की कटौती होती तो कभी घी की। कपड़ों के नाम पर कम से कम पैसे खर्च किए जाते। कपड़ों की संख्या बहुत सीमित और महज कामचलाऊ होती। परिवार में शादी ब्याह होने पर एकाध जोड़ी कपड़ा बन जाता। एक थान आ जाता और तीनों भाइयों की एक जैसी कमीजें या नेकर सिल जाते। बहनों की भी एक जैसी फ्रॉक बनतीं जिसे अक्सर अम्मा ही सिला करतीं। उन दिनों छोटे शहरों में लेडीज टेलर नहीं हुआ करते थे। ज्यादातर घरों में औरतें खुद अपने और लड़कियों के कपड़े सिल लेतीं। कुछ औरतें व लड़कियाँ सिलाई को अपनी आमदनी का जरिया बना लेतीं। दूसरे खर्च भी बहुत कम थे। न तो मँहगी चाकलेट हम खाते थे और न ही मँहगी ब्रांडेड आइसक्रीम बाजार में उपलब्ध थी। संतरे के आकार की लैमनचूस की गोलियाँ मिला करती थीं और आइसक्रीम के नाम पर दो, चार पैसे खर्च करने होते थे।इसके बावजूद अभाव का कोई दंश न हमें तब पीड़ित करता है और न ही उसकी कोई कटु स्मृति हमें आज सालती है। जब हमारे पास सायकिल नहीं थी तो एक आने घंटे किराये पर सायकिल चलाने का लुत्फ उठाकर पूरी तरह मुतमइन रहते। छोटी-छोटी खुशियाँ हमारे जीवन को रस से सराबोर रखती थीं। किसी दूसरे की रईसी या खुशहाली का कोई खास असर हमारे दिल पर नहीं पड़ता था।

मौजूदा दौर में एक दूसरे से प्रतिस्पृधा में ही आदमी का पूरा जीवन निकल जाता है। 'उसकी सफेदी मुझसे बेहतर कैसे' की तर्ज पर प्रत्येक व्यक्ति हर वह चीज पाने की कामना रखता है जो उसे बाजार में दिखलाई देती हैं। बाजार भी बड़ा आक्रामक हो गया है और आसानी से किसी को अपनी गिरफ्त से नहीं निकलने देता। भौतिक समृद्धि की चाहत ने हर शख्स को बुरी तरह जकड़ रखा है और इसके लिए वह किसी सीमा तक समझौता करने को तैयार है।

अपने बचपन और किशोरावस्था के जीवन को दो हिस्सों में बाँटना जरूरी लगता है। सन 1955-56, जिसकी धुँधली यादें मेरे अन्दर महफूज हैं, से लेकर फरवरी

1968 में बाऊजी के निधन तक जिन्दगी का सफर और उसके बाद 1971 तक का दौर जब मैंने अपनी नौकरी की शुरुआत की।

नौकरीपेशा परिवार में इकलौते कमाऊ पिता के आकस्मिक व असामयिक निधन से पूरा परिवार और उसकी समूची व्यवस्था कितनी डांवाडोल और अस्त व्यस्त हो सकती है, का सहज अनुमान लगाया जा सकता है। फैमिली पेंशन के नाम पर अम्मा को माहवारी साठ रुपये मिलते थे। अपने आखिरी दिनों में बाऊजी ने खास रोड पर जो दुमंजिला मकान बनवाया था, उसके किराये से साठ, सत्तर रुपये की आय होती थी। पर उन सस्ते दिनों में भी इतने पैसों से पाँच बच्चों का परिवार चलाना नामुमकिन नहीं तो बेहद मुश्किल जरूर था। हम सभी भाई बहन स्कूल/कालिज में पढ़ रहे थे। तय हुआ कि दादा को बाऊजी के स्थान पर कचहरी में अनुकम्पा के आधार पर दी जाने वाली नौकरी करनी चाहिए। कुछ महीने पहले ही वह अट्ठारह का हुआ था और सरकारी नौकरी के लिए अर्ह था। नतीजतन दादा की पढ़ाई ठप्प हो गयी। बाद में एमए करने के बाद जब मैं लेक्चरर बन गया तो अपने खानदान के बुजुर्गों की राय के खिलाफ हमने दादा की नौकरी छुड़वाने का फैसला लिया और उसकी पढ़ाई दोबारा शुरू हुई। उसने बीएससी पूरी की, मुरादाबाद से एलएलबी किया और कुछ दिनों वकालत करने के बाद प्रदेश की न्यायिक सेवा में सफल हुआ।

हाँ, लेक्चरर बनने से पहले एम.ए. के दौरान मैंने गर्मियों की छुट्टियों में रामपुर से प्रकाशित हो रहे साप्ताहिक समाचार पत्र 'सहकारी युग' में कार्य किया और एक बार दो महीने के लिए नगरपालिका में क्लर्की भी की। मेरा पदनाम बड़ा रोचक था– 'जन्म और मृत्यु क्लर्क'। जाहिर है कि मेरा काम जन्म और मृत्यु का पंजीकरण करना था जो उन दिनों आम बात नहीं थी। एक तो ज्यादातर लोगों को इस नियम की जानकारी नहीं थी और दूसरे वे इसकी जरूरत भी महसूस नहीं करते थे। स्कूल में दाखिले के वक्त बच्चे की जन्मतिथि तय करने का एकाधिकार माँ बाप का समझा जाता था। काफी लोगों को पैदाइश की सही तारीख पता भी नहीं होती थी। अधिक्तर लोग दो, तीन साल कम उम्र लिखवा देते थे जिसमें स्कूल में दाखिले के महीने की खास अहमियत होती थी। चुनांचे हमारी पीढ़ी के काफी बच्चे सरकारी रिकार्ड के अनुसार जून जुलाई में पैदा होते थे।

स्कूल में दाखिला ही नहीं, कई सरकारी नौकरियाँ जिसमें आठवीं या कम शैक्षिक योग्यता होती, में भी अन्दाजे से लोग अपने पैदाइशी तारीख दर्ज करा देते। मेरी शुरुआती नौकरी में एक दफ्तर के चपरासियों, जमादारों के बारे में कहा जाता था कि वे कभी रिटायर नहीं होते, सीधे परलोक को कूच करते हैं क्योंकि सरकारी रिकार्ड में उनकी उम्र दस, पन्द्रह साल कम लिखी होती थी।

बहरहाल जन्मतिथि बदलने अथवा उत्तराधिकार प्रमाणपत्र प्राप्त करने के लिए यह पंजीकरण करवाना जरूरी समझा जाता था। और तब लोग बैक डेट में रजिस्ट्रेशन करवाते। मैं ये सब समझने के लिए बहुत नादान था। एक बार बड़े बाबू ने जब मुझे पचास रुपए दिए तो उसकी वजह भी मैं नहीं समझ पाया। घर पहुँचकर कचहरी के भ्रष्ट माहौल में काम कर रहे दादा ने मुझे समझाया कि यह रिश्वत है और मेरा खूब मखौल बना। यह मेरे जीवन की पहली और आखिरी रिश्वत थी। क्यों और कैसे मैंने वो पैसा लिया, नहीं जानता पर आज तक उसका दंश मन को पीड़ा पहुँचाता है।

सहकारी युग टेबलॉयड आकार का छह या आठ पन्नों का साप्ताहिक अखबार था जिसके संपादक श्री महेन्द्र गुप्ता थे। मेरी जानकारी में यह अखबार लगभग चालीस साल तक लगातार प्रकाशित हुआ। इसमें खबरों के अलावा साहित्यिक रचनायें भी प्रकाशित होती थीं। दीपावली और नये साल पर विशेषांक निकलते थे जो लगभग पचीस, तीस पृष्ठों के होते थे। इसमें बाहर के लेखकों के साथ रामपुर के सभी रचनाकारों जैसे बुजुर्ग कवि शशि जी, शायर दिवाकर एडवोकट, कहानीकार महेश राही, ईश्वर शरण सिंघल, डा. ऋषि कुमार चतुर्वेदी और बाऊजी आदि की रचनाएँ भी छपती थीं। मेरी भी कई आरम्भिक कहानियाँ इस समाचार पत्र में प्रकाशित हुईं।

स्थानीय पत्र पत्रिकाओं में छपना एक अलग तरह का सुख और संतोष देता है। भले ही साहित्य जगत में उसकी कोई चर्चा न हो और न ही आपके साहित्यिक अवदान में उन रचनाओं का कोई उल्लेख दिया जाये पर मुझे लगता है कि स्थानीय तौर पर फैली यह ख्याति नये लेखकों के लिए प्रेरणा का एक बड़ा स्त्रोत है। ये अखबार पूरे शहर में पढ़े जाते हैं। उसमें प्रकाशित सामग्री पर बातचीत होती है और आपकी छवि बनाने में इनकी एक अहम भूमिका होती है। शायद सभी रचनाकारों की शुरुआत यहीं से होती है हालाँकि कई लेखक उन प्रारम्भिक रचनाओं का अपने कृतित्व में शामिल नहीं करते। कुछ लेखक अपनी इन कमजोर और कच्ची रचनाओं को सामने लाने में शर्मीन्दगी महसूस करते हैं जिससे साहित्य जगत को उनमें प्रतिभा के विस्फोट जैसा कुछ अहसास हो। सच यह है कि प्रतिभा अनुभव और अभ्यास का स्थान नहीं ले सकती।

इन पत्र पत्रिकाओं की साहित्य के प्रचार प्रसार और स्थानीय प्रतिभा को सामने लाने में एक अहम व खास भूमिका है। इसलिए इन्हें प्रोत्साहित करने की आवश्यकता है। स्थापित व वरिष्ठ लेखकों को अपनी रचनाओं को उसमें प्रकाशित करवाने से गुरेज नहीं करनी चाहिए भले ही वह पूर्व प्रकाशित रचना हो। आज जब हिन्दी साहित्य में पाठकों की कमी का इतना रोना रोया जाता है और युवा पीढ़ी का

अपनी भाषा व साहित्य से दूर का भी कोई नाता नहीं है, कम से कम इन स्थानीय प्रकाशनों द्वारा समाज के एक बड़े प्रबुद्ध व पढ़ने के लिए लालायित पाठक वर्ग से जुड़ा जा सकता है।

श्री महेन्द्र गुप्ता एक निर्भीक और व्यावसायिक पत्रकार थे। रामपुर जैसे छोटे शहर में वह अनूठे थे और अपनी बात बेबाकी से कहने और लिखने के लिए जाने जाते थे। इसके लिए उन्होंने कोई समझौता नहीं किया और जेल तक गये। अंग्रेजी व हिन्दी के कई राष्ट्रीय दैनिकों से वह सम्बद्ध थे। छोटे कद के दुबले पतले व स्मार्ट व्यक्तित्व वाले श्री गुप्ता ने पत्रकारिता के दम पर खासा सम्मान अर्जित किया जो उस दौर में रामपुर के लिए विशिष्ट था।

अपने बचपन की कुछ घटनाओं को याद कर ऐसा लगता ही नहीं कि उन्हें इतना लम्बा अरसा बीत गया है जिसकी शुरुआत हमारी जिन्दगी में हुई और जो आज एक हकीकत है। पर उस वक्त उसे लेकर हमें कितना रोमांच महसूस हुआ था।

भारत में एक अप्रैल 1957 को मुद्रा की नई प्रणाली लागू की गई। आने, पैसे की व्यवस्था छोड़ कर नया पैसा प्रणाली का इस्तेमाल किया जाने लगा। पहले छेद वाला तांवे का एक पैसा, पीतल की चौकोर अधन्नी जिसके चारों सिरे गोलाई लिए थे, कंगूरेदार इक्कनी, गोल चवन्नी और अटठन्नी की मुद्रा का चलन था। अब 1, 2, 5, 10, 25, 50 पैसे के सिक्के प्रयोग में आने लगे।

एक अप्रैल 1957 की सुबह बाऊजी ने हमें इसकी जानकारी दी थी। स्कूल से लौटकर मैं और दादा अम्मा से चवन्नी लेकर देर तक बाजार में नये सिक्कों को तलाशते रहे थे। बमुश्किल तीन, चार सिक्के जमा करने के बावजूद हम उल्लास और उत्साह से लबरेज थे। शाम को जब बाऊजी घर आये तो वह हमारे लिए ढेर सारे नये सिक्के लेकर आये थे। चमचमाते नये सिक्के देखकर हम फूले न समाए। दो, चार नये सिक्के लेकर हम रोज स्कूल जाते और अपने मित्रों को दिखाते। उन्हें खर्च करने का तो सवाल ही नहीं था। वैसे भी शुरुआत में छोटे दुकानदार, ठेले-खोंमचे वाले उन सिक्कों को लेने से इनकार कर देते थे। उन्हें रगड़ कर देखते जैसे पुराने सिक्कों की शुद्धता जाँची जाती थी। कई दुकानदार उन्हें असली मानने से मना कर देते। इसलिए काफी अरसे तक खरीद फरोख्त पुरानी मुद्रा से ही की जाती रही। फिर नये पैसों से हिसाब मिलाने का अलग झंझट था। एक आने में छह पैसों के हिसाब से चार आने में चौबीस पैसे बनते थे किन्तु नई मुद्रा में पच्चीस पैसे का सिक्का चार आने के बराबर माना जाता था जिससे एक पैसे का घपला हो जाता था। आठ आने में दो पैसे और एक रुपये में चार पैसे ज्यादा देने होते थे। इसलिए खरीददारी

अभी पुराने आने पैसे के हिसाब से ही चलती थी। दो आने का एक पाव दूध लेने के लिए दस और दो के सिक्के देने होते थे। कुछ लोग आधा सेर दूध लेने के लिए दस व दो के दो-दो सिक्के देकर काम चलाते थे क्योंकि पच्चीस पैसे के सिक्के में उन्हें एक पैसा ज्यादा देना मंजूर नहीं था। रामपुर में ज्यादातर दुकानदार कम पढ़े लिखे और कुछ अनपढ़ होते थे इसलिए नये सिक्कों का हिसाब करना उनके लिए खासा सिरदर्द था। वे नये सिक्कों को बड़ी खराब और नीची नजर से देखते थे। जाहिर है कि नई मुद्रा प्रणाली की स्वीकृति में कई साल लग गये।

बीसवीं सदी की शुरुआत से ही विज्ञान और तकनीक के क्षेत्र में नये और हैरतअंगेज अविष्कार हो रहे थे। रेडियो, टेलीफोन अथवा हवाई जहाज जैसी कुछ अहम खोजों से विश्व समाज रूबरू हो रहा था और कम से कम ऊँचे तबके के लोगों के द्वारा उनका इस्तेमाल भी शुरू कर दिया गया था। धीरे-धीरे अनेक नयी वैज्ञानिक खोजों का असर आम आदमी की जिन्दगी पर भी नजर आने लगा।

विज्ञान और तकनीक का जैसा गजब का असर हमारी पीढ़ी ने समाज, जीवन और रोजमर्रा के कामधाम पर देखा है, वह पुरानी पीढ़ी के लोगों के लिए अकल्पनीय था। इस दौर में टेलीफोन, ट्रांजिस्टर, टेपरिकार्डर, टीवी, वीसीडी और कम्प्यूटर से जुड़ी तमाम तकनीकों को हमने अपनी जिन्दगी में आते देखा है। चिकित्सा, शिक्षा, बैंकिग, रेलवे वगैरह तमाम क्षेत्रों में नई-नई तकनीक से हम रूबरू हुए हैं। इसने हमारी जिन्दगी में बहुत गहराई से दखल दिया है। कम्प्यूटर के बेहतर और नये-नये प्रयोगों से सरकारी महकमे और उसकी कार्यप्रणाली में जबर्दस्त बदलाव भी आया है।

मौजूदा दौर के लोग इससे बहुत अच्छी तरह परिचित है। चार, पाँच साल के बच्चों के खेल कम्प्यूटर से शुरू होते हैं और फिर उनका सारा जीवन और उसकी गतिविधियाँ कम्प्यूटर के इर्द गिर्द रहकर उसके माध्यम से संचालित होती हैं। हो सकता है कि यह बात आज शहरों और कस्बों में रह रहे लोगों के सन्दर्भ में ज्यादा सच लगे और अभी देश के निचले और गरीब तबकों तथा गाँवों में इसके विस्तार की काफी गुंजाइश हो। पर बैंक, रेल जैसे कुछ महकमों में आयी तकनीकी क्रान्ति से समाज के हर वर्ग को लाभ हुआ है।

बाऊजी के अभिन्न मित्र थे जाने अली। सहकर्मी तो थे ही, दोनों की ताश की भी गहरी यारी थी। वह सम्पन्न परिवार से थे और शायद शौकिया नौकरी करते थे। ताश खेलने के सिलसिले में अक्सर उनका हमारे घर आना जाना था। उनके कुछ नाते रिश्तेदार अरब देशों में थे, इसलिए उनके पास विदेशी सिगरेट, लाइटर, कपड़े और पर्फ्यूम देखे जाते थे।

शायद 1958 की बात है। हम घुइयाँ तालाब के मकान में रहते थे। एक दिन जब वह हमारे घर आये तो उनके सायकिल के हैन्डिल पर एक रेडियोनुमा चीज लटकी थी। सावधानी से उतार कर उसे आँगन में एक मेज पर रखा गया। करीब डेढ़ फिट ऊँचा और दो फिट लम्बा वह आयताकार उपकरण हमें रेडियो जैसा ही लगा था पर हमारे लिए हैरानी की बात यह थी कि न तो उससे बिजली का तार निकल रहा था और न ही उसका जुड़ाव किसी एरियल से था। उन दिनों रेडियो को घरों के ऊपर लगे एरियल से जोड़ा जाता था ठीक उसी तरह जैसे पहले टीवी वाले घरों के ऊपर ऊँचे एन्टीना लगे रहते थे। दिलचस्प बात यह थी कि शुरुआत में टीवी का यह एन्टीना ही प्रतिष्ठा और आर्थिक सम्पन्नता का प्रतीक बन गया था। लोग बड़े रश्क के साथ कहा करते थे कि फलाँ के घर टीवी लगा है।

बहरहाल जाने अली साहब ने वह अजूबा मेज पर रखकर उसमें से तकरीबन पाँच फिट लम्बा एरियल खींच कर तान दिया। बस उसे ऑन करते ही वह बजने लगा। हम बच्चे और अम्मा विस्फारित नेत्रों से उस अचम्भे को देखते रहे। ट्रांजिस्टर से यह हमारी पहली मुलाकात थी। मैं भागा-भागा अपने आसपास के दोस्तों को बतलाने गया और कुछ ही देर में हमारा आँगन लोगों से भर गया था। अगले कई दिनों तक हम घर और स्कूल में सिर्फ उस अजूबे की ही बात करते रहे। हमारे दोस्त उसे देखने के लिए लालायित थे। तरसे हम भी पर जाने अली साहब उसे लेकर फिर कभी नहीं आये। बाऊजी और अम्मा ने हमें समझाया था कि किसी बेशकीमती चीज को ज्यादा इधर उधर लेकर नहीं जाया जा सकता था।

वक्त के साथ पहले उसका साइज घटा और धीरे-धीरे एरियल गायब हो गया। और अब तो ट्रांजिस्टर ही बहुत कम नजर आते हैं। रेडियो जो पहले लगभग हर मध्यवर्गीय घर में बजता था, अब शायद ही कहीं देखने को मिले। ट्रांजिस्टर भी बाजार में कम बिकते हैं। इसका अहसास लगभग दो साल पहले मुझे हुआ जब इसे खरीदने के लिए मुझे बाजार में खासी मशक्कत करनी पड़ी। बेटे के तानों और उपहास का पात्र तो मैं बना ही। वह यकीन नहीं कर पाया कि तमाम आधुनिक म्यूजिक सिस्टम, एमपी थ्री प्लेयर, आई पॉड के होते हुए उसके बीसवीं सदी के पिता आज भी ट्रांजिस्टर खरीद रहे हैं। अब तो मोबाइल ही संगीत का खजाना है। आगे आने वाले समय में मोबाइल का और क्या रूप होगा, इसका अहसास हम सभी को है।

हम लोग और आज की नौजवान पीढ़ी के नजरिये में एक बुनियादी बदलाव आया है। हमें ये अविष्कार चकित करते थे। काफी चीजें हमारे लिए अजूबा थीं और हम अविश्वास भरी निगाह से उन्हें देखते थे। आज का किशोर व युवा किसी भी नई तकनीक को देखकर रोमांचित तो होता है, हैरान नहीं। अपने जीवन में आयी

तकनीकी क्रांति से उन्हें पक्का यकीन है कि विज्ञान और तकनीक के प्रयोग से कुछ भी नामुमकिन नहीं है। कैसे, किस तरह बस यह जानने की उत्सुकता जरूर है।

तमाम नये अविष्कार और खोजें जो शुरू में हमें चकित करती हैं, वक्त के साथ इतनी सामान्य और साधारण बन जाती हैं कि सहज विश्वास नहीं होता कि उसने हमें इतना उद्वेलित, उत्तेजित या आह्लादित किया था। आज उनके बारे में सोचकर कभी हम रोमांचित होते हैं तो कभी हँसते भी हैं। यह सूची खासी लम्बी हो सकती है। इसमें रोजमर्रा इस्तेमाल की चीजें तो शामिल हैं ही, खाने पीने की वस्तुएँ भी सम्मिलित हैं। मसलन जब हमने पहली बार दिल्ली में कोकाकोला पिया या बड़ी सी चाकलेट खाने को मिली या वातानुकूलित पिक्चर हाल में फिल्म देखी या हवाई जहाज को करीब से देखा। ऐसे अनुभव जीवन की एक सतत प्रक्रिया है और आज भी नयी चीजों को देखकर हम चौंक जाते हैं।

आज बाजार स्टेशनरी की नयी व आकर्षक चीजों से भरा हुआ है। तरह-तरह की स्लेट, पेंसिल, रबर, पैन, कलर पेंसिल, क्रेयनस, स्टिकरर्स, शार्पनर, कागज और न जाने क्या कुछ। सैकड़ों तरह के पैन बाजार में बिकते हैं। हमारे बचपन के बरक्स आज बच्चों की दुनिया बड़ी रंग बिरंगी और कौतुकभरी है। आज के बच्चे पेंसिल से लिखना शुरू करते हैं और बहुत जल्दी ही पैन पर आ जाते हैं जबकि हमें तो शायद नवीं में पैन इस्तेमाल करने की इजाजत मिली थी। हमारी पढ़ाई की शुरुआत स्लेट और तख्ती पर लिखने से हुई थी। तख्ती पूजन काफी हिन्दू परिवारों का अनिवार्य संस्कार था। शायद तीसरे दर्जे तक हम तख्ती पर लिखा करते थे जिसे दो, चार दिन के अंतराल पर काले कोयले से रंगा जाता और फिर किसी चिकनी धातु या बोतल के तले से उसे चिकना किया जाता। पतले बेंत, सरकंडे या नेजे से कलम तैयार की जाती और पिंडोल भिगोकर उसका घोल एक शीशी, जिसे हम बुद्दका कहते थे, में तैयार किया जाता। उसी से तख्ती पर लिखा जाता था। कलम की नोक लगभग 3, 4 मिलीमीटर मोटी होती थी इसलिए तख्ती पर खूब बड़ा और मोटा लिखा जाता। हमारे अन्दर यह कूट-कूट कर भरा जाता कि तख्ती पर लिखने का जितना ज्यादा अभ्यास करेंगे, हमारा हस्तलेख उतना सुन्दर और अच्छा होगा। काफी बच्चों को पाँचवीं क्लास तक घर में तख्ती लिखाई जाती हालाँकि स्कूल में अमूमन तीसरी के बाद तख्ती बन्द कर जाती और हम पेंसिल, निब वाला पैन और दवात लेकर स्कूल जाया करते थे। यह सिलसिला आठवीं तक चला। मुर्तजा स्कूल में स्याही स्कूल से भी उपलब्ध कराई जाती थी। हमारे बैठने के डेस्क के बाईं ओर दवात बनी होती थी जिसमें इंक भरी जाती थी।

रामपुर में मई के महीने में हर साल 'नुमाइश' लगा करती थी जिसकी दूर-दूर तक शौहरत थी। पश्चिमी उत्तर प्रदेश में तीन सालाना मेले/नुमाइशें काफी मशहूर थीं जिनमें मेरठ का नौचंदी मेला और अलीगढ़ व रामपुर की नुमाइशों में दूर दराज के व्यापारी अपनी दुकानें लगाया करते थे। रामपुर में इसकी परम्परा नवाब ने डाली थी। उन्होंने इसके लिए शहर से दूर पनवड़िया गाँव के पास एक पक्के नुमाइश ग्राउंड का निर्माण कराया था जहाँ गोलाई में दुकानें बनाई गई थीं।

रामपुरवासी इस सालाना जश्न का बड़ी बेताबी से इंतजार करते थे। शाम आठ, नौ बजे से शुरू होकर नुमाइश देर रात दो, तीन बजे तक चलती और जिस दिन कोई विशेष आयोजन जैसे मुशायरा, कवि सम्मेलन या संगीत कार्यक्रम होता, लोग नुमाइश से चार, पाँच बजे तक लौटते। इसमें सर्कस, डांस पार्टी, तमाम जादू के शो हुआ करते थे जो रामपुर के बच्चों के लिए मनोरंजन का बड़ा जरिया थे। नुमाइश में नयी-नयी चीजें दिखलाई पड़तीं और लोग खूब खरीददारी करते। लखनवी चिकन के कपड़े, भागलपुरी चादरें, पानीपत के खेस, अलीगढ़ी ताले, रसोई में प्रयोग होने वाले नये उपकरण, रेडीमेड कपड़े, नये खेल-खिलोने और खाने पीने की चाट, हलवा परांठा, मीठा सोडा जैसी चीजें जो रामपुर के बाजार में अनुपलब्ध थीं या आसानी से नहीं मिलती थीं। लगभग तीन फिट गोल और कई पर्त वाला परांठा हलवा खाने के लिए हम नुमाइश का इंतजार करते थे। जिस दिन हम नुमाइश जाते, हमारी पिकनिक हो जाती। अक्सर वहीं कुछ खाने का कार्यक्रम बन जाता।

रामपुर के शोहदों को भी इस मौके का बेकरारी से इंतजार रहता था। मुस्लिम परिवार के सदस्य एक साथ घर से कम ही निकलते थे पर दो एक बार नुमाइश देखने जरूर जाते। मुशायरे के दिन तो नुमाइश आने जाने की सड़कें खचाखच भरी रहतीं। रिक्शे वाले अपने रेट बढ़ा लेते और नुमाइश में भीड़ का रेला सा नजर आता। दूर तक काले बुर्के या सफेद गोल टोपियाँ नजर आतीं। मुशायरे में बैठने की जगह नहीं मिलती। ख्वातीनों के बैठने की अलग जगह मुकर्रर होती जो तीन तरफ से घिरी रहती। कई इश्क इस दौरान परवान चढ़ते और शहर की दो, चार लड़कियाँ तो भाग ही जाती थीं।

मैं सातवीं या आठवीं में था जब स्कूल के बच्चों के बीच यह चर्चा हुई कि नुमाइश में एक ऐसा पैन मिल रहा है जिसमें स्याही नहीं भरनी पड़ती। हमारे लिए यह बड़ी रोमांचकारी और चौंकाने वाली खबर थी। शुरू में तो इसे गप्प ही समझा गया पर रोज कानों में पड़ती बात से मन ऐसे विचित्र पैन को देखने के लिए ललचाने लगा। अम्मा को इस बारे में बतला कर बाऊजी से नुमाइश का कार्यक्रम बनाया गया और वहाँ जाकर हमने इस तिलिस्मी पैन की खोज की। जल्दी ही हमें स्टेशनरी

की दुकान पर वह अजूबा देखने को मिला जो महज बाल प्वाइंट पैन था और कीमत थी दो रुपये। उन दिनों यह एक बड़ी रकम थी। यह वो वक्त था जब दस पैसे में दो पेंसिल या निब वाला कलम आ जाया करता था। आज भी वैसा बालपैन बाजार में दो रुपये में मिल सकता है।

बाऊजी ने हम दोनों बड़े बच्चों को वो पैन दिलवा दिए और हम फूले न समाये। अगले दिन हम उन्हें स्कूल लेकर जाना चाहते थे पर इसकी अनुमति नहीं मिली। हम अपने दोस्तों को सिर्फ उसके बारे में बतला सके और दो, चार करीबी दोस्तों को घर बुलाकर दिखा पाए।

हमें उस पैन से लिखने की इजाजत नहीं थी। न ही मास्टरों द्वारा उसका स्कूल में इस्तेमाल करने दिया जाता था। कई सालों बाद तक यह कहा जाता था कि इससे हैंडराइटिंग खराब हो जाती है। इम्तेहान में भी उससे लिखने पर पाबन्दी थी।

आज ये सब बंदिशें खत्म हो गयी हैं। चौथी और पाँचवीं क्लास के बच्चे बाल प्वाइंट पैन अथवा उनके नये संस्करण जैल पैन इस्तेमाल करते देखे जा सकते हैं। धीरे-धीरे इंक पैन बाजार से गायब होते जा रहे हैं।

आज की युवा पीढ़ी में ज्यादातर ने कभी इंक पैन का प्रयोग नहीं किया है। शायद आने वाले समय में ये भी एक दुर्लभ और संग्रहणीय वस्तु बन जाएँ।

अपनी जिन्दगी में आयी नयी खोजों का जिक्र हो रहा है तो मैं टेलीविजन से अपनी पहली मुलाकात को बतलाने का लोभ संवरण नहीं कर पा रहा हूँ। बात 1967 की है जब रामपुर जैसे गरीब और पिछड़े शहर में हम किशोरों को यह जानकारी मिल गई थी कि एक ऐसा रेडियो आ गया है जिसमें आवाज के साथ बोलने वाले की तस्वीर भी नजर आती है। दरअसल उन दिनों हमारे पास जानकारी के स्त्रोत बहुत सीमित होते थे। रेडियो महज मनोरंजन का साधन था जिसमें हम गाने विशेषकर बुद्धवार की रात को बिनाका गीत माला, हवामहल में रेडियो नाटक और क्रिकेट के दिनों में कमेन्टरी सुना करते थे। बाऊजी अवश्य समाचार सुनते थे। अखबार भी कम घरों में आता था। हमारे घर में तमाम साहित्यिक व गैर साहित्यिक पत्रिकाएँ आती थीं जिनमें सारिका, धर्मयुग, नीहारिका, माधुरी, सरिता, पराग की याद मुझे है। अखबार नहीं आता था। हमारे लिए नई खबरें जानने का जरिया माँ बाप, अध्यापक, बाहर से आये रिश्तेदार या दोस्त होते थे। साथ पढ़ने वाला कोई लड़का यदि कभी दिल्ली, बम्बई या किसी बड़े शहर हो आता तो उसकी बतलाई बातें हमें कितना रोमांचित करती थीं। लोग बढ़ चढ़ कर अपने अनुभवों को बतलाते। हम हैरतजदा रहते हुए मन ही मन सोचते रहते कि उसकी बात में कितना सच है।

तब भारत के कुछ मैट्रो शहरों के अलावा कहीं दूरदर्शन का प्रसारण नहीं था गोकि भारत में दूरदर्शन की शुरुआत 1959 से हो गयी थी। रामपुर और देश के ज्यादातर हिस्सों में टीवी का प्रसार अस्सी के दशक में हुआ। मुझे याद है कि जब मैं 1980 में कानपुर में तैनात हुआ तो यह वो नायाब शहर था जहाँ टीवी का नेटवर्क था। पर वहाँ दूरदर्शन का बहुत धुँधला प्रसारण आता था। उसके लगभग एक दशक बाद 1989 तक भी आजमगढ़ में टीवी का प्रसारण प्रायः खराब रहता था जिससे अक्सर उस बुद्धू डिब्बे को बन्द ही रखा जाता था। हालाँकि तब तक काफी शहरों में टीवी देखा जाने लगा था और 'हमलोग', 'बुनियाद', 'ये जो है जिन्दगी', 'रामायण' और 'महाभारत' जैसे सीरियल खासे लोकप्रिय हो चुके थे।

1967 में मैं बाऊजी की बीमारी के सिलसिले में अपने बड़े भाई डा. विनोद कुमार, जिन्होंने मुझे टेरीलीन की पहली कमीज दी थी, के पास एम्स, नई दिल्ली गया था। उनके पास तो टीवी नहीं था पर उनके एक मित्र, जो विदेश में लम्बे प्रवास के बाद लौटे थे, के घर में टीवी लगा था। मैंने वहाँ जाने की जिद की हालाँकि वह एम्स से काफी दूर कनॉट प्लेस के पास कहीं रहते थे। उन दिनों दूरदर्शन एकमात्र चैनल था और प्रसारण अवधि बहुत सीमित-शाम के तीन, चार घंटे मात्र। इसलिए हम ऐसे समय पर वहाँ पहुँचे जब टीवी प्रसारण होना था। उन दिनों इस इडियट बॉक्स को ड्राइंग रूम में सुसज्जित किया जाता था क्योंकि यह उस परिवार की हैसियत और खुशहाली का प्रतीक माना जाता था।

उनके घर में भी टीवी ड्राइंग रूम में रखा था और शायद हम लोगों के आने पर उन्होंने टीवी बन्द कर दिया था जिससे बातचीत में खलल न पड़े। भाई साहब अपने मित्र के साथ बातों में मशगूल थे और मैं बेचैनी से टीवी चलने की प्रतीक्षा कर रहा था। भाई साहब मेरी मनःस्थिति समझ रहे थे पर अपने दोस्त से टीवी चलाने के लिए कहने में संकोच कर रहे थे। उस सफेद स्क्रीन पर नजरें गड़ाये सकुचाया सा बैठा मैं कभी इशारे से तो कभी कुहनी मार कर भाई साहब को बार-बार आने का मकसद याद दिला रहा था। मित्र की पत्नी आयीं और फिर उनका एक हमउम्र बेटा मुझसे आकर बात करने लगा। उन दिनों हमारी बातें पढ़ाई लिखाई, फिल्म या क्रिकेट तक सीमित होती थीं क्योंकि बच्चों और किशोरों की दुनिया बहुत छोटी होती थी। अपने इर्द गिर्द चीजों से परे हमारी जानकारी बहुत कम और सीमित होती थी।

अन्दर ही अन्दर मैं झुंझला रहा था और बेमन से उत्तर दे रहा था। बार-बार मेरी नजर टीवी पर जाकर अटक जाती। मन ही मन दुआ करता रहा कि काश यह चालू हो जाए। चाय, नाश्ता हुआ और मुझे लगा कि टीवी प्रसारण का समय जल्दी ही खत्म हो जाएगा। उधर बतरस में डूबे भाई साहब जैसे कहीं खो से गये थे। जब

मुझे लगा कि वह उठने वाले हैं, मैंने उनका हाथ जोर से दबाया। तब उन्हें मेरी सुध आयी और अपने मित्र से कहा, 'यार, जरा टीवी ऑन कर दो। इसने आज तक टीवी नहीं देखा है।'

वह जोर से हंसे और मैं शर्म से दुहरा गया। पर जैसे ही टीवी चला मेरी नजर उस पर गड़ गई। प्रतिमा पुरी समाचार वाचन कर रही थीं और मैं अविश्वास और उल्लास से मंत्रमुग्ध सा दीदे फाड़े उसे देख रहा था। भाई साहब ने एक, दो बार चलने का इशारा भी किया पर मैं हिलने को तैयार नहीं था। उनके मित्र 'अरे चले जाना यार, देखने दो इसे।' कहकर मुझसे हमदर्दी जताते रहे।

समाचार के बाद उस दिन की सभा समाप्त होने की घोषणा की गई और तब हम वहाँ से चल दिए।

अन्दर ही अन्दर मैं बुरी तरह चहक रहा था। एक विशेष उपलब्धि का भाव मेरे अन्दर हिलोरें ले रहा था क्योंकि मैं जानता था कि मेरे किसी दोस्त ने तब तक टेलीविजन नहीं देखा था।

रामपुर लौटने के कई दिनों बाद तक यह टीवी पुराण मेरे भाई, बहनों और दोस्तों के बीच बातचीत का केन्द्रबिन्दु बना रहा। मेरे तजुर्बे को कुछ वैसी ही इज्जत बख्शी गई थी जैसे आज कोई चाँद की यात्रा करके अपने अनुभव साझा करे।

कम्प्यूटर के अविष्कार का इतिहास 1936 से आरम्भ होता है। 1951 में पहला व्यावसायिक कम्प्यूटर तैयार किया गया था पर आम लोगों को इसकी जानकारी सातवें दशक के अंत में पीसी (होम पर्सनल कम्प्यूटर) बनने के बाद हुई। 1976-77 में जब मैंने अपनी सेवा का प्रशिक्षण प्राप्त किया था, तब तक हम इस अद्भुत मशीन से लगभग अनभिज्ञ थे। आठवें दशक के शुरुआती सालों में अखबार, पत्रिकाओं व टीवी से इसके बारे में जानकारी मिलने लगी थी। ज्यादातर लोग इसे अत्यन्त जटिल तकनीकी उपकरण मानते थे, कुछ रॉकिट या उपग्रह जैसा, जिसका प्रयोग आम आदमी के बस में नहीं था। इसके लिए विज्ञान का अध्ययन और विशेष तकनीकी प्रशिक्षण की जरूरत समझी जाती थी।

तमाम सरकारी विभागों में आठवें दशक में करोड़ों रुपये के कम्प्यूटर व अन्य उपकरण क्रय किए गये जो सालों साल डिब्बों में बन्द रहे और अन्ततः निष्प्रयोज्य हो गये। एक तो कम्प्यूटर में दक्ष कर्मियों का अभाव था और दूसरे जो दबाववश यह प्रशिक्षण हासिल भी कर लेते, उनकी रुचि इस पर काम करने में नहीं थी। न ही उनके साथी या सीनियर कम्प्यूटर के इस्तेमाल से अपनी कार्यप्रणाली में कोई बदलाव लाने के इच्छुक थे।

सरकारी महकमों में नई तकनीक या सिस्टम को जानने, समझने और उसे लागू करने पर न तो जोर रहता है और न ही कोई चाहत। कार्यालय की घिसीपिटी और पारम्परिक कार्य प्रणाली में कोई बदलाव न तो सरकारी नौकरों के नजरिये को रास आता है और न ही उनकी भ्रष्ट मानसिकता उसे स्वीकार करना चाहती है। ऐसा कोई परिवर्तन जिसमें मानवीय हस्तक्षेप का स्थान कोई तकनीक ले ले, उन्हें कतई बर्दाश्त नहीं। यह उनके पेट पर लात मारने जैसा है। इसलिए इस परम्परावादी मुहिम में ऊपर से लेकर नीचे तक सब शामिल हैं। स्वच्छ और पारदर्शी प्रशासन बाबुओं के लिए एक हौआ है। जो इससे जितना दूर रह सकता है, वह उतना ही सफल कर्मचारी है।

बहरहाल नवें दशक के शुरुआती सालों में भारत सरकार से प्राप्त अनुदान से कम्प्यूटर खरीद की प्रक्रिया ने रफ्तार पकड़ी और हैरत की बात यह थी कि इन्हें लेने की होड़ सी लग गई। इसका दिलचस्प पहलू यह था कि इस जोश का कारण कम्प्यूटर नहीं था बल्कि उसके साथ मिलने वाला एयरकंडीशनर था। उन दिनों यह माना जाता था और सरकार की नीति भी थी कि कम्प्यूटर संचालन के लिए वातानुकूलित कक्ष अनिवार्य है। इसलिए प्रत्येक कम्प्यूटर के साथ एक रूम एसी भी खरीदा जाता था। सभी अधिकारियों ने इसे अपने कमरे में लगवा लिया जहाँ एक ओर कवर से ढका कम्प्यूटर भी सुसज्जित रहता था। ऐसे भी अधिकारी थे जिन्होंने एसी को अपने सरकारी आवास में ही लगवा लिया।

सालों साल इन कम्प्यूटरों पर कोई काम नहीं हुआ। कई कार्यालयों में इन्हें खोल कर देखा तक नहीं गया और रखे रखे ही ये पुराने व अनुपयोगी हो गये। आखिर कम्प्यूटर की तकनीक में तेजी से बदलाव आ रहा था।

बाद में विभागों में कम्प्यूटर सीखने पर जोर दिया गया और धीरे-धीरे इस मशीन का टाइपराइटर के रूप में इस्तेमाल होने लगा। सरकार ने अंग्रेजी टाइपराइटर की खरीद पर पाबन्दी लगा दी थी इसलिए अंग्रेजी भाषा में काम करने के लिए कम्प्यूटर जानना जरूरी हो गया। बाद में हिन्दी के टाइपराइटर का क्रय भी रोक दिया गया। नतीजतन कम्प्यूटर पर काम करने के लिए कर्मचारी मजबूर थे। बहरहाल सालों साल दफ्तरों में कम्प्यूटर का प्रयोग टाइपराइटर के रूप में होता रहा है जो कमोबेश आज भी जारी है।

सरकार ने कम्प्यूटर प्रयोग को बढ़ावा देने के लिए अपने कर्मियों के लिए लोन की सुविधा भी लागू की जिसका काफी लोगों ने इसलिए लाभ उठाया क्योंकि उनके बच्चों के पाठ्यक्रम में कम्प्यूटर शिक्षा शामिल थी। घर पर अभ्यास करने के लिए उन्हें कम्प्यूटर खरीदना जरूरी था। कुछ कर्मचारियों ने बच्चों के बहाने खुद भी इसमें दक्षता हासिल कर ली क्योंकि सरकार ने कम्प्यूटर प्रशिक्षित कर्मियों को विशेष वेतन

की सुविधा प्रदान कर दी थी। इस सबके बावजूद कम्प्यूटर का प्रयोग टाइपिंग तक ही सीमित रहा।

हाल के सालों में कुछ अहम बदलाव आये हैं। सरकार की ई-गवर्नेंस की नीति के कारण कम्प्यूटर का उपयोग बढ़ा है और उसका फायदा आम आदमी तक पहुँचा है। तमाम विरोध और अवरोधों के बावजूद पुरानी व्यवस्था और कार्य प्रणाली अब बदल रही है। लोगों में भी इसके प्रति एक जागरूकता पैदा हो गयी है और वे कम्प्यूटर के प्रयोग पर जोर दे रहे हैं।

निसन्देह कम्प्यूटर बीसवीं सदी का सबसे अहम तकनीकी अविष्कार है जिसने आम आदमी के रोजमर्रा के जीवन, सरकारी कामकाज और जनहित को सकारात्मक ढंग से प्रभावित किया है। नागरिकों को त्वरित, स्वच्छ और पारदर्शी प्रशासन देने में इस तकनीक का बड़ा योगदान है, भले ही इस दिशा में अभी बहुत कुछ किया जाना बाकी है। रेलवे, बैंक जैसे कुछ ऐसे विभाग हैं जिसने आम आदमी की जिन्दगी को सहज और सुगम बनाया है। ज्यादा अरसा नहीं हुआ जब बैंक से रुपए निकालने के लिए वहाँ घंटों खड़ा रहना पड़ता था और रेलवे में एक स्थान से दूसरी जगह के लिए आरक्षण कराना लगभग नामुमकिन था।

यह बात अटपटी किन्तु दुखद है कि रामपुर में बच्चों और किशोरों के बीच खेलों का बंटवारा काफी कुछ मजहब के आधार पर था। शायद इसमें शिक्षा की भी अहम भूमिका थी। मुसलमान समाज में अशिक्षा का बोलबाला था और इसलिए उनके जीवन स्तर के साथ उनकी समस्त गतिविधियों पर उसका प्रभाव देखा जा सकता था।

मैंने ऊपर लिखा है कि मुहल्ले में हमारे और मुसलमान बच्चों के खेल अलग होते थे। यह भी लिखा जा चुका है कि रामपुर में हॉकी एक अत्यन्त लोकप्रिय खेल था जिसके अधिकांश खिलाड़ी पढ़े लिखे मुस्लिम परिवारों से होते। हिन्दू परिवारों में हॉकी को लेकर वैसा उत्साह देखने को नहीं मिलता था। कम से कम मेरा कोई हिन्दू दोस्त हॉकी नहीं खेलता था। हम लोगों में क्रिकेट को लेकर वैसा ही जूनून था जैसा आज देखने को मिलता है। किले के मैदान में काफी बच्चे क्रिकेट खेलते नजर आते। पर हॉकी के मुकाबले क्रिकेट मँहगा खेल था और ज्यादातर बच्चों की हैसियत ऐसी नहीं थी कि वे बाजार से बैट, विकेट और बॉल खरीद सकें, पैड या ग्लव्स तो हमें गैरजरूरी लगते ही थे। सातवीं, आठवीं क्लास तक हम कपड़े की दुकान से लकड़ी के गोल डंडे लेकर आते जिनपर लपेट कर कपड़ा रखा जाता है और उनका एक सिरा नुकीला कर उन्हें विकेट की तरह इस्तेमाल करते। बढ़ई के

यहाँ जाकर किसी मजबूत लकड़ी का बैट तैयार करवाते और तीन, चार दिन तक सरसों के तेल में भिगो कर उससे खेलना शुरू करते। शुरुआत में हम रबड़ की गेंद से खेलते थे पर बाद में खराद की मशीन पर लकड़ी की गेंद तैयार कराते और उसे भी तेल में डुबो कर रखते। तेल में भिगोने से बैट और बॉल जल्दी फटती नहीं थीं। बाजार से खरीदे बैट, बॉल से हमने नवीं, दसवीं में खेलना शुरू किया था। इंटर कालिज में विकेट कालिज से मिल जाते थे और आपस में चंदा करके बैट और बॉल खरीद पाते थे। मुझे याद नहीं कि हमारे दोस्तों में किसी के पास निजी बैट या बॉल थी।

उन दिनों क्रिकेट सीजनल खेल था यानी अक्टूबर से लेकर मार्च तक ही खेला जाता था। केवल टेस्ट मैच होते थे जो छह दिन के होते थे जिसमें चौथा दिन रेस्ट डे होता था। भारत में उमरीगर, बोर्डे, नाडकरनी, पटौदी, सरदेसाई, कांट्रेक्टर आदि की धूम थी और विश्व स्तर पर वेस्ट इंडीज टीम का आतंक था। हॉल, गिब्बस, ग्रिफिथ जैसे तेज बॉलरों को खेलते सुनकर हम भी दहशत में रहते थे। हेलमेट का प्रयोग शुरू नहीं हुआ था। ग्रिफिथ की एक बाल से भारत के कप्तान कांट्रेक्टर का सिर फूट गया था और वह मरते-मरते बचे।

जब भारत में खेल होता तो रेडियो पर उसकी अंग्रेजी में कमेन्ट्री आती थी जिसे हम कान लगा कर सुना करते थे हालाँकि तब तक हम अंग्रेजी का एक जुमला नहीं समझते थे। पर कमेन्ट्री समझने में हमें कोई दिक्कत नहीं होती। कमेन्ट्रेटर के स्वर के उतार चढ़ाव और दर्शकों के शोर शराबे से हम समझ जाते कि विरोधी खिलाड़ी आउट हुआ या हमारे किसी खिलाड़ी ने चौक्का, छक्का मार दिया। स्कोर तो समझ में आ ही जाता था। रविवार को जब बाऊजी बाहर बैठक में या जाड़ों में छत पर पढ़ने बैठा देते तो हमारा दिलोदिमाग मैच पर ही लगा रहता और बाऊजी के इधर उधर होने पर किसी न किसी बहाने हम रेडियो से स्कोर सुनकर चले जाते।

घर के अन्दर खेलने वाले गेम्स गिने चुने थे। कैरम, लूडो, साँप सीढ़ी, और ताश के कुछ खेल जैसे तीन दो पाँच, कोटपीस। हमारे पंजाबी दोस्तों का ताश का प्रिय खेल स्वीप था जो हमें कभी अच्छा नहीं लगा। छठे दशक में कुछ नये खेल भी आये थे जिसमें व्यापार प्रमुख था जिसे खेलने में तीन, चार घंटे लगते थे। इसलिए इतवार या छुट्टी के दिन ही वह खेल खेला जाता। बच्चों के खिलौनों की दुनिया भी बहुत सीमित थी। गुड्डे, गुड़िया, रेलगाड़ी, कार, हवाईजहाज, रसोई के तमाम बर्तन वगैरह।

आज मध्यवर्गीय परिवार के बच्चों के पास तरह-तरह के खिलौने हैं। कम्प्यूटर ने बच्चों के खिलौनों में भी क्रान्ति ला दी है। कम्प्यूटर के इतने रोचक और

वैविध्यपूर्ण गेम्स आज उपलब्ध हैं कि बच्चों को बाहर खेलने की जरूरत ही महसूस नहीं होती। उनके अध्ययन का बोझ भी उन्हें बाहर खेलने की इजाजत नहीं देता। यह चिंताजनक और दुर्भाग्यपूर्ण है क्योंकि बच्चों की सेहत के लिए खुली हवा में खेलना निहायत जरूरी है। अमरीका के कुछ राज्यों में इस बारे में सख्त कानून हैं जिनका पालन सभी स्कूलों द्वारा किया जाता है। पर यहाँ बच्चे होमवर्क और ट्यूशन के दबाव से इतने आक्रांत हैं कि उन्हें बाहर खेलने का वक्त ही नहीं मिलता। अलबत्ता ट्यूशन पढ़ने उन्हें बाहर जाना पड़ता है क्योंकि घर आकर पढ़ाने वाले मास्टर अब आसानी से नहीं मिलते। चार साल के नन्हे अब ट्यूशन पढ़ने जाते देखे जा सकते हैं। किसी अच्छे स्कूल में दाखिले तक के लिए माँ बाप उन्हें बाहर पढ़ने भेजना शुरू कर देते हैं। छटी, सातवीं से ही वे विषयवार ट्यूशन पढ़ते हैं जबकि पहले आठवीं तक सभी विषय एक ही अध्यापक पढ़ा दिया करता था।

उन दिनों काफी किशोर शाम को पुस्तकालय जाया करते थे और वहाँ बैठ कर पत्रिकाएँ और पुस्तकें पढ़ा करते थे। गर्मियों के दिनों में हमें वहाँ बैठने की जगह तक नहीं मिलती थी और हम लोग बरामदे या आँगन में जमीन पर बैठ कर पढ़ा करते थे।

'ज्ञानमन्दिर' की अनेक सुखद यादें मेरे अन्दर आज भी मौजूद हैं। महीने में एकाध बार कोई साहित्यिक कार्यक्रम वहाँ आयोजित होता जिसमें भीड़ जमा होती। रामपुर में कोई साहित्यकार आता तो वह इस लायब्रेरी में जरूर आता और सब उसे सुनने के लिए बड़ी संख्या में एकत्र होते। जैनेन्द्र कुमार को देखने और सुनने का अवसर वहीं मिला था।

वर्तमान में कुछेक संस्थाएँ जो धीरे-धीरे अपनी प्रासंगिकता खो रही हैं, उनमें पुस्तकालय भी हैं। काफी लायब्रेरी बन्द हो चुकी हैं और जो मौजूद हैं, वहाँ इक्के दुक्के लोग ही देखे जाते है। पुस्तकों पर धूल अटी पड़ी है। बरसों से उन्हें किसी ने छुआ तक नहीं है। बजट के नाम पर कुछेक हजार रुपए दिए जाते हैं जो पुस्तकालय के रखरखाव के लिए निहायत नाकाफी हैं।

अपनी इस यात्रा के दौरान रजा लायब्रेरी जैसे प्रसिद्ध संग्रहालय में फैले सन्नाटे को देखकर मैं हतप्रभ और दुखी हूँ।

आजादी के बाद तकरीबन पन्द्रह सालों तक देश में परिवार नियोजन का कोई विशेष प्रचार प्रसार नहीं था। लोगों की मानसिकता में कुछ बदलाव जरूर आ रहा था। पहले बच्चों को ईश्वरीय देन माना जाता था और घरों में बच्चों की संख्या असीमित रहती। कई दम्पतियों के हर साल बच्चे होते। उनमें से कुछ जीवित रहते

और कुछ प्रसव के दौरान या जन्म के कुछेक महीनों में खत्म हो जाते। शिशु मृत्यु दर काफी ऊँची थी। सात से दस बच्चों वाले कई परिवार थे। आजादी के इर्द गिर्द परिवार में पाँच बच्चों का जैसे मानक सा बन गया था। हम भी पाँच भाई बहन थे। हमारे ताऊजी, बड़े मामा और कई परिचितों के भी पाँच बच्चे थे। बाद में यह संख्या चार तक आयी।

जाहिर है ज्यादा बच्चों की अहम वजह गर्भ निरोधक उपायों की अनुपलब्धता और उसके बारे में अज्ञानता थी। जादुई सुरक्षा कवच जिसे भारत में निरोध के नाम से जाना गया, छटे दशक की शुरुआत तक उपलब्ध नहीं था। कम से कम आम भारतीय नागरिक को इसकी जानकारी नहीं थी। बाद के सालों में सरकार द्वारा इसका अत्यन्त आक्रामक ढंग से प्रचार किया गया। साथ ही अनेक गुप्त रोगों के बारे में जागरूकता पैदा की गयी जिसका उल्लेख मैं ऊपर कर चुका हूँ। इसके बावजूद इसके प्रयोग को लेकर लोगों में तरह तरह की धारणाएँ और वर्जनाएँ थीं। काफी लोग इसे अप्राकृतिक सम्भोग मानते। धर्म के कुछ ठेकेदारों द्वारा इसे धर्म और नैतिकता के विरुद्ध माना गया। कई अल्पसंख्यकों द्वारा इसे उनकी आबादी को सीमित करने की साजिश तक करार दिया गया। और हाँ, जो इस्तेमाल करना चाहते थे, वे भी इसे खरीदने में बड़ी झिझक महसूस करते। लोग छिप छिपा कर केमिस्ट की दुकान पर सहमी सी आवाज में पूछते, 'निरोध है?'

महिलाओं के लिए गर्भ निरोधक वैज्ञानिक उपायों की कोई जानकारी लोगों को नहीं थी। हाँ, गर्भ गिराने के लिए कुछ देसी दवाओं व उपायों का प्रयोग पता नहीं कब से किया जा रहा था जिसके कभी बेहद खराब नतीजे होते और औरत की जान के लिए खतरनाक साबित होते। छटे दशक के अन्त में कॉपर टी की जानकारी औरतों को हुई और फिर उनके लिए गर्भ निरोध के नये-नये उपाय सामने आने लगे। अब तो आई पिल जैसी अनेक दवायें बाजार में आसानी से मिलती हैं।

साठ के दशक में भारत में लाल तिकोन का जमकर प्रचार हुआ और सरकार द्वारा नसबन्दी की तमाम योजनाएँ लागू की गयीं। परिवार नियोजन को प्रोत्साहित करने के लिए सरकार ने कई स्तरों पर कार्य किया। सरकारी कर्मचारियों के लक्ष्य निर्धारित किए गये, उनकी खुद की नसबन्दी पर विशेष वेतन का प्राविधान किया गया और सरकार की अनेक योजनाओं जैसे सस्ता राशन आदि का लाभ केवल उन परिवारों को मान्य किया गया जिनका परिवार सीमित था। पर आपात काल में इन योजनाओं को जिस बर्बर ढंग से लागू किया गया उसकी हाहाकार पूरे देश में सुनाई पड़ी। लक्ष्य पूरा करने के लिए गरीब मजदूरों, रिक्शेवालों और युवा बेरोजगारों की नसबन्दी करा दी गई। सरकारी कर्मचारियों के वेतन रोक दिए गये। कइयों ने अपने

बूढ़े माता पिता की नसबन्दी करा डाली। इसका खामियाजा इन्दिरा गाँधी सरकार को 1977 में कांग्रेस के सफाए के रूप में भुगतना पड़ा।

बहरहाल लोगों में छोटे परिवार की जागरूकता तो आ ही गयी थी। पहले 'दो या तीन बच्चे, लगते हैं घर में अच्छे' का नारा बुलंद हुआ और फिर 'हम दो हमारे दो' को लोगों ने मान्यता दे दी। सातवें, आठवें दशक तक अधिकांश दम्पतियों के बच्चों की संख्या दो तक सीमित हो गयी। और आजकल काफी युवा जोड़े एक बच्चे से ही सुखी और संतुष्ट हैं। इसके बावजूद देश की आबादी 121 करोड़ तक पहुँच गयी है हालाँकि जनसंख्या वृद्धि के अनुपात में मामूली कमी आयी है।

दरअसल इस मुहिम का प्रभाव सभी समुदाओं पर नहीं हुआ। अल्पसंख्यक समाज धर्म के आधार पर परिवार नियोजन का विरोध करता रहा। निचले और गरीब तबकों में आज भी बच्चों की संख्या अधिक है। उनमें सीमित परिवार के प्रति वैसी जागरूकता पैदा नहीं हो पाई, जैसी जरूरी है। इसकी मुख्य वजह उनकी आर्थिक स्थिति है। जितने हाथ उतनी आमदनी का सिद्धांत आज भी ग्रामीण क्षेत्र के गरीब किसानों, मजदूरों को विश्वसनीय लगता है।

हमारे मुहल्ले में मुसलमान परिवारों में बच्चों की संख्या काफी ज्यादा थी। एक डाक्टर साहब जो पुराने वक्त के एमबीबीएस थे, के नौ बच्चे थे। वह ढाई पसली के पतले दुबले जीव थे और उनकी पत्नी खूब मोटी ताजी और तंदुरुस्त। ऐंसा लगता था कि बच्चे जनने की सारी तकलीफ डाक्टर साहब ने भोगी है।

हाँ, मोटी तंदुरुस्त स्त्री का सन्दर्भ आया है तो यह उल्लेख करना दिलचस्प होगा कि उन दिनों औरतों की सुन्दरता के यही मानक थे– गोल चेहरा, गौरवर्ण, बड़ी आँखें और भरा-भरा बदन। लड़की की सेहत को खासी तरजीह दी जाती। उनके कद की कोई अहमियत नहीं थी। फिगर का तो कोई ख्याल ही लोगों के अन्दर नहीं था। शायद इसी कसौटी पर खरी उतरी अम्मा को बाऊजी ने पसन्द किया होगा।

ऐसा लगता है कि फिल्मों के प्रभाव से हमारे यहाँ सुन्दरता के मापदंड बदले हैं। हालाँकि उसकी अवधारणा में भी समय-समय पर बदलाव होते रहे हैं। कभी 36-24-36 तो कभी 34-26-36 को परफेक्ट माना गया। और अब तो पिछले तीन, चार सालों से एक नया मानक लोकप्रिय हुआ है– 'जीरो फिगर', जिसे लेकर लड़कियों में खासी दीवानगी है गोकि मुझे पता नहीं कि इस फिगर का क्या आशय है। पर जीरो फिगर हासिल करने के लिए आज क्या नहीं किया जा रहा– जिम, योगा, डायटिंग, सालसा, एरोबिक्स और न जाने क्या कुछ....।

लंगरखाने की जिस गली में हम रहते थे वह मिस्टन गंज की ओर से शुरू होकर घूमती हुई दो तरफ जाकर मिलती है जिसका एक सिरा सर्राफा बाजार में है और

दूसरा सुन्दर लाल इंटर कालिज के पास। दोनों सिरों को मिला कर गली की लम्बाई तकरीबन पौन किलोमीटर है। काफी हिस्सों में यह खासी चौड़ी है और वहाँ से कार आसानी से आ जा सकती है। पर गली के जिस भाग में हम रहते थे, वहाँ गली संकरी है और वहाँ से दो रिक्शों का एक साथ निकलना भी सम्भव नहीं है। कोई कार से हमारे घर आता तो सर्राफे बाजार की ओर से प्रवेश कर हमारे घर के पास तक पहुँच सकता था।

मुहल्ले में पचास, साठ घर थे जिनमें ज्यादातर मुसलमानों के, पाँच छह पंजाबियों के, जिन्हें उन दिनों शरणार्थी कहकर पुकारा जाता था क्योंकि वे सब भारत पाक विभाजन पर पाकिस्तान से भाग कर देश के विभिन्न शहरों में आकर बसे थे, हमें मिलाकर दो घर हिन्दुओं के और एक ईसाई परिवार था। हमारी बनिस्पत पंजाबियों का मुसलमानों से ज्यादा मेलजोल था। उनके बच्चे हमारे घर भी आते थे और मुसलमान बच्चों के साथ कंचे और गेड़ियाँ भी खेलते थे। मुसलमानों की तरह वे भी मांसाहारी थे जबकि हमारे किचिन में प्याज का सेवन तक वर्जित था। लच्छेदार चुनिंदा गालियाँ, जो हमारे मन में कभी अजब सा रोमांच पैदा करती थीं, देने में भी वे पारंगत थे जबकि हमारे मुँह से अपशब्द नहीं फूटते थे। काफी हिम्मत दिखाने और तरक्की करने के बाद हम साले और हरामी तक पहुँचते थे। तब तक वे माँ, बहन, भाई, बाप की ऐसी तैसी कर चुके होते थे। मारपीट और सिरफुटौव्वल में भी वे पीछे नहीं थे। वक्त आने पर चाकू की धौंस भी दे डालते थे।

धीरे-धीरे काफी घर हिदुओं और पंजाबियों ने खरीद लिए हैं और मुसलमान अपने महफूज इलाकों में जाकर बस गये हैं।

मुसलमानों की आमदनी का जरिया मांस बेचना, बीड़ी बनाना, रिक्शा चलाना, ठेले लगाना था जबकि पंजाबी लोग छोटे मोटे धन्धे करके या दुकानें चलाकर जीविकोपार्जन करते थे। सूरज के पिता की सस्ते गल्ले की सरकारी दुकान थी हालाँकि वह खुद स्टेट बैंक में क्लर्क था। अशोक जो मेरा हमउम्र था, के यहाँ अल्म्युनीयिम के बर्तन बेचने का काम होता था और उसका चचेरा भाई ओमी टिन के बक्से बनाने और बेचने की दुकान चलाता था। हंसराज के घर में कपड़े धोने का साबुन बनता था। उसके पिता दो भाई थे, दोनों की अगलबगल दुकानें थीं जिनमें खासी कारोबारी होड़ रहती। दोनों भाई एक घर में ही रहते थे। दोनों में जम कर झगड़ा और मार कुटम्मस होती पर दूसरे दिन ही दोनों साथ-साथ आते जाते, हंसते बतियाते नजर आते।

वो संयुक्त परिवारों का दौर था। माँ बाप के साथ तीन, चार भाइयो के भरे पूरे परिवार साथ में रहते। जाहिर है कि उनमें मनमुटाव और झगड़े भी होते। पर इन

घरेलू झगड़ों को जीवन का अभिन्न और अपरिहार्य हिस्सा माना जाता था। इस कलह की परिणति अलगाव से नहीं होती जैसा कि आज अक्सर देखने को मिलता है। एक दिन जमकर लड़ाई होती, मारपीट होती और अगले दिन दोनों पक्ष हँसते बोलते नजर आते। न कभी पुलिस का हस्तक्षेप होता, न मुहल्ले वाले उनके झगड़े में दखलअन्दाजी करते। न ही वे इसे पसन्द करते थे। आज हालात एकदम भिन्न हैं। एकल परिवार ज्यादा सुखी और सन्तुष्ट दिखलाई देते हैं।

हंसराज के पिता का निधन हो गया तो उसने अपनी दुकान पर उनकी बड़ी सी फोटो लगा ली, उस पर जरी का हार टाँग दिया और रोज फ्रेम में दो अगरबत्तियाँ खोंसकर जलाने लगा। पता नहीं हमदर्दी से या किसी और वजह से, उन दिनों उसकी दुकान पर ग्राहकों की भीड़ बढ़ने लगी और बिक्री में इजाफा हो गया। बगल में चाचा की दुकान जिसपर उनके लड़के बैठते थे, के कई ग्राहक हंसराज की दुकान पर जाने लगे।

चाचा के लड़के काफी परेशान हुए और घटती बिक्री के कारणों के बारे में सोच विचार करने लगे। उन्हें कोई माकूल वजह समझ में नहीं आयी सिवाय इसके कि हंसराज की दुकान पर ताऊजी का बड़ा सा फोटो लगा था जिसे देखकर कई ग्राहक उसकी ओर छिटक जाते। बस अगले दिन ही उन्होंने भी अपने जीवित पिता की उतनी ही बड़ी फोटो फ्रेम कराकर लटका दी और उसे माला पहना दी। उसे देखकर लोग उनकी दुकान पर आने लगे, उनके पिता के असामयिक निधन पर संवेदना प्रकट करते और कुछ साबुन खरीद लेते। बच्चे चाहकर भी उन्हें सच नहीं बतला पाते। काफ़ी दिनों बाद उनके इस छद्म का पर्दाफाश हुआ और पूरे बाजार में उनकी खूब खिल्ली उड़ी।

हमारे मुहल्ले में हिन्दू परिवारों में अमूमन चार से छह बच्चे थे और मुस्लिम घरों में छह से दस तक। घरों में बच्चों की संख्या इतनी अधिक होती कि कई बार माँ बाप को पता ही नहीं रहता कि उनके बच्चे कहाँ हैं, क्या कर रहे हैं। सन सत्तर तक आते आते लोगों को ज्यादा बच्चे होने का अहसास होने लगा था। कई बार लोग अपने बच्चों या भाई बहनों की सही संख्या तक नहीं बतलाते। दादा के एक दोस्त से जब डिग्री कालिज में वजीफे के सिलसिले में प्रिंसिपल ने पूछा कि तुम्हारे कितने भाई बहन हैं, तो उसने पूरी लापरवाही से कह दिया,'यही कोई छह सात...।' इस पर प्राचार्य इतने भड़क हो गये कि उसे वजीफा देने से ही इनकार कर दिया गया।

ऊपर मैं एक डाक्टर साहब का जिक्र कर चुका हूँ। मुसलमानों में वह सबसे अधिक सभ्रांत व शिक्षित परिवार था। बच्चों की पूरी टीम थी उनके यहाँ जिनमें एक लड़के को छोड़ कर बाकी लड़कियाँ थीं– सभी सुन्दर और आकर्षक। मुहल्ले में वे सिर्फ हमारे घर ही आया करती थीं। हमारे सामने वे पर्दा नहीं करती थीं हालाँकि

स्कूल पर्दे से ढके रिक्शे से ही जाती थीं। पड़ोस में रहने के बावजूद हम कभी उनके घर के अन्दर नहीं गये हालाँकि तब हमारी उम्र ही क्या थी।

डाक्टर साहब को देखकर लगता नहीं था कि वह इतने भरे पूरे परिवार के मुखिया हैं। सुना जाता था कि जब उनके आठ बच्चे हो चुके थे तब कोई सज्जन उनके विवाह का प्रस्ताव लेकर उनके पास आये थे जिनके सामने उन्होंने अपने बच्चों की परेड करा डाली थी।

मेरे घर के पास ही एक ईसाई परिवार भी रहता था जिनके केवल दो बच्चे थे। उनकी माँ सरकारी अस्पताल में वरिष्ठ नर्स थीं और हम यह मानते थे कि नर्स होने के नाते उन्हें कम बच्चे पैदा करने के गुर पता हैं।

हमारे घर के दोनों ओर मुसलमान परिवार रहा करते थे जहाँ रात दिन कलह होती थी और चुनिंदा गालियाँ हमारे कानों में पड़ती थीं। मारने पीटने, रोने का तेज शोर अक्सर हमारे कानों में पड़ता था। जब बात बर्दाश्त के बाहर हो जाती तो कई बार बाऊजी पड़ोसी को बुलाकर डाँट डपट करते।

हमारे घर के सामने लाला राजाराम का घर था जिसका मुख्य द्वार मिस्टन गंज बाजार की ओर था। बड़े लाला अपने छोटे भाई से जब मामूली बात भी करते तो हमें लगता कि उनके घर में कोई झगड़ा हो रहा है। दोनों भाइयो में अजीब सी प्रतिद्वंद्विता और प्रेम था।

हमारे देश में बच्चों के नामकरण की प्रक्रिया भी खासी रोचक रही है। कई बार तरह तरह के अंधविश्वासों के चलते लोग बड़े अटपटे, हास्यास्पद और कभी घिनौने नाम भी रख लेते थे। कई परिवारों में जहाँ बच्चे जीवित न रह पाते अपने बच्चे का नाम इतना खराब व अनाकर्षक रखते जिससे बच्चे को किसी की नजर न लगे। इसी के चलते आपको झाड़ू मल, गोबर, घसीटा, भिखारी चंद, हग्गू प्रसाद, गरीब दास जैसे नाम सुनने को मिल जाएंगे। हमारे खानदान में एक पूर्वज का नाम कूड़ाकरकट मल था जो शायद मेरे बाबा के परबाबा थे।

उन दिनों बच्चों के नाम रखने पर भी ज्यादा ध्यान नहीं दिया जाता था। बच्चों की इफरात होने के कारण नाम रखने के मौके भी ज्यादा थे। कई घरों में बच्चों के नाम जैसे एक सिरीज में रख दिए जाते थे। लड़कियों के मिंकी, पिंकी, डिंकी, रिंकी, मुन्नी, चुन्नी और टुन्नी और लड़कों के पर्री, सर्री, मर्री, गिर्री, भोलू, गोलू या पोलू...। इन्हीं घर के नामों से उनके स्कूल के नाम निकाल लिए जाते और पर्री परेश, मर्री महेश, गिर्री गिरीश, सर्री सुरेश बन जाते। कई घरों के बच्चों के नाम याद करने में हमें खासी मशक्कत करनी पड़ती थी।

आज के दम्पति अपने बच्चों के नाम रखने में कितना सोच विचार करते हैं,

देखते ही बनता है। इसके लिए पुस्तकों और कम्प्यूटर की वेबसाइट की मदद ली जाती है।

इतनी बड़ी संख्या में बच्चों का लालन पालन कितना श्रमसाध्य कार्य था, सोचकर हैरानी होती है। इसकी सारी जिम्मेवारी मांओं की थी। अधिक्तर पुरुष बच्चों की परवरिश से उदासीन या लापरवाह रहते। कईयों को अपने बच्चों के स्कूल या क्लास के बारे में भी जानकारी नहीं होती। बच्चा पास हो गया और अगली क्लास में चला गया, जानना उनके लिए काफी था। हाँ, फेल होने पर सजा उन्हीं से मिलती थी।

सत्तियाँ

भारतीय समाज में तरह तरह की मान्यताएँ, अंधविश्वास, रूढ़ियाँ व अलौकिक परम्पराएं सदैव से प्रचलित रही हैं। धर्म, धार्मिक ग्रन्थों और अपने आराध्य को लेकर तमाम तरह की मान्यताएँ और विश्वास आम आदमी को प्रभावित करते रहे हैं जो उसकी रोजमर्रा की जिन्दगी, रहन सहन, काम धाम, खान पान पर न केवल अपनी अमिट छाप छोड़ते हैं बल्कि कई बार एक निर्णायक भूमिका भी निभाते हैं। तरह-तरह के पर्व, अनगिनत व्रत-उपवास, ग्रहों की गति व उनका शुभ-अशुभ प्रभाव व दीर्घ कर्मकाण्ड आम भारतीय के जीवन का अभिन्न अंग रहे हैं। अलबत्ता इसमें औरतों की भागीदारी और उनके कर्तव्य पुरुषों की तुलना में कहीं अधिक दुरुह व कष्टप्रद माने गये हैं। कन्या के जन्म से ही शुभ अशुभ की चर्चा शुरू हो जाती है जबकि लड़के के बारे में ऐसी कोई बात नहीं करता। विवाह के बाद शुरू हुए औरत के दूसरे जीवन को भी उसके ससुराल में इन्हीं मान्यताओं, धारणाओं और पूर्वाग्रहों के साथ देखा, जांचा-परखा जाता है। अक्सर घर-परिवार में घटित किसी कथित अहितकारी या अशुभ घटना या अपशगुन को 'गृहलक्ष्मी' से जोड़कर देखा जाता है। परिवार में मृत्यु, कारोबार में हानि, रिश्तों में बिगाड़ या बिखराव, किसी काम में बाधा या असफलता गरज यह कि परिवार में जो कुछ खराब और प्रतिकूल घटित होता है उसका सारा ठीकरा घर की बहू के सिर फोड़ा जाता है। स्त्रियों में बढ़ती शिक्षा और जागरूकता के चलते वक्त के साथ इस मानसिकता में कुछ बदलाव तो आया है पर उतना नहीं जितनी अपेक्षा की जानी चाहिए।

ऐसा नहीं है कि पश्चिमी समाज ऐसे वहमों, अंधविश्वासों से पूरी तरह मुक्त है। वहाँ भी सदियों से चली आ रही ऐसी अतार्किक मान्यताओं की जानकारी अखबारों, इलेक्ट्रोनिक मीडिया और नेट से मिलती है। पर यह सच है कि भारत की तुलना में वहाँ यह बहुत कम है। शिक्षा का प्रचार प्रसार, तकनीक और विज्ञान का जीवन में सक्रिय हस्तक्षेप शायद इसके मुख्य कारण हैं। साक्षरता, आर्थिक

सम्पन्नता और ज्ञान के विभिन्न स्त्रोतों के आने से हमारे देश में भी इसमें कुछ न कुछ कमी जरूर आयेगी। सदियों से चली आ रही इस जाहिल मानसिकता से समाज को कुछ हद तक निजात मिलेगी। यह सुखद है कि युवा पीढ़ी के बड़े वर्ग में यह बदलाव नजर आता है।

पर हालत उतनी सुकूनमंद भी नहीं है। कभी-कभी तो ऐसा लगता है जैसे समाज उन्नीसवां सदी में लौट रहा है। हमारी फिल्मों और टीवी कार्यक्रमों में इन्हें प्रचारित करने और अधंविश्वासों को ज्यादा पुख्ता और टिकाऊ बनाने में जैसे एक होड़ सी लगी है। तमाम त्योहारों से जुड़ी मान्यताओं, रीतिरिवाज, संस्कार व अनुष्ठान जिन ब्योरों के साथ पेश किए जाते हैं उनसे लोगों की सोच और नजरिए पर नकारात्मक और खराब असर पड़ना लाजमी है। ऐसे कई त्योहार या रस्में जिनके बारे में काफी लोग अनजान हैं, की अहमियत और प्रभाव को इस तरह दिखाया जाता है जिससे दर्शकों में यह भावना अच्छी तरह पैठ जाये कि उनका कल्याण और हित इसका पालन करने में ही है। यह अलग सोच का विषय है कि क्या इस सबके पीछे कुछ बहुराष्ट्रीय कम्पनियों का हाथ है? जब चीन में बनी चपटी नाक वाली हिन्दू देवी देवताओं की मूर्तियाँ बाजार में बिकती दिखती हैं तो ऐसा विचार आना अस्वाभाविक नहीं।

पिछले कुछ सालों में लगभग सभी चैनलों पर ज्योतिषाचार्य, तेज तारे, एस्ट्रो अंकल, टैरोकार्ड रीडर, तमाम महाराज और युवा एवं आकर्षक महाराजिनें (जिन्हें काफी लोग उनके रूप, वेशभूषा व गहरे मेकअप की वजह से देखते हैं) दिन में कई-कई बार प्रकट होते हैं। कई लोगों की दिनचर्या सुबह उनकी भविष्यवाणी से आरम्भ होकर रात बारह बजे अगले दिन का लेखा जोखा जानकर समाप्त होती है। तंत्र मंत्र, भूत प्रेत, तिलिस्मी स्थानों, रहस्यमयी वृक्षों, अलौकिक साबित किए जाते जीव जन्तुओं, मिथकीय चरित्रों के वर्तमान अवतार और पौराणिक स्थलों के अवशेष कुछ चैनलों पर पूरे दिन बार-बार दिखलाये जाते हैं। धर्म और अभिव्यक्ति की स्वतन्त्रता के नाम पर इस बेहूदा प्रचार पर सरकार का न तो कोई नियंत्रण है और न ही बहुसंख्यकों के अपने वोट बैंक में दखल देने का साहस वह करती है। गौरतलब और दिलचस्प बात यह है कि ये सारा दुष्प्रचार केवल हिन्दू धर्म और समाज से जुड़ा है। टीवी के इन कार्यक्रमों को देखकर महसूस होता है कि हम हिन्दूवादी राष्ट्र के नागरिक हैं और संविधान में प्रदत्त धर्मनिरपेक्षता महज एक दिखावा है।

ऐसा नहीं है कि मुस्लिम समाज इससे पूरी तरह अछूता है। वहाँ भी मौलवी, पीर और जाकि़र तरह-तरह के अंधविश्वासों को प्रश्रय देते हैं। जिन्नात से निजात

पाने के लिए आमिल सक्रिय हैं। दरगाहों से जुड़ी अनेक मान्यताएँ हैं, तरह-तरह के किस्से और किवदंतियाँ हैं। जुम्मेरात को वहाँ जुटती भीड़ इसका प्रमाण है।

मेरे पिता श्री आनन्द सागर रहस्य, रोमांच व ऐतिहासिक उपन्यासों के जाने माने लेखक थे। भरी जवानी में हुई असमय मृत्यु के बावजूद उन्होंने लगभग डेढ़ सौ जासूसी/रोमांटिक उपन्यासों और छह महत्त्वपूर्ण ऐतिहासिक उपन्यासों की रचना की। मैंने ऊपर लिखा है कि वह धर्म से काफी दूर थे और किसी प्रकार के अंधविश्वास में उनका कोई यकीन नहीं था। अम्मा यद्यपि धार्मिक प्रवृति की थीं किन्तु उन दिनों की आम स्त्रियों की तुलना में वह भी ऐसी मान्यताओं पर तवज्जो नहीं देती थीं। सब दिन उनके लिए समान थे और हमें किसी दिन कहीं आने जाने या कोई काम करने में कोई रोक टोक नहीं थी। बीए, एमए के दौरान अपना वक्त बचाने के लिए मैं अक्सर बृहस्पतिवार को बाल कटवाता था क्योंकि काफी हिन्दू लोग उस दिन बाल कटवाने को अशुभ मानते थे इसलिए नाई के यहाँ और दिनों के मुकाबले कम भीड़ रहती। उन दिनों हम रोज शेव नहीं करते थे पर हमारे कई दोस्त बृहस्पतिवार को दाड़ी बनाने की सोच भी नहीं सकते थे। कइयों के घर इम्तेहान से पहले पूजा पाठ और हवन जैसे तमाम अनुष्ठान होते थे जिससे घर का वातावरण शुद्ध हो जाए और बच्चों का दिमाग पढ़ाई में लगा रहे। खानपान में हम विशुद्ध शाकाहारी थे ही पर बाऊजी को घर के अन्दर मदिरा सेवन से परहेज नहीं था। हाँ, घर में मांस मछली खाने पर सख्त बंदिश थी हालाँकि बाऊजी को उससे भी गुरेज नहीं था।

अपने कुछ जासूसी उपन्यासों में बाऊजी ने भूत प्रेत से जुड़ी कहानियाँ लिखी थीं। आखिर रहस्य-रोमांच के उपन्यासों का एक मकसद पाठकों में डर, सस्पेंस और रोमांच पैदा करना होता है। कभी ऐसे पात्र रखे जाते जो भूतों, चुड़ैलों जैसे अशरीरी और काल्पनिक तत्वों से सम्पर्क और संवाद करने का दावा करते। कुछ उपन्यासों में भुतहा महलों, रहस्यमयी मकानों और तिलिस्मी जगहों का जिक्र होता जिनका कहानी के सस्पेंस बढ़ाने में अहम भूमिका होती। पर खुद बाऊजी का इस सब में कोई यकीन नहीं था। वह निडर और जोखिम उठाने वाले इनसान थे और उनका पूरा जीवन संघर्ष और साहस की अनूठी गाथा था।

उनका आरम्भिक जीवन बड़ा अराजक और उतार चढ़ाव भरा था। हमारी दादी उनके जन्म के कुछ महीनों के अन्दर ही खत्म हो गयी थीं और बाबा श्री लोचन प्रसाद, जो मेरठ के नामी गिरामी वकील थे, का निधन तब हुआ जब बाऊजी किशोरावस्था में पदार्पण कर रहे थे। सौतेली माँ भी पति के मृत्यु के कुछ समय बाद

चल बसीं। उस समय बाऊजी महज चौदह साल के थे। दोनों बड़े भाई नौकरी के सिलसिले में दिल्ली चले आये थे। मेरठ की उस भव्य और विशाल कोठी में बाऊजी तमाम साजो सामान के साथ अकेले थे। कोठी में सात, आठ किरायेदार थे जिनसे गुजारे लायक पैसे मिल जाते थे। बाऊजी आठवीं पास कर चुके थे और उनसे आगे पढ़ने के लिए कहने वाला कोई नहीं था। बस यहीं से उनके जीवन का भूगोल बिगड़ना शुरू हो गया। कुछ बुरी आदतों ने उन्हें अपनी गिरफ्त में ले लिया। जब किराये की आमदनी से खर्चा नहीं चलता तो घर का सामान बेचा जाने लगा।

ताऊजी उन्हें अपने साथ दिल्ली ले गये और अगले दो, ढाई साल बाऊजी दिल्ली और शिमला में रहे। उन दिनों शिमला देश की समर कैपीटल थी और गर्मियों में केन्द्रीय सचिवालय वहाँ चला जाता। घुमक्कड़ी के शौकीन बाऊजी को कुछ वक्त तक यह जीवन रास भी आया। शिमला में वह अक्सर तारादेवी मन्दिर घूमने जाया करते थे। उसी मन्दिर की सीढ़ियों पर बैठ कर उन्होंने अपनी पहली कहानी लिखी। तब उनकी उम्र पन्द्रह से भी कम थी। इसके बाद उनके लेखन का सिलसिला शुरू हो गया। उस दौर में लिखी उनकी कहानियाँ आज भी मेरे पास सुरक्षित हैं। 1946 में जब वह महज सौलह साल के थे, अपनी एक कहानी के साथ तमाम ख्वाब संजोए वह अकेले बम्बई चले गये, फिल्मी जगत में टक्करें खाईं, किसी मधोक नाम के निदेशक से मिले और उनके समझाने बुझाने पर वापस मेरठ लौट आये।

एक बार फिर ताऊजी उन्हें पकड़ कर दिल्ली ले गये और तमाम कोशिशों के बाद उन्हें मैट्रिक की परीक्षा देने को राजी कर लिया। तब दिल्ली का अपना कोई शिक्षा बोर्ड नहीं था। पंजाब बोर्ड से दसवीं की परीक्षा में वह प्रथम श्रेणी में उत्तीर्ण हुए। आगे अध्ययन जारी रखने का उनका कोई इरादा नहीं था, इसलिए ताऊजी के विरोध के बावजूद वह वापस मेरठ आ गये। कुछ समय बाद देश आजाद हुआ तो उसके तमाम कार्यक्रमों में उन्होंने बढ़ चढ़ कर हिस्सा लिया, स्काउट के सदस्य बने और पाकिस्तान से आ रहे हिन्दुओं की खूब सेवा टहल की। तभी उन्हें मेरठ की आईटीआई में नौकरी मिल गयी जहाँ उनकी मित्रता श्री सत्यवक्ता से हुई। वह उनके जुए और शराब के साथी थे और रामपुर के दीवान सदर श्री श्याम बहादुर, जिनका शुरू में जिक्र हुआ है, के बेटे थे। सत्यवक्ता का तबादला रामपुर हुआ तो वह बाऊजी को भी अपने साथ रामपुर ले आये।

तब तक उनका अम्मा से ब्याह हो चुका था और वह एक बच्चे यानी दादा के पिता थे। इसके बावजूद उन्होंने आईटीआई की नौकरी छोड़ दी। बाद में रामपुर में कचहरी में हो रही भर्ती में शामिल होकर वहीं नौकरी करने लगे। कुछ समय बाद उन्होंने जासूसी उपन्यासों का लेखन आरम्भ किया जिसके प्रकाशन के सिलसिले में

वह अक्सर दिल्ली, इलाहाबाद, बम्बई जाया करते थे। लगभग पन्द्रह वर्षों तक उन्होंने नियमित हर महीने तीन जासूसी या रोमांटिक उपन्यास लिखे। धीरे-धीरे उनका झुकाव ऐतिहासिक उपन्यासों की तरफ हो गया और 1959-60 में उनका पहला ऐतिहासिक उपन्यास 'वाजिद अली शाह' नेशनल पब्लिशिंग हाउस, नई दिल्ली से प्रकाशित हुआ। इसके बाद 'बिठूर के नाना', 'सितारा', 'औरत', 'इन्द्रधनुष' व 'एकलिंग की दीवान' जैसे ऐतिहासिक उपन्यासों की रचना उन्होंने की। 1965 के बाद वह जासूसी उपन्यासों से दूर होते जा रहे थे और किसी प्रकाशक की विशिष्ट माँग पर ही उन्होंने चार, पाँच जासूसी उपन्यास लिखे। साथ ही कहानियों, लेखों और नाटकों का लेखन जारी रहा जो विभिन्न पत्र पत्रिकाओं में प्रकाशित होते थे।

फिल्मों में उनकी गहरी रुचि थी। अपनी अद्‌भुत और असाधारण स्मरण शक्ति की बदौलत वह फिल्मों पर खूब लिखा करते थे। वह फिल्मों के लिए लेखन के इच्छुक थे और उन्हें ऐसे प्रस्ताव मिले भी। पर शायद पाँच बच्चों के परिवार की जिम्मेवारी से वह अपने को मुक्त नहीं कर सके। एकाध बार रामपुर छोड़ने का मन भी बनाया पर वह भी सम्भव नहीं हो सका। किशोरावस्था का लम्बा अव्यवस्थित जीवन और उसके संघर्ष शायद उन्हें हतोत्साहित करते रहे थे।

1968 में मात्र अड़तीस साल की आयु में दिल का दौरा पड़ने से उनका निधन हो गया।

यह 1959 के गर्मियों की घटना है। हम हर साल गर्मियों की छुट्टी में अपने ताऊजी या नाना नानी के घर जाते थे और एक महीने तक खूब मौज मस्ती करते थे। उन दिनों पारिवारिक मेलजोल की एक परम्परा थी और लगभग सभी परिवारों में लोग अपने नजदीकी रिश्तेदारों के यहाँ लम्बे वक्त के लिए जाया करते थे। इसमें किसी प्रकार की मेहमाननवाजी का भाव नहीं होता था। औरतें मिलजुल कर काम करतीं और बच्चे खेलकूद, उधमबाजी और झगड़ों में खोए रहते। न आने वालों में अपने को मेहमान मानते और न घरवालों में मेजबान जैसा कोई भाव। दो, तीन कमरों के छोटे घरों में लोग अपने को समेट लेते। रात में छत पर छिड़काव कर जमीन पर गद्दे बिछा कर सब लोट जाते और दिन में सब अपनी अपनी कारगुजारियों में मशगूल रहते।

आज की इस तेज रफ्तार और व्यक्तिवादी जिन्दगी में ऐसे सौहार्द्र और समन्वय की कल्पना भी नहीं की जा सकती। हर परिवार इतना आत्मकेंद्रित और एकक है कि वह दूसरे के बारे में न ज्यादा सोच पाता है और न ऐसी जरूरत महसूस करता

है। उसे अपने निजीत्व की चिन्ता है। उसके सरोकार अपने परिवार तक सीमित हैं। बच्चों को अपना घर, अपना मनपसन्द खाना, अपने खिलौने, अपनी किताबें और अपने दोस्त चाहिए। किसी दूसरे के घर ज्यादा वक्त के लिए जाना उन्हें कतई पसन्द नहीं है क्योंकि वहाँ उनकी निजता गुम हो जाती है या कम से कम उसमें खलल तो पड़ता ही है। फिर आजकल बच्चों को गर्मियों में भी होमवर्क और हॉबी क्लास से फुर्सत नहीं है। हालाँकि सबसे बड़ा सच यही है कि आज हमारे दिलों में किसी दूसरे के लिए गुंजायश ही नहीं है। हम अपने भाई भतीजा, बहन भांजी, चाचा बुआ को अपने घर दो, तीन दिन से ज्यादा नहीं टिका पाते। कभी इसके लिए बढ़ती मंहगाई को दोष देते हैं तो कभी दो परिवारों के जीवन स्तर में आये फर्क को। हकीकत यह है कि आज की दुनियावी चाल ने आदमी की सोच और नजरिए को इतना तंग बना दिया है कि उसकी नजर अपने परिवार से शुरू होकर वहीं खत्म हो जाती है।

उस साल जब हम अपने रिश्तेदार के घर गये तो हमें बतलाया गया कि उनकी लड़की जिसे हम जीजी कहकर पुकारते थे, का स्वास्थ्य ठीक नहीं है। कई बार वह मूर्छित हो जाती थी और फिर खुद होश में आ जाती थी। पिछले चार महीनों से उसकी तबीयत ऐसी ही चल रही थी और इलाज से कोई फायदा नहीं हुआ था। कभी उसकी बीमारी की वजह कमजोरी बतलाया जाता तो कभी इसे मिर्गी के दौरे का नाम दिया जाता। वैसे भी उन दिनों लड़कियों को मिर्गी के दौरे आने के बारे में काफी सुना जाता था। अपने बचपन में मुझे यह रोग बड़ा रहस्यमयी और कुछ डरावना सा लगता था। ऐसे घरों में जाने से हम कतराते थे। अम्मा भी हमें वहाँ भेजना पसन्द नहीं करती थी हालाँकि यह कोई संक्रामक रोग नहीं था।

जाहिर सी बात थी कि जीजी की बीमारी के बारे में जानकर हम बच्चे डर गये थे। अम्मा भी खासी सशंकित महसूस करने लगी थीं। वह वहाँ रुकने की इच्छुक नहीं थीं पर बाऊजी को वहाँ से एकाएक वापस लौट आना ठीक नहीं लगा।

हमारे वहाँ पहुँचने के तीसरे दिन जीजी बेहोश हो गयीं। तब तक हमें उनकी बीमारी या हालत के बारे में कोई जानकारी नहीं थी। पर घरवाले तो इसके लिए तैयार थे ही। जीजी की माँ ने पंखा झलना शुरू कर दिया और पानी के कुछ छींटे उनके मुँह पर मारे। हम बच्चे भी उत्सुकतावश जीजी को घेरे खड़े थे। उनका चेहरा स्थिर व सौम्य था, आँखें अधखुली थीं और दर्द या तकलीफ का कोई चिन्ह उनके चेहरे पर नजर नहीं आता था। हमें तो उनका चेहरा एकदम सामान्य लगा था पर शायद अम्मा कुछ डर सी गई थीं। वह सहमी सी नजर आयीं। एकाएक हमने सुना कि जीजी कुछ बुदबुदा रही हैं। सभी को लगा कि वह होश में आ गई हैं पर वह उसी

मुद्रा में लेटी रहीं। न वह उठकर बैठीं और न ही उनकी आँखें पूरी तरह खुलीं।

वहाँ मौजूद सभी के होश फाख्ता हो गये। बच्चों के साथ बड़े भी डर की गिरफ्त में आ गये। घर में दो स्त्रियाँ, जीजी समेत दस बच्चे और पुरुषों में सिर्फ बाऊजी ही वहाँ मौजूद थे। जीजी के पिता आफिस गये हुए थे। बाऊजी भी दूसरे कमरे में लेटे थे। घबराई अम्मा तेज कदमों से चलकर उन्हें बुला लाईं। बाऊजी के वहाँ आते ही जीजी ने उसी मुखमुद्रा में बिना हिले डुले बड़े अनासक्त और सख्त लहजे में धीरे से कहा,'ए बैठो।'

हम तो हम, बाऊजी तक सकते में आ गये। जीजी की माँ, अम्मा और बाऊजी विस्फारित आँखों से कभी जीजी को देखते तो कभी एक दूसरे को। सभी के चेहरे की हवाइयाँ उड़ गयीं। हम भाई बहन ज्यादा कुछ समझने के लिए काफी छोटे थे पर माता पिता की ऐसी हालत देखकर बच्चों का घबराना स्वाभाविक ही है। हमारे दिल की धड़कनें तेज हो गयीं। जीजी की माँ के आँसू जार-जार बहने लगे और अम्मा दूसरे कमरे में जाकर सिसकने लगीं।

बच्चों को वहाँ से हटा दिया गया और हम दूसरे कमरे में दरवाजे पर कान लगाए खड़े रहे।

बाऊजी सामने पड़ी कुर्सी पर बैठ गये। हैरत और अविश्वास से वह जीजी के चेहरे को देर तक ताकते रहे। बेटी जैसी जीजी का यह हुकुमिया लहजा और नया संबोधन सुनकर उन्हें किसी अनहोनी की आशंका ने घेर लिया था।

जासूसी उपन्यास लिखने पढ़ने के दौरान वह तन्त्र मन्त्र, रहस्य रोमांच, भूत प्रेतों, ओझा डायन, भुतिया महलों और तिलिस्मी बंगलों की दुनिया से गुजर चुके थे। अपने इलाहाबाद के एक प्रकाशक के यहाँ एक बार वह मेज पर आत्माओं को बुलाने का किस्सा भी सुनाते थे और उसका खुलकर मजाक उड़ाया करते थे।

पर आज जो कुछ उनके सामने रूबरू था, ने उनके चेहरे पर चिन्ता और उलझन की गहरी रेखाएँ उभार दी थीं। 'ए' के संबोधन से वह हैरान और परेशान थे क्योंकि जीजी तो उन्हें हमेशा चाचाजी कहकर पुकारती थीं। सहमे से स्वर में उन्होंने पूछा, 'अंजू बेटा, ठीक तो है?'

'मैं अंजू नहीं हूँ।' जीजी ने उत्तर दिया।

'फिर कौन...?' बाऊजी सचमुच घबरा गये थे।

'मैं प्रमिला...।'

'प्रमिला, कौन प्रमिला? हम किसी प्रमिला को नहीं जानते।' अचम्भे से घिरे बाऊजी जीजी के चेहरे को घूरने लगे।

'हाँ, कैसे जानोगे। पहली बार ही तो मिली हूँ तुमसे।'

'पर तुम हो कौन और यहाँ कैसे आयी हो?' घबराए बाऊजी ने हिम्मत का दामन थामकर किसी तरह पूछा।

'सब बतलाऊँगी। पहले मुझे एक गिलास पानी तो पिलाओ। इतनी गर्मी में आयी हूँ।'

बाऊजी खुद उठकर घड़े से पानी उढ़ेल कर लाए थे। हो सकता है उन्हें भी पानी की जरूरत महसूस हुई हो। घर में मौजूद और किसी में इतनी हिम्मत कहाँ कि कोई उस कमरे का रुख भी कर सके। जीजी की माँ और अम्मा लगातार सुबक रही थीं और हम बच्चे दरवाजे से कान लगाए दुबके खड़े थे।

उसी स्थिर और निर्विकार मुद्रा में जीजी ने उठकर पानी पिया और लेटकर प्रमिला अपनी कहानी सुनाने लगी।

मेरा नाम प्रमिला है।

मैं इसी शहर की रहने वाली हूँ। यह बतलाना इसलिए जरूरी है क्योंकि बड़ा शहर होने के नाते यहाँ दूसरे शहरों से भी प्रेतात्माएँ आती हैं। स्त्री प्रेतात्माएँ सत्तियाँ नाम से पुकारी जाती हैं।

अपने जन्म के दस वर्षों के भीतर ही माँ बाप का साया मेरे ऊपर से उठ गया था। पिता असाध्य रोग से ग्रस्त होकर दिवंगत हुए और माँ उसके दो साल बाद उनके शोक में चल बसीं।

मेरा पालन पोषण भाई और भाभी के जिम्मे था जिन्होंने भरपूर प्यार और जिम्मेवारी से मेरी देखभाल की। मैं भी उन्हें माता-पितातुल्य ही मानती थी। उनका पूरा सम्मान करती और अपने दो प्यारे भतीजे भतीजी को खूब प्यार करती थी।

मेरा जीवन बड़ा संयमित, सन्तुलित और अनुशासित था। पढ़ाई, घर का काम काज और उन दोनों बच्चों की देखभाल...। यही मेरी जीवनचर्या का हिस्सा थी।

भइया मुझ पर गर्व करते थे और मेरे लिए सुयोग्य वर की तलाश में थे। मेरे विवाह को लेकर उनके तमाम सपने थे क्योंकि पिताजी उन्हें मेरा हाथ थाम कर गये थे।

अनुराधा जिसे मैं प्यार से अनु कहती थी, मेरी पक्की सहेली थी हालाँकि मेरी मित्रता मंजू से भी थी।

मंजू के पिता वैज्ञानिक थे और विश्वविद्यालय में पढ़ाते थे। वह मृतात्माओं पर कुछ शोध कर रहे थे या यह उनका शौक था, मुझे नहीं पता। पर अक्सर अपने प्रयोगों को वह हमें और कुछ छात्रों का दिखाया करते थे। उनका एक छात्र सरन अक्सर मुझसे उनके घर पर मिलता था। धीरे-धीरे वह मेरी ओर आकर्षित होने लगा। काफी

दिन तक सरन मुझे देखता रहा किन्तु बात करने का साहस नहीं जुटा सका। मुझे उसके खिंचाव का अहसास था। अनु उसे लेकर अक्सर मेरा मजाक उड़ाया करती थी। एक दिन सरन ने अपने पिता को मुझसे विवाह का प्रस्ताव लेकर भइया के पास भेज दिया। भइया ने पूरी जाँच पड़ताल की और इस रिश्ते के प्रति आश्वस्त हो गये। इसके बाद सरन कभी कभार मुझसे मिलने लगा।

एक रात मैं सरन और मंजू के साथ अपने घर लौट रही थी कि अचानक एक ट्रक की चपेट में आ गई और मौके पर ही मैंने दम तोड़ दिया।

नश्वर देह को इसी पृथ्वी पर छोड़ कर मेरी आत्मा को दूसरे भव्य लोक में महाराज के सामने प्रस्तुत किया गया जिन्होंने मेरा लेखा जोखा देखकर मुझे पुण्य आत्मा करार दिया और पहनने के लिए काले वस्त्र मय तलवार के दिए गये। काले वस्त्र उस आत्मा को दिए जाते हैं जिसके स्थूल शरीर का कौमार्य अखंड रहता है। विधवा आत्माएँ और कलुषित चरित्र की बिनब्याही सफेद कपड़े पहनती हैं और सुर्ख कपडों में सुहागिन मृतिकाएँ रहती हैं। पुरुष आत्माओं का एक ही वस्त्र होता है—श्वेत।

बसु महाराज ने बतलाया था कि विधि ने मेरी 67 वर्ष की आयु का विधान किया था किन्तु आकस्मिक दुर्घटना से मेरा शरीर बीस साल की उम्र में ही छूट गया। इसलिए 47 साल मुझे इसी लोक में सत्ती बनकर गुजारने थे। अपना शेष जीवन मुझे मनुष्यों के बीच अमूर्त, अस्पर्शनीय, अलक्षित होकर रहना था। उसके बाद ही मैं परब्रह्म में विलीन हो सकूँगी।

मुझे प्रहरियों द्वारा सत्तियों के निवास स्थल पर भेज दिया गया जहाँ भूत योनियों का सामूहिक निवास था। मेरे काले वस्त्र और तलवार देखकर मुझे वहाँ भरपूर सम्मान दिया गया क्योंकि ऐसी आत्माएँ दुलर्भ थीं।

बाऊजी सन्न थे। जो कुछ घटित हो रहा था, वह अकल्पनीय और अविश्वसनीय था। अपने जासूसी उपन्यासों में ऐसी बेसिर पैर की काल्पनिक उड़ानें भरते हुए शायद जो रोमांच उन्हें होता होगा, उससे रूबरू होते हुए वह अन्दर तक हिल गये थे। अपने इलाहाबाद वाले प्रकाशक के आत्मा को बुलाने के दावे का खूब मखौल बनाया था उन्होंने। वह वैज्ञानिक नजरिये से चीजों को देखते थे और किसी अतार्किक बात पर सहज विश्वास नहीं करते थे। कर्म में उनकी गहरी आस्था थी और किसी अलौकिक सत्ता पर भाग्य छोड़ने की बात वह कभी नहीं करते थे। इस माने में वह भाग्यवादी नहीं थे। हमने उन्हें किस्मत का रोना रोते कभी नहीं देखा। जीवन की तमाम उछाड़ पछाड़ के बावजूद वह संतुष्ट व सुखी दिखलाई पड़ते थे।

यह तो उन्होंने ख्वाब में भी नहीं सोचा था कि आत्मा जैसी कोई सत्ता या इकाई इस लोक में वास करती है जिसको हम महसूस कर सकते हैं। काफी देर तक वह प्रमिला से बात करते रहे और जल्दी ही सहज भी हो गये थे। अब वह सिर्फ सुन ही नहीं रहे थे बल्कि सवाल भी कर रहे थे। आखिर रहस्य रोमांच के लेखक थे वह और इस अद्‌भुत, अलौकिक और विचित्र अनुभव को जाया नहीं करना चाहते थे।

दूसरी ओर पूरे परिवार पर खौफ और दहशत का साया मंडरा रहा था। जाहिर था कि हम भी उसमें शामिल थे। अगले दिन से ही अम्मा वापस चलने की जिद करने लगीं। बाऊजी के इनकार पर वह रोती, कलपतीं और अक्सर अम्मा बाऊजी का दबी आवाज में झगड़ा होता। पर एक तो जीजी के पिता बाऊजी की हिम्मत के कायल थे और मुसीबत की उस घड़ी में उनकी मदद व मौजूदगी चाहते थे। और दूसरे बाऊजी को भी ऐसे खराब वक्त में उन्हें इस तरह छोड़ देना सामाजिकता और नैतिकता के खिलाफ लगा। उन्हें यह भी लगता था कि उस विकट और जटिल स्थिति में जिस साहस और धैर्य की जरूरत है, वह जीजी के घरवालों में नहीं था। शायद यह स्वाभाविक भी था। आखिर उनकी सबसे बड़ी बेटी की जिन्दगी दांव पर थी। उन्हें किसी दूसरे की मदद की सख्त जरूरत थी। बाऊजी के अलावा उन्हें और कोई नजर ही नहीं आता था। लड़की के मामले में ज्यादा किसी से बात करना भी मुमकिन नहीं था।

प्रमिला से पहले दिन बात करके बाऊजी को यह लगने लगा था कि जीजी की जिन्दगी को सचमुच खतरा था। वह समझते थे कि घरवालों की जरा सी चूक या घबराहट परिवार के लिए बड़ी भारी पड़ सकती थी।

उधर रहस्य और रोमांच वाला लेखक बाऊजी के अन्दर सक्रिय हो गया था। इस मामले में उनकी गहरी दिलचस्पी पैदा हो गई थी और सवालों का बबंडर उनके अन्दर हाहाकार मचाए था। इस अपूर्व और अकल्पनीय अनुभव से वह अपने को वंचित नहीं करना चाहते थे। प्रमिला से इजाजत लेकर वह नोट्स लेने लगे। कापियाँ दर कापियाँ भरने लगीं। इससे घर का माहौल और तनावग्रस्त हो गया। जीजी के पिता तो फिर भी संयम बनाये हुए थे क्योंकि उन्हें बाऊजी में अटूट विश्वास था किन्तु उनकी माँ अपना धैर्य खो रही थीं। जाहिर था कि अम्मा उनके साथ थीं।

जीजी के शीघ्र स्वस्थ होने की कामना बाऊजी के अन्दर भी थी पर वह अपने तमाम सवालों और जिज्ञासाओं के उत्तर जानने के भी उतने ही इच्छुक थे। दूसरे दिन प्रमिला से बात करके उन्हें यकीन हो गया था कि जीजी की जान को कोई खतरा नहीं है। हालाँकि वह यह भरोसा घर के किसी सदस्य को नहीं दिला सके।

ठीक दस बजे जीजी बेहोश हो जातीं और उन्हें बिस्तर पर लिटा दिया जाता।

बच्चों को वहाँ से हटा दिया जाता। अम्मा और जीजी की माँ इधर उधर बचती बचाती घूमती रहतीं। जीजी के पिता, जो अब अवकाश पर थे, उनके इलाज के बहाने इधर उधर भटकते रहते या मन्दिरों के चक्कर लगाते रहते। शायद अपने अन्दर की कमजोरी और डर की वजह से वह बेटी का सामना करने का साहस नहीं जुटा पाते थे। पनीली आँखों से वह बाऊजी के सामने गिड़गिड़ाते, 'आनन्द, बस तुम्हारे भरोसे हूँ। इस वक्त तो तुम भगवान के रूप में यहाँ आये हो। तुम्हारी वजह से मुझमें कुछ हिम्मत है। बस अंजू को जल्दी ठीक करा दो।'

'भाईसाहब, ईश्वर पर भरोसा रखें। सब ठीक होगा।' बाऊजी उन्हें दिलासा देते रहते।

दरअसल दूसरे दिन प्रमिला से बात करके ही बाऊजी ऐसा यकीन उन्हें दिला पाए थे।

'आप हमारी बच्ची पर क्यों आयीं?' बाऊजी ने उससे पूछा था।

'जब कोई व्यक्ति हमारा अपमान, अनादर या तिरस्कार करने का अपराध करता है तो प्रेतात्माएं उस पर सवार होकर उसे खत्म कर देती हैं। हमारे लिए अपमान का यही प्रतिकार है, ए।' प्रमिला हम सभी को हमारे नाम के पहले अंग्रेजी अक्षर से पुकारती थी। अम्मा आर थीं और मैं एस।

'इसका मतलब...?' अनिष्ट की आशंका से बाऊजी का स्वर कांप गया।

'नहीं, इसके साथ ऐसा नहीं होगा। यह एक पवित्र कन्या है, पुण्यात्मा है इसलिए इसे मैं कोई हानि नहीं पहुँचाऊँगी। तुम्हें बतला ही चुकी हूँ कि मैं खुद भी उसी श्रेणी की सत्ती हूँ। मेरी जगह कोई सफेद वस्त्रधारी सत्ती होती तो इसके जीवन को जरूर खतरा होता।'

'ओह प्रमिलाजी, 'बाऊजी ने राहत की लम्बी सांस ली, 'मैं तो डर ही गया था। प्लीज, हमारी बेटी की रक्षा आपको करनी है। आप देखती हैं कि सिर्फ मैं ही आपसे बात कर पाता हूँ। घर के लोग मानते हैं कि इसकी जिन्दगी की खैरियत मेरे हाथों में है। मुझे अपनी जिम्मेवारी का ऐसा अहसास करा दिया गया है कि कई बार आपसे बात करते भी मुझे डर लगता है कि कहीं मेरी किसी बात पर आप नाराज न हो जाएं और इसका खामियाजा इस बच्ची और पूरे परिवार को भुगतना पड़े।'

'ऐसा कुछ नहीं होगा। ए, तुम तसल्ली रखो। अगर ऐसा होना होता तो अब तक यह जिन्दा नहीं होती।'

कुछ पलों के लिए बाऊजी के अन्दर एक झुरझुरी सी उठने लगी। पर अन्दर कहीं चैन का अहसास भी उन्हें हुआ।

कुछ देर बात उन्होंने बातों का क्रम शुरू किया।

'पर इसने क्या अपराध किया था?'

'छब्बीस जनवरी को ये अपनी कुछ सहेलियों के साथ घूमने गई थी और लौटते में इसने पीपल के एक पेड़ के नीचे रखी हमारी पूजा सामग्री को ठोकर मारी थी और वहीं पेशाब भी किया था।'

सुनकर बाऊजी कुछ देर के लिए खामोश रहे। ऐसी अनजान व नादान हरकत पर इतना संगीन अपराध....!

'ए चुप क्यों हो? तुम्हें यकीन नहीं होता?'

'नहीं, यकीन न करने की क्या बात है।'

'फिर?'

'आप बुरा न माने तो कुछ कहूँ...।'

'अरे कहो न...।'

'इसने जानबूझकर तो ऐसा नहीं किया होगा, प्रमिलाजी। सुबह से घर से निक़ली होगी और जरूरत पड़ने पर पेड़ की आड़ लेकर पेशाब करने बैठ गई होगी। उसे तो पता भी नहीं होगा कि उसने क्या गलत काम कर डाला। फिर इसे अपराध क्यों माना गया?'

'क्योंकि इसने हमारी पूजा सामग्री को भ्रष्ट और दूषित किया। यह अक्षम्य है। हाँ, अनजाने में किया और फिर यह स्वयं पवित्र कन्या है, इसलिए इसे आज तक कुछ हानि नहीं हुई।'

बाऊजी ने इस प्रसंग को आगे नहीं बढ़ाया। यह आश्वासन बहुत बड़ा संतोष था कि जीजी की जिन्दगी को कोई खतरा नहीं था। बाऊजी ने बाकी कुछ तो जीजी के पिता को नहीं बतलाया पर उन्हें यह भरोसा दिलाने में सफल रहे कि जीजी खतरे से बाहर हैं।

अगले दो दिन में बाऊजी और प्रमिला के बीच बातचीत बहुत आत्मीय हो गई थी। वह लगातार नोट्स ले रहे थे। जैसा ऊपर कहा है, प्रमिला दस बजे आती और शाम को ठीक पाँच बजे वह जीजी का शरीर छोड़ देती। उसके आने जाने के समय से घर की घड़ियाँ मिलाई जाने लगीं क्योंकि उसमें एक सैकेण्ड की भी फेरबदल नहीं होती थी। तीसरे दिन ही हम बच्चों को उस कमरे में आने जाने और बैठने की इजाजत भी मिल गई। आदेश तो प्रमिला का ही होगा। अब वह हमसे भी बात करने लगी। कभी चुटकले सुनाती और हमसे भी सुनती। कई बार वह हमारे साथ ताश खेलती। हमारे पत्ते उसे पता होते, 'तुम्हारे हाथ में पान का इक्का है न। उसे फेंको।' हालाँकि वह अधलेटी होकर ताश खेलती और हमेशा की तरह उसकी आँखें अधखुली रहतीं। अक्सर उसकी नजर एकटक और जमी हुई रहती। कहीं ताकाझांकी का

सवाल ही नहीं था। कभी वह आइसक्रीम खाने की इच्छा जाहिर करती और जब हम कहते कि आज तो आइसक्रीम वाला आया ही नहीं तो वह बतलाती कि पड़ोस के मुहल्ले में अमुक मकान के सामने आइसक्रीम वाला खड़ा है। हम सायकिल से वहाँ जाते और आइसक्रीम के ठेले को वहाँ मौजूद पाते। बाऊजी की जेब में रखे नोटों के नम्बर वह बतला सकती थी।

विस्मय और अविश्वास से जकड़े हम उसके तमाम कारनामे देखते रहते थे। हम खुश होते तो वह हंस देती। कई बार वह बड़ी अजीब हँसी होती और हम उससे डर तक जाते। देर तक वह हंसती रहती और फिर पूछती,'मजा आया तुम लोगों को। अब तो मुझसे नहीं डरते?'

मारे डर के हमारी आवाज बन्द हो जाती। मन करता कि वहाँ से चले जाएं पर हम इतने दहशतजदा रहते थे कि उसकी इजाजत के बिना कोई काम करने की सोच भी नहीं सकते थे।

पता नहीं बाऊजी के कहने पर या खुद, एक दिन वह अपनी सहेली अनु को भी साथ ले आयी। ज्यादा सम्भावना यही थी कि बाऊजी ने किसी और सत्ती से मिलने की इच्छा जाहिर की हो। दरअसल उनके सामने एक अनूठी और रहस्यमयी दुनिया खुल रही थी जिसकी भरपूर जानकारी वह हासिल करना चाहते थे। हो सकता है कि उनके अन्दर प्रमिला की बातों की प्रामाणिकता को लेकर शक हो या उन्हें लगा हो कि दूसरी सत्ती से मिलकर कुछ और जानकारी मिल सकेगी। इसपर जीजी के घरवालों और अम्मा ने खासी नाराजगी दिखलाई जो जायज थी। जीजी के पिता ने भी इसका विरोध किया और उनकी माँ तो बस रो रोकर अपने रोष और बेचारगी का प्रदर्शन करती रहीं। पर अब कुछ नहीं किया जा सकता था क्योंकि उन्हें इसकी जानकारी तब हुई जब प्रमिला अनु को लेकर आ गई।

अगले दिन जब जीजी अचेत हुईं तो उनकी अधखुली आखों, नाक, कान और मुँह से कुछ पानी जैसा निकल रहा था। हम सभी के लिए यह एक नई परेशानी का सबब था पर प्रमिला ने बतलाया कि अनु ने अपने भाई भाभी की ज्यादतियों और घर की कलह से तंग आकर नदी में कूद कर खुदकशी कर ली थी। इसलिए वह जिस शरीर में प्रवेश करती है, उसके अंगों से पानी का रिसाव होता है।

बाऊजी ने अनु से भी देर तक बातें कीं। उन्हें सत्तियों के अदृश्य जीवन के बारे में कुछ और बातें पता चलीं। यह भी जानकारी मिली कि उस स्थान पर दूसरे जगहों की आत्माएं भी आती हैं।

एकाएक बाऊजी को हमारी मौसी की याद आ गयी जो करीब एक साल पहले

बरेली में स्टोव फटने से जल कर मर गई थीं। बाऊजी ने प्रमिला से उनके बारे में पूछा तो उसने पहले अनभिज्ञता प्रकट की। फिर जानकारी करने का वादा करके वह चली गई और शायद पाँच मिनट में हाँफती हुई लौटी। ऐसा पहले भी हुआ था जब किसी काम से प्रमिला जीजी का शरीर छोड़ देती और जीजी होश में आ जातीं। बमुश्किल पाँच मिनट में प्रमिला अपना काम पूरा करके वापस आ जाती।

'कुछ समय पहले एक आत्मा बरेली से आयी है। शायद उसे कुछ जानकारी हो।' प्रमिला ने वापसी पर बतलाया,'मैं कल उससे मिल कर तुम्हें पूरी बात बताऊँगी।'

अगले दिन आते ही उसने ताईद की कि वह हमारी मौसी ही है और उसने अपना नाम बदलकर अपनी इकलौती बेटी के नाम पर रख लिया है।

'ए, तुम उससे मिलना चाहोगे?'

'जरूर..।' बाऊजी के मुँह से एकाएक निकला हालाँकि पास खड़ी अम्मा आँखें तरेर रही थीं।

'अभी लेकर आती हूँ।' कहकर प्रमिला चली गई।

उसके जाते ही अम्मा बिफर पड़ी,'तुम्हें तमाशा सूझ रहा है। तुम तो हर चीज कहानी, उपन्यास की नजर से देखने लगते हो। यहाँ लड़की की जान पर बनी है। भाईसाहब, भाभी को कितना बुरा लग रहा है। और तुम...।'

'अरे इसे कुछ नहीं होगा। कुछ बुरा होना होता तो चार दिन तक सब ठीक ठाक नहीं रहता।'

कुछ मिनटों बाद ही जीजी फिर अचेत हुईं और अचानक उठकर रोते हुए अम्मा के गले लग गयीं,'जिज्जी...।'

बाऊजी समझ गये कि जीजी की देह में मौसी की आत्मा ने प्रवेश कर लिया है।

अम्मा मारे डर के कांपने लगीं। एक ओर अपनी छोटी बहन का स्नेह उनके अन्दर उमड़ घुमड़ रहा था और दूसरी ओर एक प्रेतात्मा से गले मिलने का भयावह आतंक उन्हें झकझोर रहा था। अम्मा की आँखें गीली और डर से सिकुड़ी हुई थीं जबकि जीजी ने उन्हें कस कर जकड़ रखा था।

'जिज्जी, मेरी बेटी का ख्याल रखना। तुम्हारे भरोसे ही छोड़ कर गई हूँ...।' जीजी पूरे आवेग से रो रही थीं।

अम्मा की जुबान तो जैसे पथरा गयी थी। उनके मुँह से एक शब्द नहीं फूटा पर उनकी आँखें बुरी तरह बहने लगीं। अम्मा को रोता देखकर हम बच्चे भी मुँह छिपाकर अपने आँसू पौंछने लगे।

अम्मा से मिलने के बाद जीजी 'जीजाजी' कहते हुए बाऊजी के सीने से जा

लगीं। हमें लगा कि हमारी तपेश मौसी वहाँ आ गयीं। पूरे घर का माहौल बड़ा भारी और गमगीन हो चला। जीजी की माँ दूसरे कमरे में जाकर रोती रहीं। अलबत्ता उनके रोने की वजह कुछ और थी।

बाऊजी ने जीजी को बिस्तर पर लिटाया और फिर स्टोव फटने की घटना के बारे में पूछने लगे। शायद घटना के बारे में जानने की उत्सुकता से कहीं अधिक वह यह तस्दीक करने की कोशिश कर रहे थे कि जीजी की देह में आयी आत्मा वाकई में मौसी की है। परिवार से संबंधित कुछ बातें बाऊजी पूछते रहे। मौसी जवाब दे रही थीं पर बाऊजी के मन में शक का कांटा चुभ रहा था।

'देखिए, हम कैसे यकीन करें कि आप तपेश ही हैं।' आखिर बाऊजी ने हिम्मत दिखा कर पूछ ही डाला।

'आपको मुझपर विश्वास नहीं, जीजाजी।' कहते हुए जीजी की आँखें एक बार फिर डबडबा उठीं।

'प्लीज, आप बुरा न माने पर यकीन करने के लिए हमें आपसे ऐसा कुछ पता चलना चाहिए जो तपेश के अलावा और कोई नहीं जानता हो। तभी शायद हमें भरोसा होगा।'

कुछ पलों के लिए जीजी के शरीर में प्रविष्ट आत्मा शांत रही और फिर कहा,'पन्नू (मौसी की लड़की का घर का नाम) के पापा की जांघ में एक बड़ा सा काला मस्सा है।'

बाऊजी ने अम्मा की ओर देखा पर यह जानकारी तो दोनों को ही नहीं थी। कुछ देर की चुप्पी के बाद बाऊजी ने कहा,'ये तो जगदीश (मौसाजी) से मिलने के बाद ही देखा जा सकता है। इसके अलावा और कोई बात?'

'हाँ,' उसने कुछ क्षणों के बाद उत्तर दिया, 'एक छोटा बक्सा जिसमें चाँदी के कुछ बरतन थे, की चाभी मैंने छिपा कर रखी थी। वो शायद उन्हें न मिली हो। मैंने वो रजाई वाले बड़े बक्से में सबसे नीचे डाल दी थी।'

बाऊजी ने उसी शाम मौसाजी को ट्रंककाल करके इस जानकारी की ताईद की और इसे सच पाया।

बाऊजी कुछ और आत्माओं से मिलने के इच्छुक थे पर इस बार अम्मा और जीजी के माँ-पिता ने इतना पुरजोर विरोध किया कि उन्होंने प्रमिला से किसी और से मिलने की इच्छा जाहिर नहीं की।

'आनन्द, बस अब किसी को मत बुलाना। मैं हाथ जोड़ता हूँ। अब तो इस विपदा से मुक्ति दिलाने का जतन करो।' अमूमन चुप रहने वाले जीजी के पिता ने उसी शाम बाऊजी से कहा था।

इस बीच प्रमिला कुछ भविष्यवाणी करने लगी थी। वह सबके हाथ भी देखती जिसमें उसकी नजरें हाथ पर न होकर कहीं शून्य में टिकी होतीं और वह कुछ न कुछ बतलाती जाती। उसी ने कहा था कि ए के दो बड़े पुत्रों में से एक की शिक्षा इंटर के बाद रुक जाएगी।

'ऐसा क्यों?' बाऊजी ने हैरानी से पूछा था,'मेरे जीते जी तो यह संभव नहीं है।'

'मुझसे इस बारे में अधिक मत पूछो। हाँ, पढ़ाई फिर शुरू होगी और ये दोनों अच्छी नौकरियाँ करेंगे।'

ऊपर लिखा जा चुका है कि बाऊजी का अड़तीस साल की आयु में निधन हो गया। उस वक्त दादा और मैंने इंटर पास किया था और घर की आर्थिक बदहाली को देखते हुए दादा ने कचहरी में नौकरी की। बीएससी की पढ़ाई उसे बीच में ही छोड़नी पड़ी। मेरे एमए करने के बाद ही उसका अध्ययन फिर शुरू हुआ।

प्रमिला ने मेरे बारे में भविष्यवाणी की थी कि पिता की तरह यह भी लेखक बनेगा और दो क्षेत्रों में ख्याति अर्जित करेगा।

गौरतलब है कि उस समय मेरी उम्र नौ साल थी।

जितना अधिक जानने के लिए बाऊजी उतावले रहते, प्रमिला भी अब उन्हें उतना ही उकसाने लगी थी। अब तो अक्सर यह होता कि कमरे में सिर्फ बाऊजी ही मौजूद रहते और कापी पर कुछ लिखते रहते। जाहिर था कि उन बातों की जानकारी हममें से किसी को नहीं हुई। जीजी के घरवाले काफी त्रस्त महसूस करने लगे थे पर ज्यादा कुछ कहने का साहस भी उनमें नहीं था क्योंकि प्रमिला से संवाद का इकलौता जरिया बाऊजी ही थे। पाँचवे दिन जब जीजी की माँ ने बाऊजी के सामने गिड़गिड़ाते हुए कहा,'भइयाजी, तुमसे ये इतनी बातें करती हैं। अब हमारी बिटिया को इनसे मुक्त कराओ।' तो उन्हें भी लगने लगा कि प्रमिला से मुक्ति का कोई उपाय सोचा ही जाना चाहिए। जाहिर था कि यह रास्ता भी प्रमिला से पूछ कर ही निकालना था।

अगले दिन प्रमिला निश्चित समय पर आयी तो आते ही पूछा, 'आर (अम्मा का नाम रमा कुमारी था) की तबीयत खराब है?'

'हाँ', बाऊजी ने अचरज से उत्तर दिया,'आपको कैसे पता चला?'

'मुझे क्या नहीं पता रहता।' वह बड़े वीभत्स ढंग से हँसी, 'तुम कल रात हनुमान मन्दिर गये थे न। तुम्हें ऐसा नहीं करना चाहिए था। इसीलिए मैंने भीड़ में तुम्हारा प्रसाद गिरा दिया था। जब तक मैं यहाँ हूँ, हनुमान पूजा वर्जित है। मुझे मालूम है कि आर रोज हनुमान चालीसा का पाठ करती हैं। उन्हें भी समझाओ।'

बाऊजी हतप्रभ थे। यह सच था। अम्मा ही जोर देकर उन्हें मन्दिर लिवा ले गई थीं। मैं और दादा भी साथ थे। प्रसाद गिरने को अनिष्ट मानकर वह अत्यन्त दुखी हुई थीं। इसे लेकर दोनों में झगड़ा भी हुआ था।

'हमें माफ करें।' बाऊजी ने तुरन्त आत्मसमर्पण कर दिया,'वाइफ को भी समझा दूँगा।'

'चलो, तुम्हारी पूजा तो पूरी हो नहीं पाई, इसलिए माफ करती हूँ। अच्छा आर को क्या हुआ है?'

तब बाऊजी ने बतलाया कि अम्मा को गुर्दे के दर्द की शिकायत रहती थी। उनकी यह तकलीफ पिछले पाँच, सात साल से चल रही थी। रामपुर में उनका काफी इलाज कराया गया जिससे तात्कालिक राहत तो मिल जाती पर कुछ महीनों बाद फिर दर्द उभर उठता। अम्मा को सरकारी अस्पताल में भर्ती कराना पड़ता था। एक्सरे व अन्य परीक्षण में कुछ नहीं निकलता था। रामपुर के डाक्टर अपने को अक्षम महसूस कर रहे थे और साल दर साल अम्मा इस गम्भीर रोग से पीड़ित रहती चली आयी थीं।

'तुमने कभी इसका जिक्र क्यों नहीं किया?' प्रमिला ने कहा।

'बस दिमाग में नहीं आया। मैं तो इलाज कराते-कराते थक गया हूँ। पता नहीं, कभी यह पूरी तरह ठीक हो पायेंगी।'

'जरूर होंगी। मैं इनके इलाज के बारे में बतलाऊँगी। अभी पूछ कर आती हूँ।' कहकर प्रमिला पहले की तरह जीजी के शरीर को छोड़ कर चली गई और लगभग दस मिनट बाद हाँफती हुई लौटी।

'मैंने सब पता कर लिया है। चाँदनी चौक की ... गली में हकीम ... (गली और हकीम का नाम अब याद नहीं) से मिलो। पूरे एक साल इलाज कराना। आर एकदम ठीक हो जाएँगी।'

और सचमुच यह चमत्कार घटित हुआ। प्रमिला द्वारा बतलाए हकीम के इलाज से अम्मा ताउम्र उस रोग से मुक्त रहीं। अम्मा का निधन 2009 में 78 साल की आयु में हुआ। पर 1960 के बाद उन्हें वो दर्द कभी नहीं हुआ।

बहरहाल बाऊजी ने उसी दिन प्रमिला से जीजी की मुक्ति का उपाय भी पूछा। सुनकर प्रमिला पहले मुस्कराई और फिर उदास होकर कहा,'हाँ, मुझे जाना तो है ही। इस योनि में आकर इस तरह का लगाव ठीक भी नहीं है। कल अनु भी मुझे तुमसे इतनी बात करने पर लताड़ रही थी। ठीक है, सुनो।'

उसने सामान की एक लम्बी सूची बताई– पान, लौंग, इलायची, सुपाड़ी, काली साड़ी, मिठाई, तलवार, मेवे, फल, फूल और न जाने क्या कुछ। उन्हें एक निश्चित

चौराहे पर सूर्योदय से पहले रखना था। आते जाते पीछे मुड़ कर देखना निषिद्ध था।

अगले दिन ही जीजी पूरी तरह स्वस्थ नजर आयीं और आज तक स्वस्थ हैं।

पाठकों को यह जानना रोचक होगा कि इस घटना के लगभग एक साल तक जीजी हाथ देखकर भविष्यवाणी करती रही थीं। अम्मा के एतराज के बावजूद बाऊजी उन्हें अपने साथ रामपुर ले आये थे और लगभग डेढ़ महीने वह हमारे साथ रही थीं। महलसराय के जिस बड़े मकान में हम रहते थे, के आसपास के लोग उन्हें हाथ दिखाने के लिए अक्सर जुटते थे। पूरे परिवार में ही नहीं, पड़ोसियों तक में जीजी का सम्मान एकाएक बढ़ गया था हालाँकि उन्हें और कुछ पता नहीं था। और हमें इस बारे में कोई बात न करने की सख्त ताकीद थी।

मेरे मन में उनके प्रति सम्मान से अधिक भय व्याप्त था।

लगभग पचास साल बाद अब जब मैंने इस घटना को शब्दबद्ध किया है तो आपकी तरह मुझे खुद यकीन नहीं होता कि वास्तव में ऐसी कोई घटना घटित हुई थी। पर अपनी स्मृति के साथ बाऊजी के नोट्स और इस विषय पर उनका अधूरा उपन्यास मेरे पास है। इसलिए जो लिखा है, वह सत्य और प्रामाणिक है। मुझे मालूम है कि जिस किसी को मैं इस घटना के बारे में बतलाता हूँ अथवा जो पाठक इस आख्यान को पढ़ेंगे, वे सहज रूप से इस पर यकीन नहीं कर सकते। मैं चाहता भी नहीं हूँ कि कोई इस वृत्तांत पर विश्वास करे। मुझे लगता है कि ऐसी अलौकिक, अस्वाभाविक और अतार्किक बातों पर आस्था रखना मनुष्य और समाज के हित में नहीं है। यह अंधविश्वास, रूढ़ियों और कुप्रथाओं को जन्म देता है। मनुष्य अपने कर्म और श्रम से विरत होता है। इससे समाज में तरह-तरह के विकार और विकृतियाँ भी पैदा होती और पनपती हैं। मैं कभी नहीं चाहूँगा कि मेरे बच्चे या भविष्य की पीढ़ी इस पर विश्वास कर अपनी प्रगति और विकास के साथ खिलवाड़ करे और अपनी मानसिकता को पीछे की ओर धकेल दे।

पर जैसा मैंने ऊपर लिखा है, ये चीजें समाज में हैं और लोगों की आस्था ऐसे तंत्र मंत्र, जादू टोना, पीर ओझा में बनी हुई है। इक्कीसवीं सदी में जब आप गणेश के दूध पीने की घटनाएँ सुनते हैं या इच्छाधारी सर्प अथवा किसी विचित्र पेड़ के बारे में पूरे-पूरे दिन टीवी का प्रसारण देखते हैं तो लगता हैं कि लोगों का विश्वास इन बातों से विलग नहीं हुआ है। और हमारे टीवी चैनल और फिल्में लोगों की इस कमजोरी का भरपूर लाभ उठाकर अपनी टीआरपी बढ़ाने में जुटे रहते हैं।

बात लंगरखाने से शुरू हुई थी, इसलिए अब मैं वहाँ लौटता हूँ क्योंकि वहीं के एक वाक्ये ने मुझे जीजी वाली घटना को लिखने के लिए प्रेरित किया था।

हमें मुहल्ले में आये तीन, चार साल हुए थे यानी 1963 या 64 की घटना है यह। मैंने ऊपर लिखा है कि हमारे घर के ठीक सामने लाला राजाराम का घर है और उसके बगल में नगर के प्रसिद्ध चिकित्सक डा. पृथ्वी राज का भव्य मकान। इन दोनों भवनों के मुख्य द्वार मिस्टन गंज बाजार की ओर हैं। उस समय डाक्टर साहब का मकान निर्माणाधीन था। एकाएक एक रात वहाँ से कुछ पत्थर, ईंट के अध्धे हमारी गली, हमारे और पड़ोस में रहने वाले शौकत भाई के घरों में आने लगे। शौकत और उनके भाइयो नजाकत और राहत ने रामपुरी अन्दाज में भरपूर गालियाँ दीं। सबको लगा कि अन्दर रह रहे मजदूरों ने ये हरकत की है। कुछ गाली गलौच के बाद ईंटें, पत्थर आना बन्द भी हो गये। बात रफा दफा कर दी गई।

अगली रात फिर ईंट पत्थरों की बौछार शुरू हो गई। पत्थर इतनी रफ्तार और आक्रामकता से आ रहे थे कि हम सब हैरान थे। यह तय था कि यह काम दो, तीन लोग नहीं कर सकते। एक बार फिर गाली गलौच का दौर चला पर आज उसका कोई खास असर नजर नहीं आया। तब बाऊजी के मशविरे से सब लोग डाक्टर साहब के मकान के मुख्य द्वार की ओर गये पर वहाँ मोटा सा ताला जड़ा पाया। तय हुआ कि डाक्टर साहब से इसकी शिकायत की जाये। सुनकर डाक्टर चौंक गये क्योंकि उनके मकान में रात में कोई रहता ही नहीं था। फिर भी उन्होंने मकान पर आकर छानबीन की और अगले दिन से मकान के अन्दर चौकीदार के सोने का इंतजाम कर दिया। तीसरे दिन फिर ईंट पत्थर आने लगे। लोग चौकीदार पर चढ़ गये और किसी तरह वह जान बचाकर वहाँ से भाग खड़ा हुआ।

पर अब राज गहराता जा रहा था। लोगों को यह अहसास था कि जितनी भारी संख्या, ताकत और रफ्तार से पत्थर फेंके जा रहे थे, वह किसी आदमी के लिए मुमकिन ही नहीं था। उनकी मार भी दूर तक थी जो आम आदमी के ताकत के बाहर था। अब लोग खौफ और दहशत महसूस करने लगे थे। हमें रात में गली से निकलने में डर लगने लगा था। मुहल्ले में पहरेदारी होने लगी। लोग अपनी छतों पर रोशनी का इंतजाम करके जागने लगे। तब मुहल्ले के बुजुर्गों की सलाह पर पूजा पाठ, मिन्नतों दुआओं का दौर चला। पीर, मौलवी, ओझा वगैरह से सम्पर्क किया गया। उनके कहे अनुसार तमाम अनुष्ठान सम्पन्न हुए। डाक्टर साहब जो खुद भी खासे डर गये थे, ने हवन, पूजा पाठ कराया।

तकरीबन छह दिन बाद पत्थर आना बन्द हो गये।

हम सबके लिए वो वाक्या आज भी गहरा राज ही है।

ब्याह और विदा

रामपुर में कयाम के आखिरी दिन सुनील के बेटे का ब्याह था। दरअसल उसी वजह से रामपुर का सफर मुमकिन हो सका था। उसका तो आग्रह था ही पर अपने बचपन के शहर को एकबारगी फिर जीने की ख्वाहिश मेरे अन्दर अरसे से कुलबुला रही थी। अमूमन शादियों में अब एकाध दिन के लिए जाना होता है पर अपनी इसी चाहत के चलते इस भ्रमण में मैंने दो दिनों का इजाफा कर दिया था।

शादी रामपुर में ही होनी थी। लड़की पक्ष को अपने शहर में बुलाकर विवाह किया जाना अब एक परिपाटी बन गयी है जिसकी कई वजहें हैं। एक तो दूसरे शहर जाने की जहमत से निजात मिल जाती है और दूसरे नाज नखरे वाले बारातियों को तमाम सहूलियतों के साथ दूसरी जगह ठेलना खासा सिरदर्द है। ज्यादातर लोग सुविधाभोगी हैं और अपने ऐशो आराम और सुविधाओं सें कोई समझौता करने को तैयार नहीं हैं। और घर जैसी सहूलियतें मुहैया कराना अच्छे अच्छों के बस में नहीं है। बस या रेल के सामान्य दर्जे से सफर करने को कोई तैयार नहीं होता। वे कार या एसी डिब्बे में यात्रा करना पसन्द करते हैं। रहने के लिए उन्हें अलग बाथरूम और कमरा चाहिए। गर्मियों में वातानुकूलित कमरा जरूरी है। सुबह बैडटी, वक्त पर नाश्ता और खाने में वैरायटी जिसमें पंजाबी, दक्षिण भारतीय, चायनीस और पास्ता, पिज्जा, बर्गर जैसे खाने शामिल हों। यह पूड़ी सब्जी वाली पीढ़ी नहीं है। न ही हलुवा, इमरती, बालूशाई, जलेबी जैसे मिठाइयों से उनका गुजारा है। स्वीट डिश के नाम पर तमाम बंगाली मिठाइयों के साथ आइसक्रीम, डेजर्ट, पेस्ट्री, पुडिंग वगैरह के बिना अब काम नहीं चलता।

लड़की वालों के अपने शहर बुलाने की दूसरी वजह यह भी है कि अब बारात के नाम पर दो, तीन दिन बरबाद करना किसी को मंजूर नहीं है। सगे रिश्तेदार तक उसी दिन आकर बारात के तुरन्त बाद वापसी का रुख कर लेते हैं। एक अन्य कारण यह भी है कि पिछले कुछ सालों से रिसेप्शन आयोजित करने की परम्परा बन गयी है। लड़के का ब्याह अपने शहर में करने से लोग इस खर्च से भी बच जाते हैं।

बारातियों की तादाद कम करने के लिए भी अब एक नैतिक दवाब बना रहता है। इसलिए अपने सभी परिचितों को विवाह में आमंत्रित कर इस तोहमत से भी निजात पाते हैं कि अमुक को शादी के लिए नहीं बुलाया गया। इसलिए लड़के वालों का सारा जोर अपने शहर में ही शादी करने पर रहता है।

जाहिर है कि कन्या पक्ष पर खर्च का दबाव बड़ जाता है हालाँकि कुछ न कुछ राहत उन्हें भी रहती है। अमूमन सारे इंतजाम वे लड़के वालों पर ही छोड़ कर बदइंतजामी के इल्जाम से बचे रहते हैं। वे भी मेहमान बनकर आते हैं और दो, तीन में ब्याह निबटाकर सुकून से अपने घर लौट जाते हैं।

मैं और उमेश दिन में सुनील के घर गये। आखिर हम उसके जिगरी यार थे और उसे यह अहसास कराना जरूरी था कि मैं काफी वक्त लेकर उसके पास आया हूँ, महज शाम को बारात में मुँह दिखाने नहीं।

बहन, बहनोई और बच्चों से घर में चहल पहल है पर वैसी अफरातफरी नहीं जैसी पहले शादी वाले घरों में नजर आती थी। उसके बड़े घर में इतने कमरे हैं कि एक भाई और तीन बहनों के परिवार उसमें समा सकें। बाकी रिश्तेदार आस पास के गेस्टहाउस में टिकाए गये हैं जो उनके लिए भी सुविधाजनक है। मामा, मौसी, चाचा, सुनील के सास-ससुर, साले वगैरह वहीं रुके हैं क्योंकि अलगाव और एकाकीपन अब सभी को सुहाता है।

पहले दूर-दूर के रिश्तेदार घर में ही रुका करते थे। गेस्ट हाउस या होटल ज्यादातर शहरों में नहीं थे। हाँ, हर शहर में दो, एक धर्मशालाएं जरूर थीं जो काफी पहले से ब्याह या अन्य किसी प्रयोजन से आरक्षित हो जातीं। इसलिए घर के अन्दर ही कमरों, बरामदे में रुई के गद्दे और चाँदनी बिछा कर हर कोने, स्थान पर कोई न कोई लेटा, बैठा या खड़ा नजर आता था। घर के अन्दर बड़ी सावधानी से चलना होता था जिससे कोई दब या टकरा न जाए। कई बार अड़ोस पड़ोस के कमरों में रिश्तेदारों को टिका दिया जाता था। गुसलखाने और शौचालय की मारामारी रहती थी। गाँव देहात में तो निबटने के लिए जंगल, ताल-तालाब होते थे पर शहरों में पड़ौसियों के प्रसाधन का पूरी उदारता से इस्तेमाल किया जाता। इसके बावजूद किसी प्रकार की तकलीफ या दिक्कत का लेशमात्र भी रंज रिश्तेदारों के मन में नहीं होता। समन्वय और समायोजन की अद्भुत क्षमता लोगों में होती थी। 'शादी ब्याह में तो ये सब चलता है' का भाव उनके उत्साह और उल्लास को बनाए रखता।

ऊपर आज के आत्मकेंद्रित और व्यक्तिवादी जीवन के बारे में विस्तार से लिखा

जा चुका है जिसमें निजता और गोपनीयता सर्वोपरि है। इसलिए किसी प्रकार के समझौते का विचार भी मन में नहीं आता।

शाम को हम बारात में शामिल हुए। घर पर रस्में लगभग वही हुईं जो हिन्दूओं में विवाह के अवसर पर होती हैं। घुड़चड़ी के नाम पर कुछ पूजा पाठ किया गया और कुआँ पूजन के स्थान पर लौटे में पानी रखकर विधान का पालन कर लिया गया। वैसे भी अब शहरों में कुएं कहाँ हैं। सभी बाराती कार से गये और विवाह स्थल से सौ मीटर दूर रुककर बारात बाजे गाजे के साथ चल दी। खूब नाच गाना हुआ, आतिशबाजी का भव्य प्रदर्शन हुआ। सौ मीटर की दूरी पूरी करने में लगभग सवा घंटा लग गया।

शादी एक मैरिज हाल से होनी है। आज से पच्चीस, तीस साल पहले शायद किसी ने बारात घरों के बारे में सुना तक नहीं था। अब ये एक फलता फूलता व्यवसाय है और छोटे कस्बों तक में बारात घर बन गये हैं। ज्यादातर शादियाँ अब यहीं होती हैं।

बारात के वहाँ पहुँचने पर कन्या पक्ष ने दरवाजे और टीके के रस्म पूरी की। बड़े से पंडाल में एक ओर भोजन की व्यवस्था है और आधे हिस्से में स्टेज और कुर्सियाँ बिछी हैं। उसी स्टेज पर जयमाल सम्पन्न हुआ। इस बीच में खाना पीना शुरू हो चुका था। खाने के तकरीबन बीस स्टॉल लगे हैं जिसमें सामान्य भोजन के अलावा चाट, चायनीज, दक्षिण भारतीय व्यंजन, पास्ता और बर्गर सैंडविच उपलब्ध हैं। मीठे के लिए आइसक्रीम, मूंग का हलुवा, पुडिंग, पेस्ट्रीज और मोटी मलाई वाला केसरिया दूध हैं।

भोजनादि से निवृत्त होकर घर के दस, पन्द्रह करीबी रिश्तेदारों को छोड़कर सभी लोग लौट गये। करीब साढ़े ग्यारह बजे फेरे व अन्य अनुष्ठान सम्पन्न हुए और लगभग एक बजे बहू को विदा कराकर हम सभी वापिस चल दिए हैं।

शादी की सभी रस्में, रीति-रिवाज महज चार घंटों में निबट गयी थीं।

जानबूझकर मैंने इस विवाह के बारे में संक्षेप में लिखा है क्योंकि यह एक सामान्य अनुभव है। हाँ, आज मुझे पुराने वक्त के ब्याह जरूर याद आ रहे हैं जब रिश्तेदार एकाध हफ्ते के लिए आते थे और बारात तीन दिन रुका करती थी।

अपने मामा के विवाह की स्मृति मेरे अन्दर बखूबी सुरक्षित है। मेरी उम्र तकरीबन आठ साल थी। हम लोग दस दिन पहले नाना के घर पहुँच गये थे। दो, चार दिन के अन्दर बाकी सभी रिश्तेदार आ गये थे। अलीगढ़ में पानदरीबा के मकान में एक बड़ा हाल, उसके सामने बरामदा, साइड में दो कमरे, बड़ा सा आँगन और

बाहर की तरफ बैठक थी। आँगन में हैंड पंप लगा था जो पानी का एकमात्र स्त्रोत था। नहाने के लिए गुसलखाना था। बाहर जाने के रास्ते में एक तरफ दो गुना ढाई फिट के तीन संडास थे। जाहिर है कि स्नानगृह या शौचालय में पानी का कोई इंतजाम नहीं था।

हाल और कमरों में रुई के गद्दे और चादर बिछे थे और सभी ने किसी न किसी जगह अपने लिए दबा ली थी जहाँ उस परिवार का टीन का बक्सा और कुछेक झोलों में सामान रखा रहता। वहीं लोग लौटते, खाते, सोते और गपियाते। छोटे बच्चे रोते रहते और बड़े खेल में मशगूल रहते। कपड़े भी वहीं बदले जाते। औरतें चादर की ओट लगाकर कपड़े बदल लेतीं और पाँच, छह साल के बच्चे तो नगधड़ंग घूमते रहते।

तीन दिन पहले सगाई की रस्म हुयी थी जो शादी की पहली रस्म मानी जाती है। घर को रंगीन पतले कागज की झंडियों से सजाया गया था जिसको बनाने में हम सब की भूमिका थी। लाल, पीले, हरे बल्वों से घर रोशन हुआ। लड़की वालों की तरफ से सामान लाया गया जिसमें कपड़े, मेवे, मिठाई, मामा की अंगूठी और रुपए शामिल थे। शाम को दावत हुई जिसमें तमाम रिश्तेदार और इष्ट मित्रों को आमंत्रित किया गया।

दूसरे दिन लगुन की रस्म सम्पन्न हुई। मामी के घर से आयी लगुन की चिट्ठी को पंडितजी द्वारा पढ़ा गया जिसमें हल्दी तेल की रस्म की विधि का ब्योरा था। शाम को महिला संगीत आयोजित हुआ जिसमें चार लड्डू और बुआजी व मौसियों की तरफ से पीतल का लोटा बांटा गया। उसके बाद भोज हुआ जिसमें फिर सभी नाते रिश्तेदार और पास पड़ौस के लोग सम्मिलित हुए। पहले दिन की तरह आज भी भोजन में पूड़ी कचौड़ी, आलू टमाटर और काशीफल की सब्जी परोसी गयी। मिठाई के नाम पर पहले दिन लड्डू, बालूशाई और दूसरे दिन इमरती, पेठा दिया गया।

अगले दिन बारात का प्रस्थान होना था। सुबह से ही तैयारियाँ शुरू हो गयी थीं। मंडप गाड़ा गया, हल्दी तेल और भात की रस्में पूरी हुयीं। नहा धोकर मामा तैयार हो गये और तब घुड़चढ़ी की गयी। घर के सभी लोग मन्दिर गये जहाँ पूजा अर्चना के बाद पास ही स्थित कुएं पर कुआँ पूजन किया गया। नानी कुएं में पैर डालकर बैठ गयीं और तब मामा ने यह भरोसा दिलाकर उन्हें उठाया कि वह उनके लिए सुंदर, सुशील और आज्ञाकारी बहू लेकर आयेंगे जो उनकी ताउम्र सेवा करेगी। इसके बाद 'जय बम भोले', 'बोलो बजरंग बली की जय', 'भगवान राम की जय', 'गंगा मैया की जय' के उद्घोषों के साथ बारात रवाना हो गयी।

उन दिनों विवाहित स्त्रियाँ बारात में नहीं जाती थीं, इसलिए नानी, अम्मा और

व अन्य औरतें घर पर रहीं। इसके बावजूद बस में सत्तर से कम आदमी और बच्चे नहीं थे। बस ठसाठस भरी थी। गर्मियों के दिन थे। बाहर लू चल रही थी और बस के अन्दर पसीने के भभके तैर रहे थे। बड़े लोग अपने अंगोछों और बच्चे अपनी कमीज की आस्तीन से पसीना पौंछ रहे थे।

पर बारातियों का जोश देखते ही बनता था। कुछ गप्पों में मशगूल थे तो कुछ गला फाड़ कर गाने या भजन गा रहे थे। कुछ बच्चे समूह में बैठ कर अंताक्षरी में खोए थे। हर पचास किलोमीटर पर बस को रोकना पड़ता। किसी को प्यास लगती तो किसी को मूत्रदान की जरूरत होती। जाहिर है बस ऐसी जगह पर रोकी जाती जहाँ छांह हो और कुआँ या चप्पाकल लगा हो। कुएं से पानी निकालने के लिए साथ में बाल्टी और रस्सी का इंतजाम था। पानी डकार कर सब लाइन से मूतते, एक दूसरे की धार का जायजा लेते और कुछ टीका टिप्पणी करते या आपसी मजाक करते। भारतीय समाज में कुछ रिश्ते आपसी हँसी मजाक के माने गये हैं जैसे जीजा-साला, भाभी-देवर का सम्बन्ध।

बहरहाल निबटकर बच्चे अपने नेकर से हाथ पौंछ लेते, बड़े लोग हाथ धोते, बुजुर्ग पान तम्बाकू खाते और एकाध ने चिलम, बीड़ी के सुट्टे भी लगाए। साथ में हुक्का भी था जिसका इस्तेमाल आगे हुआ जब खाने के लिए बस रोकी गयी। शायद दो घंटे बाद ही भूख भूख का आर्तनाद होने लगा। सबको पता था कि बस की छत पर टोकरे में पूड़ी सब्जी रखी है। एक बार फिर बस रुकी और पत्ते के दोनों में सब्जी पूड़ी का वितरण हुआ। एक एक बेसन का लड्डू भी दिया गया। बस चली तो कुछ दूरी पूरी करने के बाद कुछ बच्चों को हगास महसूस होने लगी क्योंकि उन दिनों काफी बच्चों को भोजन के बाद शौच जाने का शौक और आदत थी। एक बार फिर रफ्तार थम गई और बच्चों के साथ कुछ बड़े भी निबटने से नहीं चूके।

बमुश्किल डेढ़ सौ किलोमीटर का सफर तकरीबन छह घंटे में झुटपुटा फैलते तक खत्म हुआ।

जनमासे में हमारे स्वागत की पूरी तैयारी थी। नीबू के ठंडे शरबत से सबने गला तर किया और जाते ही नाश्ते पर टूट पड़े। पकौड़ियाँ, समोसा, दालमोंठ, मठरी और लड्डू। धर्मशाला में आठ, दस कमरे थे जिनमें गद्दे बिछे थे। जरूरत के मुताबिक लोगों ने कमरों पर कब्जा कर लिया और बारात की तैयारी में जुट गये।

जनमासे से विवाह स्थल लगभग एक किलोमीटर दूर था। लगभग छह बाजों वाला बैंड, साथ में गैस के हंडे और आगे कुल्हड़ वाले अनार की आतिशबाजी के साथ बारात चल दी। मामा घोड़े पर सवार थे। उनके साथ मेरा छोटा भाई गगन बैठा था। सबको पकड़ पकड़ कर नचाया गया। कुछेक बाराती नशे में धुत्त थे। बारात

को आगे बढ़ाने में खासी मशक्कत करनी पड़ रही थी। लड़की के घर तक पहुँचने में करीब डेढ़ घंटे लग गये।

दरवाजे पर पहुँचने के बाद द्वार पूजा सम्पन्न हुई और मामा का टीका किया गया। दरवाजे को झंडियों और फूलों से बहुत अच्छी तरह सजाया गया था। दोनों ओर कलश रखे थे। नीचे रंगोली सजी थी। सजी धजी लड़कियाँ स्वागत गीत गा रही थीं। इस रस्म के बाद जमीन पर पंगत बिठाई गयी। इस बीच लाउडस्पीकर पर गाने बजने लगे। पत्तलें, शकोरे, कुल्हड़ सामने रखे गये और उस भोजन परोसा जाने लगा। पूड़ी, कचौड़ी, आलू टमाटर की रसेदार और भिंडी, काशीफल की सूखी सब्जियाँ। एक शकोरे में बूंदी का रायता और दूसरे में दही बूरा। मिट्टी की एक प्लेट जिसपर पतला रंगीन कागज बिछा था, पर पाँच मिठाइयाँ दी गयीं– बेसन के लड्डू, गुलाबजामुन, बालूशाई, इमरती और बर्फी। घराती चार खानों वाले चौकड़ों में सब्जी, बेंत की डलिया में पूड़ी कचौड़ी, नलीदार रायतेदान से रायता परोस रहे थे। हर बाराती पर पूरी तवज्जो रहती। जाहिर है कि खास रिश्तेदारों पर ज्यादा ध्यान था। पूड़ी सब्जी लेने के लिए बार बार आग्रह करते। कितना मना करें, दो पूड़ियाँ तो रख ही जाते। उन दिनों भोजन को छोड़ना या उसका नष्ट होना पाप जैसा समझा जाता था। ज्यादातर लोग पत्तल को सफाचट करके उठते जब तक खाना गले से निकलने की नौबत न आ जाये।

भोजन से निवृत्त होकर करीबी रिश्तेदारों को छोड़ कर बाकी लोग वापिस जनमासे आ गये। फड़ बिछा दी गयी और कुछ लोग पूरी रात जुआ खेलते रहे।

लड़की के घर वैवाहिक संस्कार और फेरों की तैयारी की गयीं। इससे पहले नाना ने बरौटी का बक्सा घरवालों को सुपुर्द किया जिसमें जेवर, लड़की के कपड़े और मेवे थे।

पंडितजी ने सुबह तीन बजे फेरों का मुहूर्त निकाला था। उससे पहले तमाम अनुष्ठान होने थे। उस दौरान सबके लिए कांसे के बड़े गिलास में दूध लाया गया। किसी ने चाय की माँग की। चाय तो दी गयी पर उसे अजीब सी नजरों से देखा गया। सुबह लगभग साढ़े चार बजे जनमासे पहुँच कर हम आराम कर पाए।

दूसरे दिन वधू पक्ष से कुछ रिश्तेदारों ने जनमासे आकर न्योतनी की रस्म पूरी की तथा शाम को सांस्कृतिक कार्यक्रम और बड़हार के लिए आमंत्रित किया। दिन ढलते सभी बाराती विवाह स्थल पहुँचे जहाँ गायन, अंताक्षरी जैसे कार्यक्रम हुए। इसमें बच्चों और किशोरों की भी भागीदारी रही। मैंने भी एक कविता सुनाई थी जिसपर मुझे दो रुपए का इनाम दिया गया था। बाऊजी ने एक सेहरा जैसा लम्बा गीत पढ़ कर सुनाया जिसमें दोनों पक्षों के नजदीकी रिश्तेदारों का जिक्र था। उसे रंगीन कागज

पर छपाया गया था और सभी बारातियों घरातियों के बीच बाँटा गया। इसके बाद खाना पीना हुआ। आज के भोजन का स्तर पहले दिन के मुकाबले बेहतर था क्योंकि आज सात मिठाइयाँ दी गयीं। साथ ही मिट्टी की रंगीन कागज से सजाई प्लेट में नमकीन भी परोसा गया जिसमें मठरी, दालमोंठ, नमकीन, सकलपारे थे। इसलिए आज के दिन के बड़े आहार को लोग बातचीत में बड़हार कहकर पुकारते थे।

उन दिनों भोजन के स्तर का पैमाना मिठाइयों की संख्या थी। लोग बाद तक कहते सुने जाते कि फलाँ की बारात में पाँच या सात मिठाइयाँ दी गई थीं। अलबत्ता खाने का मैनू प्रायः एक जैसा होता था। ब्याह में शिरकत होने का मतलब था कि तीन, चार दिन तक आप पूड़ी, आलू टमाटर और काशीफल की सब्जी खाएँ। लोगों को भी इससे कोई गुरेज नहीं था। शायद पाचन क्षमता अद्‌भुत थी। अब तो एक वक्त खाने में पूड़ी जैसी तली चीज खाने के बाद पेट बोलने लगता है और लोग नाक मुँह सिकोड़ने लगते हैं।

तीसरे दिन नाश्ते के बाद पलंग की रस्म सम्पन्न हुयी। मामा को पलंग पर बिठाकर घरात की ओर से सभी रिश्तेदारों और नजदीकी लोगों द्वारा टीका किया गया। कुछ न कपड़े तो कुछ ने नकद दिया।

दहेज का सामान घर में सजा हुआ था– पलंग, गद्‌दे, सिलाई की मशीन, साइकिल, रेडियो, बर्तन, कपड़े का थान वगैरह...। बारातियों द्वारा देखने के बाद उसकी पैकिंग की गयी और विदा की तैयारी शुरू हो गयी।

सुबह से ही घर का माहौल बड़ा भारी नजर आ रहा था। विदा के समय में उसमें जैसे एक विस्फोट सा हो गया। विलाप के करुण क्रंदन से पूरा घर गूंज उठा। घराती बदहाल और बेहाल दिख रहे थे। मामी की माँ शायद बेहोश हो गयी थीं। बहनें पछाड़ खाकर गिर रही थीं। भाई कोने में मुँह छिपाकर फफक रहा था। पूरा माहौल बड़ा गमग़ीन हो चला था। मामी के पैर जैसे जम से गये थे। बमुश्किल उन्हें डोली में बैठाया गया।

दहेज के सामान को बस की छत पर चढ़ाया गया।

जनमासे से सामान और बारातियों को जमा कर हम वापस चल दिए। सभी के चेहरों पर थकान थी। लोग पस्त थे। ज्यादातर लोग उंघते हुए लौटे।

वापस लौटने पर नानी द्वारा द्वार पूजा की गयी, बहू का स्वागत किया गया और लकड़ी के घोड़े को पूजा गया। अँधेरा घिर आया था, इसलिए गौरी पूजा को अगले दिन के लिए स्थगित कर दिया गया।

अगले दिन गौरी पूजा की रस्म सम्पन्न हुई। मंडप पर बैठकर वर वधू के कंगन खोले गये। एक बड़ी सी कड़ाई में पानी भर कर उसमें आटे की मछली बनाकर डाली

गई और उसमें अंगूठी छोड़ दी गयी। मामा मामी दोनों उसे खोजने लगे। बर्तन को मौसियाँ लगातार हिलाती रहीं। बहरहाल मामी अंगूठी खोजने में सफल रहीं और विजयी घोषित की गयीं।

उस दिन घर में कढ़ी चावल बने जो रस्म का ही हिस्सा थे।

अगले दिन मुँह दिखाई की रस्म हुयी जिसमें सभी नाते रिश्तेदार और मित्रों की औरतों ने मामी का चेहरा देखा और साड़ी ब्लाउज या पैसे भेंट किए। मामी पर गाने के लिए दबाव डाला गया और उन्होंने कोई भजन सुनाया।

उन दिनों विवाह एक बेहद पारम्परिक और दीर्घ कर्मकाण्ड था। हर रिवाज और रस्म का पूरी गम्भीरता से पालन किया जाता था। लोगों के पास समय का अभाव नहीं था, इसलिए उसके हर पल का वे जी भरके लुत्फ उठाते।

इसमें संदेह नहीं कि आज के विवाह समारोह कहीं अधिक भव्य और खर्चीले हैं। सजावट, तम्बु, फूल, प्रकाश व्यवस्था, आतिशबाजी और खान पान में लोग लाखों रुपए खर्च करते हैं। शादियों का बजट करोड़ों में जा पहुँचा है। शादी को आयोजित करने के लिए इवेन्ट मैनेजमेंट कम्पनियाँ उपलब्ध हैं जो आपकी हैसियत और इच्छा के मुताबिक पूरा वैवाहिक कार्यक्रम आयोजित करती हैं।

पहले जहाँ धर्म, परम्परा और कर्मकाण्डों पर जोर था, अब उत्सवधर्मिता और चमक दमक पर सारा ध्यान दिया जाता है। बच्चों की संख्या कम है और आदमी अपनी समस्त महत्त्वाकाक्षाओं को इन अवसरों पर पूरा करना चाहता है। जाहिर है कि लोगों के पास आमदनी के जरिए पहले के मुकाबले कहीं ज्यादा हैं।

अगले दिन सुबह की गाड़ी से मैं वापस चल दिया हूँ।

ऐसा लगा जैसे अपने बचपन और किशोरावस्था को दोबारा जी कर लौट रहा हूँ।

❑❑